汽车类专业立体化数字资源配套教材

汽车科技与文化

爱上汽车 配套大学慕课

欧阳波仪 黄宁 黄河 杨佳思 编著

·北京·

内容简介

本书通过对汽车起源与发展、自主与创新、品牌与文化、技术与构造、研发与制造、买车与用车、赏车与玩车等方面的介绍，阐释了车与车、车与人、车与生活之间的联系。通过对本书的学习，读者可扩展汽车方面的专业知识，激发专业兴趣，增强对汽车的爱好和了解，提高汽车鉴赏能力，满足汽车爱好者了解汽车技术概况的愿望。为便于学习，本书配套了微课、视频、电子课件等资源。

本书可作为高职高专院校汽车类专业教材及公选课教材，也可以作为汽车培训用书，还可供广大汽车爱好者阅读参考。

图书在版编目（CIP）数据

汽车科技与文化：爱上汽车 / 欧阳波仪等编著. —北京：化学工业出版社，2021.2（2024.7 重印）

高职高专“十三五”规划教材　汽车类专业立体化数字资源配套教材

ISBN 978-7-122-35369-6

Ⅰ. ①汽…　Ⅱ. ①欧…　Ⅲ. ①汽车-高等职业教育-教材　Ⅳ. ①U46

中国版本图书馆 CIP 数据核字（2019）第 227110 号

责任编辑：韩庆利　　文字编辑：张绪瑞

责任校对：王鹏飞　　装帧设计：史利平

出版发行：化学工业出版社（北京市东城区青年湖南街 13 号　邮政编码 100011）

印　　装：三河市双峰印刷装订有限公司

787mm×1092mm　1/16　印张 15　字数 368 千字　　2024 年 7 月北京第 1 版第 3 次印刷

购书咨询：010-64518888　　售后服务：010-64518899

网　　址：http：//www.cip.com.cn

凡购买本书，如有缺损质量问题，本社销售中心负责调换。

定　　价：48.00 元

版权所有　违者必究

汽车改变了现代社会的产业结构与生产方式的同时，也改变了人们的生活方式，丰富了人们的生活情趣。随着汽车进入普通大众的生活，作为“衣、食、住、行”的基本需求之一，在解决了基本的物质需求之后，自然开始追求更高层次的精神需要，汽车不再是单纯的交通工具，汽车文化应运而生，汽车被赋予了一种影响生活方式的精神内涵。

文化，是物质的，更是精神的，汽车文化应该蕴含着些许启迪，包含着一些奋进。通过梳理出那些隐藏在历史事件、奇闻趣谈、文化掠影背后的东西，让大家透过展现在我们面前的现象看到其背后更为深层次的文化内涵与精髓。

本书在内容、体系等方面都注意力求新颖，并适应当代读者的阅读需求。内容分为 7 个“主题”，29 个“话题”，主要包括汽车的起源与发展、自主与创新、品牌与文化、技术与构造、研发与制造、买车与用车、赏车与玩车等，从多个视角介绍汽车对大众生活的影响，通过科普性的图文并茂的陈述方式，让大家对于汽车原理和文化有所了解，增强其趣味性。

本书由欧阳波仪、黄宁、黄河、杨佳思编著，其中主题一由杨佳思编写，主题二和主题三由欧阳波仪编写，主题四和主题五由黄河编写，主题六和主题七由黄宁编写。

本书配套了丰富的数字资源，包含微课、视频、电子课件等，微课、视频等资源可以扫描书中的二维码对照学习，电子课件等资源可登录化学工业出版社教学资源网 www.cipedu.com.cn 或到 QQ 群 107141977 下载。

由于水平有限，书中难免有疏漏之处，敬请同行专家和广大读者批评指正。

编　者

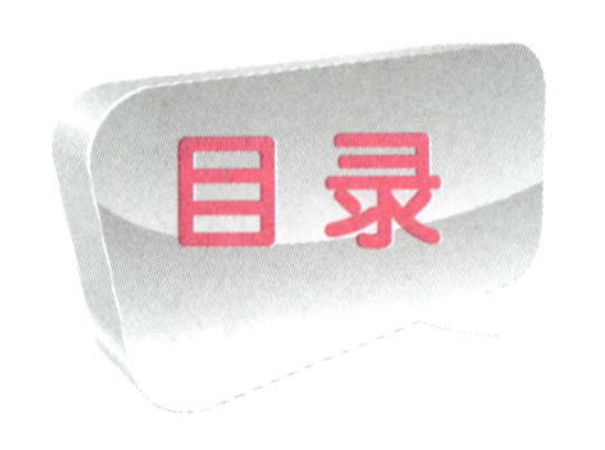

目录

主题一 起源与发展 1

主题二 自主与创新 38

主题六 买车与用车 178

主题七 赏车与玩车 194

起源与发展

起源与发展

对于汽车，我们都不陌生。那么在漫长的发展历程中，汽车是怎么来的呢？汽车为什么会是今天这样？当我们穿越时空，发现汽车正如人类自己，在物欲的追求中不断进化，两者互相依赖，共同成长。

1886年1月29日，卡尔·本茨取得了世界上第一个“三轮汽车专利权”，而这一天也被认为是“世界汽车诞生日”，但汽车的起源可不是从这里开始的，普遍认为汽车的起源可以追溯到车轮，几乎贯穿整个人类的发展史，本主题将分为孕育时期的不懈努力、诞生时期的持续改进、成长时期的快速发展、成熟时期的突飞猛进、未来时代的“智能化”五个话题来了解这段漫长的历史。

话题一　孕育时期的不懈努力

汽车的发明不是偶然的，更不是一个人或个别人的功劳，从发明轮子到最终成功地制造出靠自身动力前进的车，期间经历了数千年，这是汽车发明必经的孕育阶段，也是无数发明家们为之努力的过程，正是发明家们孜孜不倦的探索和坚持不懈的钻研，才有了现在如此璀璨夺目的各式汽车。

一、不断尝试的自动之车

不断尝试的自动之车

汽车的发展经历了漫长的时光打磨，最早要追溯到车轮的发展。车轮带给人类一种新的流动方式——由移动到滚动，这提高了人类在地上搬运物品的本领。更重要的是，车轮建立了第一个陆地运输系统。随着车轮的发明，逐渐开始出现用马来拉有轮子的车，这就是马车的诞生。马车的历史极为久远，相比汽车一百多年的发展，马车在人类史上的应用已有四千余年。汽车的起源众说纷纭，但众所周知的是，在汽车出现之前的很长一段时间，马车是人类主要的交通运输工具，满足了人们拉货与长途旅行的需要。它也是至今人类历史上使用时间最长、最具影响力的陆地交通运输工具。但是马车的速度仍不能令人满意，一辆驿车在当时最好的公路上行驶375km，最快也需要24h。这使人们对马车运输开始产生了改革的欲望。

（一）早期自动之车的设想

早在13世纪，英国哲学家罗吉尔·培根就在写给他朋友的信中说："总有那么一天，我们会赋予运输车难以置信的速度，而无需求助于动物。"说明很早以前人们就开始了对自动之车的渴望与探索。

15世纪，意大利的佛罗伦萨，达·芬奇，伟大的画家、雕塑家、建筑学家和工程师，听着教堂里的钟声，看着窗外川流不息的马车，突发奇想：钟会敲响是由发条做动力，那么用发条做动力，可以试试这种自动行驶的车，他把他的设想画在纸上，他是最早画出"自动之车"图纸的人，遗憾的是他仅仅对"自动之车"的理论进行了探讨，并没有制造出实物。

（二）早期自动之车的探索

直到17世纪，1649年德国纽伦堡最出名的钟表匠汉斯·赫丘，看到达·芬奇留下的图纸之后，详细研究了他的理论，经过半年的不懈努力，终于制成了一辆以钟表发条为动力的车。这种以发条为动力的车后来被称为"发条车"（图1.1），当时瑞典的王子对发条车一见倾心，花费重金将它买下，虽然汉斯·赫丘的发条车成功被卖出，但该车的速度为1.6km/h，比牛车还慢，每前进230m就要人工上一次发条，只相当于现在小孩的玩具，因为没有实用价值，没有得到进一步发展。但钟表匠汉斯·赫丘因此成为一名名垂青史的先行者。

图1.1　汉斯·赫丘的"发条车"

这种对自动行驶的车的追求还有过多次尝试，在发条车出现之前，1600年，荷兰物理学家西蒙·斯蒂芬制造出双桅风力帆车（图1.2）。他把木轮装到船上，凭借风力驱动帆车行进，这辆车在海边的试验中最高车速达到了24km/h。但问题是没有风，车就不能开动，况且风向不定，时大时小。

类似尝试还有滑轮车、我国古代的指南车和记里鼓车等，但这些车都由于速度有限或不稳定等原因没能得到推广。现在的我们回过头去看，早期人类对自动之车尝试的失败，归根结底在于车辆的动力，先辈们耗费了相当长的时间去解决这个问题，直到1765年，英国的瓦特在总结前人经验的基础上，成功地改进并研制了世界上第一台动力机械——蒸汽机（图1.3），并于1769年取得了专利，瓦特的蒸汽机相比于以前的蒸汽机工作效率有了巨大的提升，使人类进入了蒸汽时代，对汽车来说，终于迎来了一个可靠的动力来源，因此蒸汽机的出现为实用汽车创造了必要的物质条件。

图 1.2　双桅风力帆车

图 1.3　瓦特发明的蒸汽机

【指南车和记里鼓车】

指南车（图 1.4）又称司南车，它是中国古代用来指示方向的一种车辆，也作为帝王的仪仗车辆。它的起源很早，传说西周时就已发明，但最早的确切记载是在三国时期，有历史典籍显示三国时马钧是第一个成功地制造指南车的人。从三国时开始，历代史书几乎都有指南车的记载，但均未留下具体结构的资料，直到宋代才有较完整的资料。指南车是一种双轮独辕车，在车上有一个木人，不管车子怎么转弯，朝哪个方向行走，木人的手臂始终指向南方。其原理是，车上装有一套差动齿轮装置，当车辆转弯时，车上可以自动离合的齿轮传动装置就带动木人向车辆转弯相反的方向转动，使木人的手臂始终保持指南。指南车上这种利用差动齿轮装置来指示方向的设计，在今天仍有现实意义。

记里鼓车（图 1.5）又名记里车、司里车等，是中国古代用来记录车辆行驶距离的马车，也是古代天子出巡时，仪仗车驾必备的一种典礼车，用四匹马拉，排在指南车之后。其构造与指南车相似，车有上下两层，每层各有木制机械人，手执木槌，下层木人打鼓，车每行一里路，敲鼓一下，上层机械人敲打铃铛，车每行十里，敲打铃铛一次。原理是利用车轮带动大小不同的一组齿轮，使车轮走满一里时，其中一个齿轮刚好转动一圈，该轮轴拨动车上木人打鼓或击钟，报告行程。记里鼓车是减速齿轮系的典型代表，也是现代计程车、计速器的祖先。

指南车和记里鼓车都是利用齿轮传动原理来进行工作的。总之，这两种车，根据记载，在我国封建社会前期、汉魏时期就已经出现，它体现了两千年前我国机械工程技术的高度水平，是我国古代技术的卓越成就。

图 1.4　指南车复原模型

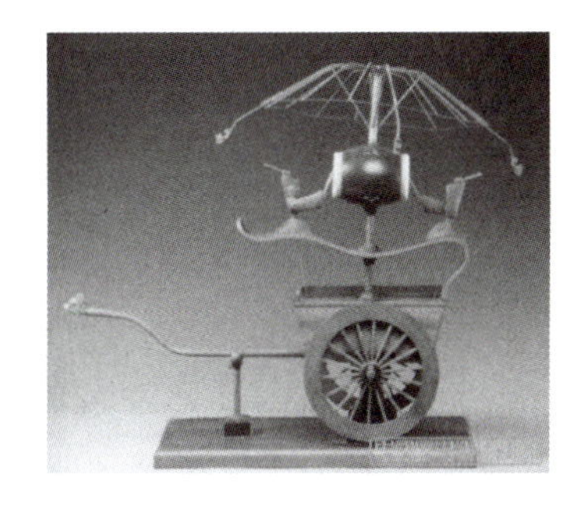

图 1.5　记里鼓车复原模型

（三）居纽制造蒸汽汽车

1763 年，是英法七年战争的最后一年，法国陆军军官、工程师居纽接受了军部下达的一项重要任务，在当时的战争中，火炮的威力毋庸置疑，但同时，火炮的重量也让炮兵们大伤脑筋。军事部门希望居纽制造一种自动行驶的牵引车辆，使火炮能够轻松地运动起来。为了完成这项任务，居纽意识到，自己需要寻找一种力量，它能够让车轮子自动转起来。那个时候蒸汽机已经在工厂和矿山中使用，人们用它来抽取地下水。居纽很快就关注到这种新兴的技术，他仔细研究蒸汽机的原理，花费了 6 年时间，克服重重困难和阻力，1769 年，制造了世界上第一辆蒸汽驱动的三轮汽车（图 1.6），由此，历史上第一辆“自动之车”诞生了。这辆汽车被命名为 Cugnot，以今天的眼光来看，这辆车真的很简陋：车长 7.23m，车高 2.2m，前轮直径 1.28m，后轮直径 1.5m，前进时靠前轮控制方向，每前进 12~15min 需停车加热 15min，运行速度 3.5~3.9km/h，和人步行的速度相当。这款车采用的是木制车架和铁轮，车前配备了一个大大的锅炉，锅炉里的蒸汽被送进前轮上方的气缸，带动两个活塞使前轮转动。但这辆车存在着很大的不足。

图 1.6　居纽研制的蒸汽驱动的三轮汽车

1770 年，居纽重新制成第二辆蒸汽汽车，该车在拖着一门大炮试车时，眼看着它开始自己前进，在场的所有人都禁不住欢呼起来，然而这辆车在气喘吁吁地行驶了一段路，在般圣奴兵工厂附近下坡时，撞到兵工厂的墙上，弄得支离破碎，面目全非。原因是，这车子前方挺着个非常重的锅炉，不但开起来不稳，而且由于转向盘过于笨重，致使操纵失灵。这是世界上第一起机动车事故（图 1.7）。

图 1.7　世界上第一起机动车事故

然而，居纽并没有放弃，1771 年，他改进了蒸汽汽车，时速可达 9.5km，可牵引 4~5t

的货物。可是，由于这种蒸汽汽车体积笨重、转弯费力等原因，最终被弃置一旁。同年他造出第二部车，但没有真正跑过，现置于法国巴黎国家艺术馆展出。虽然他的发明失败了，但却给后来者带来了极大的启发和激励，是古代交通运输（以人、畜或帆为动力）与近代交通运输（动力机械驱动）的分水岭，具有划时代的意义。到此，自动之车的尝试找到了最终的发展方向——汽车，可见，汽车的出现并不是偶然的，是社会发展到一定程度，某些敢于尝试、不怕失败的先驱者在前人的基础上坚持不懈、不断付出而得来的。

二、不被接受的蒸汽车

不被接受的蒸汽车

18 世纪末 19 世纪初，在欧美国家出现了制造蒸汽汽车的热潮，各种用途的蒸汽汽车相继问世。

1804 年，脱威迪克设计并制造了一辆蒸汽汽车，这辆汽车还拉着 10t 重的货物在铁路上行驶了 15.7km。

1805 年，美国人艾文思制造出水陆两用的蒸汽汽车。

1825 年，英国公爵斯瓦底 • 嘉内制造出第一辆蒸汽公共汽车（图 1.8），这辆车的发动机后置，后轮驱动，前轮转向，18 座，车速为 19km/h。1831 年他用这辆车开始运送客人，开始了世界上最早的公共汽车运营。所以这辆车被认为是世界上最早的公共汽车。

1831 年，美国的史沃奇 • 古勒将一台蒸汽汽车投入运输，相距 15km 的格斯特和切罗腾哈姆之间便出现了有规律的运输服务。

图 1.8　蒸汽公共汽车

1834 年，世界上最早的公共汽车运输公司——苏格兰蒸汽汽车运输公司成立了。当时英国爱丁堡市内营运的蒸汽汽车前面坐着驾驶员，中部可容纳 20~30 名乘客，锅炉位与后部配一名司炉员，蒸汽机气缸位于后轴的前方地板下，以驱动后轮前进。

然而，这些车少则 3~4t，多则 10t，体积大，速度慢，常常撞坏未经铺设的路面，引起各种事故。

从以上的史实来看，蒸汽汽车是否已经被人们接受并普遍应用呢？恰恰相反，蒸汽汽车（图 1.9）出现之后，并没有受到追捧，因为蒸汽汽车存在着很大的缺陷。一方面由于它又大又笨，启动慢，制动也慢，惯性大。要么是下坡时刹不住车，转向不灵敏，只能眼睁睁地看着车撞上障碍物，第一次机动车事故就是由此而发生的。要么是制动太狠，轮轴断裂，也会引发事故。另一方面，由于锅炉炉压过高，难以控制，蒸汽汽车经常会发生爆炸。19 世纪中期的英国，在蒸汽汽车最兴盛的 20 年的时间里，共发生锅炉爆炸惨案 1 万多起。同时，乘坐这种车还得看天气：下雨天车上遮盖不严，道路泥泞不安全；严寒天烧水难，易熄灭，行驶也慢；热天坐在锅炉边没人愿意忍受；刮风天要看风向，顺风时车尾的浓烟会把乘车人熏得喘不过气来。因为蒸汽汽车存在的

图 1.9　蒸汽汽车

种种问题，当时很多人仍视蒸汽汽车为“魔鬼”，和这个笨重而危险的“魔鬼”相比，当时的大多数人还是毫不犹豫地选择了传统的马车。

1830 年，第一条城际火车线路在利物浦与曼彻斯特之间开通。然而，蒸汽机因为其巨大的体积，危险的高温蒸汽，巨大的能耗和噪声，并没有被应用到城市内部交通中。但铁路却被引入到城市交通来。1832 年，在纽约曼哈顿岛上的哈勒姆区，铺设了第一条城市交通用的铁轨运行公共马车。这条铁路本来是暂时的，计划未来会被蒸汽火车取代，但实际马车的运行非常良好，被认为相比蒸汽机更适合城市内的交通环境。于是这种形式就被保留下来，被称为 horsecar 轨道马车（图 1.10）。到美国内战前（1860 年），美国已经有 8 个城市（纽约、新奥尔良、波士顿、费城、匹兹堡、巴尔的摩、芝加哥、辛辛那提）拥有轨道马车。在当时，人们还是认为马车要优于蒸汽车，不过随着蒸汽车的不断改进，它首先在货物运输上慢慢地取代了马车。

图 1.10　horsecar 轨道马车

19 世纪中期，欧洲某地，进行了一场精彩的马车与火车的对决（图 1.11）。由于蒸汽火车的运载量远远超过了货运马车，它的出现几乎抢走了马车商人的所有生意，激起了马车商人的极大不满。其中一个名不见经传的货运马车商人，拉尔夫，他要证明：“和马车相比，火车是一个只会冒出浓烟，搞得到处乌烟瘴气的笨家伙。”倔强的拉尔夫去找火车商人谈判，他坚持要驾驶马车跟火车比一场，看哪个跑得更快。火车商人被激怒了，同意公开举行比赛。比赛当天，竞赛铁路沿线挤满了闻讯而来的观众。拉尔夫赶着蓄足了劲的马车，和火车一起站在起跑线上。比赛开始了，在围观人群的欢呼声里，拉尔夫的马车就像离弦的箭，瞬间就冲出去数百米。而火车还在原地打鼾似的启动机器，但在强烈的轰鸣声和滚滚的浓烟过后，火车速度越来越快，和马车的距离渐渐拉近。拉尔夫不停地挥动马鞭，马车奔驰的速度已达到极限，而火车还在加速，很快就追上了马车。事实胜于雄辩，马车在与蒸汽火车相争中失败，一场从一开始就没有任何悬念的比赛结束了。1904 年，美国内华达州富庶市镇士诺巴与高非尔之间最后的著名驿车停驶，马车的黄金时代宣告结束，一个科学极速更新的时代已然来临。

蒸汽机推动了机械工业甚至社会的发展，并为汽轮机和内燃机的发展奠定了基础。蒸汽汽车的发展也给人类带来了新的交通运输工具，但人们前进的步伐并没有就此停止，人们在为汽车寻找功率体积比、功率质量比更高的轻便动力装置，这才有了之后的内燃机汽车。

图 1.11　马车与火车的对决

三、蹒跚前行的早期汽车

蹒跚前行的早期汽车

汽车取代马车成为人类主要的交通工具，经过了一个漫长而又艰巨的斗争过程。一开始，乘坐马车的贵族们，恨透了汽车。早期的汽车性能很不可靠，故障频繁，走走停停，每当汽车抛锚时，开车的人就成为嘲笑的对象。早期的汽车外观也并不像现在的这样漂亮，开汽车的人浑身上下都是油泥，和烧锅炉的没什么两样，这同贵族马车装饰富丽堂皇、驭手制服整洁成为鲜明的对比。

（一）卡尔·本茨发明第一台三轮汽车

卡尔·本茨（Karl Friedrich Benz）（图 1.12），1844 年 11 月 24 日他出生于德国西部的卡尔斯鲁厄，中学时期，他就对自然科学产生了浓厚兴趣。由于家境清贫，他还要靠修理手表来挣零用钱。曾在机械厂当学徒，在制秤厂里成为“绘画者和设计者”，在桥梁建筑公司担任工长。并先后就读于卡尔斯鲁厄文理学院和卡尔斯鲁厄综合科技大学。其间，他较为系统地学习了机械构造、机械原理、发动机制造、机械制造经济核算等课程，为日后的发展打下了良好基础。

1872 年，本茨与奥格斯特·里特合作组建了“奔驰铁器铸造和机械工厂”，专门生产建筑材料，但由于当时建筑业不景气，工厂经营困难，工厂成立之后便面临倒闭的危险。万般无奈之际，他决定制造发动机获取高额利润以摆脱困境。当时他面临着破产的威胁，生活已经十分艰苦，但清贫的生活并没有改变本茨投身发动机研究的决心，他克服种种困难，领来了生产奥托四冲程煤气发动机的营业执照，没有工场、没有资金，他的妻子就变卖了嫁妆和首饰。经过几年饿肚子拼命地工作，他一改再改设计方案，组装发动机，得到了皇家摄影师比勒的资助。

图 1.12　卡尔·本茨

经过多年努力，1885 年，卡尔·本茨造出了一台单缸汽油发动机，并将它装在了一辆三轮车架上，发明

了第一辆不用马拉的三轮车，这辆车也就是世界公认的第一辆现代汽车的雏形（图 1.13）。1886 年 1 月 29 日，卡尔 • 本茨得到了世界上第一个“三轮汽车专利权”（图 1.14），而这一天也被认为是“世界汽车诞生日”，今天，当你在马路上看到这种三个轮子的交通工具时，肯定想不到这也是一辆汽车。然而，这的确就是第一辆货真价实的汽车。这辆汽车最大的组成构件是铸铁制的飞轮，它水平向外凸出。每次试车时，都必须先转动飞轮来启动发动机，然后快速跳进驾驶座，提起唯一的排挡，发动汽车。现在，这辆独特的“古董车”仍被珍藏在慕尼黑的德意志博物馆里。

图 1.13　卡尔 • 本茨与他的第一辆现代汽车

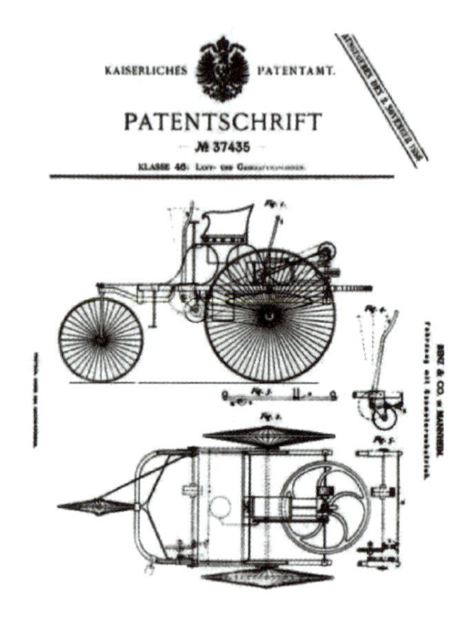

图 1.14　第一个“三轮汽车专利权”证书

这辆汽车采用了单缸汽油发动机，最高速度达 16km/h。但由于其他配套技术尚不够成熟，性能还未完善，发动机工作时噪声很大，传递动力的链条质量也不过关，常常发生断裂，因而本茨的汽车总是抛锚，在汽车经过的道路上，人们经常看见的是人推车而不是人坐车。

在那个马车的时代，汽车被冷嘲热讽为“散发着臭气的怪物”，当时曼海姆的报纸把他的车贬为无用的可笑之物，怕出洋相的本茨甚至不敢在公共场合驾驶它。他的夫人贝瑞塔 • 本茨为了回击这些讥讽，于 1888 年 8 月做出了一个勇敢的决定，她带上两个儿子驾驶着本茨的汽车，从曼海姆出发，途径维斯洛赫添油加水，直驶普福尔茨海姆探望孩子的祖母，全程 144km，这次历史性的试验为汽车的发展作出了贡献。因此，贝瑞塔 • 本茨是世界上第一位女性汽车驾驶者，而维斯洛赫成为历史上第一个汽车加油站。

卡尔 • 本茨被称为“汽车之父”，但我们要知道同时期发明汽车的人并不止他一个，在这个汽车发明风起云涌的时代，不同地区不同国家都有发明家对汽车进行研究，比如德国的戈特利布 • 戴姆勒、法国的爱德法特 • 戴勒玛 • 戴玻梯维尔等。

（二）戈特利布 • 戴姆勒发明第一辆四轮汽车

戈特利布 • 戴姆勒是世界第一辆四轮汽车的创始者（图 1.15）。1882 年，戴姆勒辞去奥托公司职务，与朋友们共同创建汽车制造厂。1883 年，他发明成功了世界第一台高压缩比的内燃发动机，成为现代汽车发动机的鼻祖。1885 年，戴姆勒把它的单缸发动机装到自行车上，制成了世界上第一辆摩托车。接着，在迈巴赫的协助下，在一辆四轮马车上装上自己

的发动机，这便是世界上最早的四轮汽油汽车。

图 1.15　戈特利布·戴姆勒与他发明的第一辆四轮汽车

卡尔·本茨和戈特利布·戴姆勒分别发明了第一辆三轮汽车与第一辆四轮汽车，他们的发明标志了现代汽车的诞生。但在汽车诞生之初，世界各国人们并不接受它。在英国，农民说汽车吓坏了他们的牲畜，医生说汽车毒害了空气，马车主说汽车抢了他们的生意，乡村妇女向玛丽女王递交请愿书说："我们的孩子老遇到危险，我们的东西被污染，晚上睡眠受到噪声的困扰"。1865 年英国甚至颁布了世界上最早的机动车法规，即所谓的"红旗法规"，来限制汽车在道路上自由行驶，法规规定汽车最高车速不得超过 6.4km/h，一辆车必须有三名驾驶员，行车时必须有专人挥动红旗，以警示路上的行人和马车。这条法规的实施，使得英国在制造汽车的起步上大大落后于其他工业国家。

思考与训练

一、单选题

1. 世界上第一辆蒸汽驱动三轮汽车是由（　　）制造的。

A. 纽可门　　B. 瓦特　　C. 居纽　　D. 脱威迪克

2.（　　）设想用发条做动力制造自动行驶的车。

A. 罗吉尔·培根　　B. 达·芬奇　　C. 汉斯·赫丘　　D. 汉斯·尼贝尔

3. 以下选项正确的是（　　）。

A. 到 1860 年，美国已经有 10 个城市拥有轨道马车

B. 1832 年，在曼彻斯特，铺设了第一条城市交通用的铁轨运行公共马车

C. 蒸汽车在 1830 年已经被应用到城市内部交通中

D. 蒸汽车首先在货物运输上慢慢地取代了马车

4. 世界上公认的汽车诞辰日是（　　）。

A. 1885 年 1 月 29 日　　B. 1886 年 1 月 29 日

C. 1885 年 1 月 19 日　　D. 1886 年 1 月 19 日

5. 卡尔·本茨被称为（　　）。

A. 汽车之父　　B. 汽车设计之父

C. 发动机之父　　D. 马车时代的终结者

二、多选题

1. 以下有关世界上第一起机动车事故的选项，正确的是（　　）。

A. 是在般圣奴兵工厂附近下坡时，撞到兵工厂的墙上

B. 这辆车的前方挺着个非常重的锅炉，影响了车辆反应的灵敏性

C. 这辆车的转向盘过于笨重，致使操纵失灵

D. 这起事故发生在 1763 年

2. 为什么蒸汽汽车在出现之后没有被人们接受（　　）。

A. 蒸汽汽车又大又笨，启动慢，制动也慢，惯性大

B. 由于锅炉炉压过高，难以控制，蒸汽汽车经常会发生爆炸

C. 乘坐这种车如果遇到下雨天，车上遮盖不严，道路泥泞不安全

D. 乘坐这种车如果遇到刮风天，顺风时车尾的浓烟会把乘车人熏得喘不过气来

3. 以下选项正确的是（　　）。

A. 早期的汽车性能很不可靠，故障频繁，每当汽车抛锚时，开车的人就成为嘲笑的对象

B. 卡尔·本茨发明第一台汽车经过了多年不断努力，克服了重重困难，并得到了妻子的支持

C. 卡尔·本茨的妻子贝瑞塔·本茨是世界上第一位女性汽车驾驶者

D. 卡尔·本茨发明的第一台汽车使用蒸汽机做动力

三、判断题

1. 汽车的发展最早要追溯到车轮的发展。（　　）

A. 正确　　B. 错误

2. 1796 年，居纽制造了世界上第一辆蒸汽驱动的三轮汽车，由此，历史上第一辆“自动之车”诞生了。这款车采用的是木制车架和铁轮，车前配备了一个大大的锅炉，锅炉里的蒸汽被送进前轮上方的气缸，带动两个活塞使前轮转动。（　　）

A. 正确　　B. 错误

3. 蒸汽汽车出现以后，由于存在着很大的缺陷，并没有被人们所接受。（　　）

A. 正确　　B. 错误

4. 1832 年，在纽约曼哈顿岛上的哈勒姆区，铺设了第一条城市交通用的铁轨运行公共马车。这条铁路本来是暂时的，计划未来会被蒸汽火车取代，但实际马车的运行非常良好，被认为相比蒸汽机更适合城市内的交通环境。于是这种形式就被保留下来，被称为 horsecar（轨道马车）。（　　）

A. 正确　　B. 错误

5. 卡尔·本茨发明的第一辆三轮汽车被珍藏在慕尼黑的德意志博物馆里。（　　）

A. 正确　　B. 错误

6. 1865 年美国颁布了世界上最早的机动车法规，即所谓的“红旗法规”。（　　）

A. 正确　　B. 错误

四、讨论

请谈谈你最喜欢的汽车人物。

话题二　诞生时期的持续改进

初期的汽车性能并不完善，噪声大、操控不灵活，并且不安全，遭到人们的鄙视和排挤，但发明家们没有放弃，一直为制造更舒适、漂亮、安全、环保的汽车而努力。

一、汽车动力执着改进

汽车动力执着改进

为了拥有更好的汽车，发明家们从不放弃对汽车动力性能的改进，在此我们要熟悉的人物是戈特利布·戴姆勒以及鲁道夫·狄塞尔。

（一）戈特利布·戴姆勒对发动机的改进

戈特利布·戴姆勒（Gottlieb Daimler，1834—1900），世界上第一辆四轮汽车的发明人，1834 年 3 月 17 日出生于德国的一个面包师家庭，毕业于斯图加特技术学校。戴姆勒从小热爱机械，少年时代就对燃气发动机产生了浓厚的兴趣，1861 年成为在英国曼彻斯特的阿姆斯特朗·霍特瓦士工厂学习的研究生，1862 年在参观伦敦世界博览会后回到德国，在斯特拉夫的机械工厂协助斯特拉夫之子海因里希制造水车、水泵。1867 年，他受聘于卡尔斯鲁厄机械工厂担任技师长，并与迈巴赫（Maybach）相识，决定参与制造蒸汽机车。

戴姆勒受到奥托与兰根邀请，与迈巴赫一起转入德意志瓦斯发动机公司，协助改进四冲程发动机。可是，戴姆勒、迈巴赫坚持制造小型高速汽油机，与奥托和兰根的意见不合，1882 年戴姆勒离开了该公司，迈巴赫也随之离开。离开的第二年，他们推出首部戴姆勒卧式发动机（图 1.16），这是世界上第一台真正实用的汽油发动机。之后他们又对这台发动机进行了改进，于 1884 年 5 月制造出一台性能更好的立式发动机，取名“立钟”，并于 1885 年 4 月 3 日取得德国专利（图 1.17），戴姆勒也被称为“现代发动机的鼻祖”。同年 8 月 29 日他将此发动机安装于木制双轮车上，这辆取名“骑士式双轮车”的双轮车获得德国专利，它实际上是世界上第一辆摩托车。1886 年，为了庆祝妻子埃玛 43 岁生日，戴姆勒将该发动机装在一辆四轮马车上，成为世界上第一辆四轮汽车，并由迈巴赫成功地完成了试车。这是第一辆汽油发动机的四轮汽车，而戴姆勒也被公认为以内燃机为动力的发明者。

图 1.16　戴姆勒和迈巴赫第一台卧式发动机

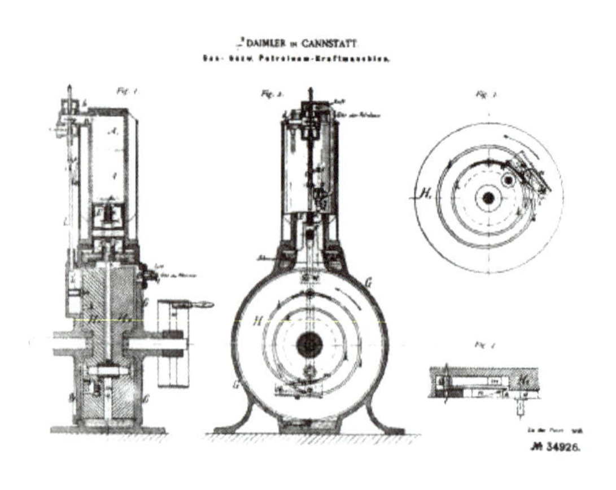

图 1.17　戴姆勒和迈巴赫第一台立式发动机及专利图

（二）鲁道夫·狄塞尔发明柴油机

鲁道夫·狄塞尔（图 1.18）于 1858 年 3 月 18 日出生于巴黎，由于父亲是德国移民而遭到法国当局的驱逐，家中生活相当窘迫。12 岁时，他又回到法国，毕业后即进入了当地技校学习。两年后以优等生资格获国家奖学金进入德国慕尼黑高等技术学校学习。读书期间，他就喜欢物理和热力学。

1879 年，21 岁的狄塞尔毕业，成为一家国际冷冻公司的工程师和推销员。在工作中，他深感蒸汽机的效率低下，于是萌发了设计新型发动机的念头。在 1893 年发表的文章中他如此描述这种新型发动机：这将是一种新式的理性的机器。实际上，他甚至提前一年申请了专利（图 1.19）。为了实现他的想法，他找到奥格斯堡机器制造厂作为合伙者——这便是今天 MAN 股份（MANAG）公司的前身。这些条件使狄塞尔在奥格斯堡成功地制造出这种新式发动机成为可能，而狄塞尔当时的年薪是 30000 马克，这也为他提供了足够的经济保障。

图 1.18　鲁道夫·狄塞尔　　　　图 1.19　狄塞尔发明的第一台柴油机及获得的专利证书

1892 年，狄塞尔经过多年潜心研究，提出了压燃式柴油机的理论。

1893 到 1897 年间，狄塞尔不断完善发动机的各方面性能。1897 年，他成功地制造了一台能安全运转的狄塞尔柴油机。他在奥格斯堡亲手点燃发动机的那一瞬间，一次新的科技革命诞生了。这台发动机就是后来狄塞尔发动机的原型，它的功率为 14W，远远超过当时的蒸

汽机和已经发明的奥拓发动机。现在，这台机器被收藏在慕尼黑德意志科技博物馆里。

这位举世闻名的发明家狄塞尔，他对柴油机做出了重大贡献，取得了巨大成功，但在个人生活上并不幸福：他的发明受到对手的非难和排挤；由于缺乏商业头脑，他玩股票输了很多钱，经济上渐渐陷入了困境。1898 年，狄塞尔因为严重的神经虚弱，在慕尼黑附近的疗养所待了一段时间。他的晚年生活穷困潦倒，1913 年 9 月 29 日，仅仅 55 岁的他乘船通过英吉利海峡时不幸神秘失踪，对此，一般的看法是他投海自尽，也有人推测他是被石油工业的人蓄意谋杀的。鲁道夫 • 狄塞尔的死亡是悲惨的，但是他的发明改变了整个世界。人们为了纪念他，就把柴油机称为狄塞尔发动机。

发动机的改进为汽车动力性能提升提供了物质条件，在这一时期，还有许多的发明家、工程师都对发动机进行了研究，如法国巴黎的里诺发明了煤气发动机；德国人尼古拉斯 • 奥托设计并制造了第一台以煤气为燃料、火花点火、单缸卧式的四冲程马力内燃机；英国人克拉克创新研制了一台近代二冲程发动机等。

【内燃机之父：尼古拉斯 • 奥托】

尼古拉斯 • 奥托（Nikolaus August Otto）（图 1.20），德国著名机械工程师，四冲程内燃机的发明者和推广者。1832 年 6 月 10 日出生在德国霍兹豪森镇的一个工匠家庭。他在襁褓时父亲就去世了。奥托读书时是一个出色的学生，但却在十六岁从中学辍学，参加了工作，获得了经商的经验。

图 1.20　尼古拉斯 • 奥托

1861 年，29 岁的奥托从报纸上看到了有关法国人雷诺尔研制煤气发动机的消息后，大受启发，并着手研制。1862 年 2 月，奥托制造出一台四部冲程引擎工作样机。他在把这台新引擎变得实用的过程中遇到了困难，特别是在点火装置方面的困难，不久便把它搁置一旁。但是他又发明了“常压引擎”，一种革新的二部冲程引擎，靠煤气做动力。1863 年他获得该项革新的专利权，不久就找到了一个为他提供资助的伙伴，名叫尤金 • 兰根。他俩建立了一个小公司，继续改进引擎。1867 年他们的二部冲程引擎在巴黎世界博览会上赢得一枚金牌。从此销路畅通，公司利润暴涨。

虽然二部冲程引擎创利巨多，但是奥托还是念念不忘他最初设想的四部冲程引擎。他确信四部冲程引擎如果对燃料与空气的混合物先压缩后点火，就会比任何改进的勒努瓦二部冲程引擎在效率上都要高得多。1876 年，奥托设计出来一个改进的点火系统，有了这个系统就可以制造出一台实用的四部冲程引擎。第一台这样的样机于 1876 年 5 月制造出来了，翌年就获得了一项专利权。四部冲程引擎的功率和性能具有明显的优越性，因此一下子就打入了市场，大获成功。仅在随后的十年中就销售了三万多台，各种类型的勒努瓦引擎很快就被淘汰了。

1886 年，奥托因发明四部冲程引擎而获得的德国专利权被一项专利权起诉给推翻了。原来法国人阿尔方斯 • 博 • 罗夏在 1862 年设计出一种基本相似的装置，并获得专利权。但是人们不应该把博 • 罗夏看作是一位有影响的人物，他的发明也从未打入市场，实际上他也从未制造出一台样机，奥托也不了解有关他发明的任何情况。奥托公司虽然失去了有价值的专利权，但是仍在继续赚钱。到 1891 年他于德国科隆去世时，公司生意兴隆，财值万贯。

汽车设计永不停步

二、汽车设计永不停步

经过 100 多年的不断改进、创新，汽车发展成了现在这样具有多种形式、不同规格，广泛用于社会经济生活多个领域的交通运输工具，我们在使用这些工具的时候，也不应该忘记这些伟大的发明家们。

1889 年，法国人路易·雷纳·潘哈德（Louis Rene Panhard，1841—1908）和埃米尔·勒伐索（Emile Levassor，1843—1897）在法国建立了最早的一家汽车制造厂。埃米尔·勒伐索是个对机械有着很大天赋的人，他发现当时汽车采用的马车结构适合汽车这种交通工具，于是在 1891 年，他设计的一款新车问世了，这款新车颠覆了之前的汽车设计，采用的是前置后驱的结构，由此也奠定了现代汽车传动系统布局的基础。从第一款新车开始，Emile Levassor 生产的轿车都是前置后驱的底盘结构，主要型号就是 TypeA1，前期的 TypeA1 采用的仍然是较为古典的风格，车轮依旧是马车车轮的样式。1895 年勒伐索设计出世界上最早装有充气轮胎的标志汽车，他们是法国汽车工业的一代先驱。到 1899 年时，TypeA1（图 1.21）已经具备了现代轿车的一些特点：底盘高度降低；4 个车轮采用相同的规格，转向手柄被方向盘取代；发动机带有散热格栅。TypeA1 的动力由 1.2L 发动机提供，最大功率 6 马力，最高车速可达 30km/h。勒伐索使汽车的设计脱离马车的设计，奠定了现代汽车的设计雏形，揭开了汽车时代的序幕。

此外，在设计方面我们必须谈到一个人物是德国的威廉·迈巴赫（Wilhelm Maybach，1846—1929），他被称为“设计之王”（图 1.22）。威廉·迈巴赫一生最大的传奇在于创造了两个举世闻名的豪华品牌：梅赛德斯与迈巴赫，分别在豪华车的不同领域演绎着各自的辉煌。他也是世界首辆梅赛德斯 - 奔驰汽车的发明者之一。

图 1.21　潘哈德 TypeA1——首款采用前置后驱结构的轿车

图 1.22　威廉·迈巴赫

1846 年 2 月 9 日，威廉·迈巴赫出生于德国的海尔布隆，后来全家搬到了斯图加特。在他 10 岁的时候，父母相继去世，小小的他成了一个孤儿。正在他面临生活困难的时候，一家慈善机构在报纸上看到了领养启事并答应照顾他。迈巴赫在鲁特林根（Reutlingen）的兄弟会上学期间，学校的创建者和负责人发现了他在技术方面的天赋，并很好地培养了他。

1865 年在小城鲁特林根，威廉·迈巴赫与戈特利布·戴姆勒（图 1.23）在兄弟会的车间内初次见面，年仅 19 岁的威廉·迈巴赫凭借自己在绘图方面非凡的天分，很快引起了戴姆勒的注意。相同的兴趣和爱好架起了他们友谊的桥梁，两人成为亲密无间的挚友。之后，

两人在工程技术领域共事多年，一直保持着一种合作关系，1886 年他们成功地将一台汽油发动机安装在一辆四轮马车上，这辆车每小时行驶 16 公里，车上能乘坐 4 人。迈巴赫的设计才华得到了戴姆勒的高度认可，这使其顺利迈向了通往汽车设计王国的大门。

图 1.23　威廉・迈巴赫与戈特利布・戴姆勒

迈巴赫在汽车设计事业上一直追随戴姆勒，此前他曾经担任一家公司的技术绘图员及蒸汽发动机厂的设计总管。1882 年，迈巴赫把发动机装在“Vitoria”的前轴上，成为首辆前置发动机的汽车，使汽车设计跨越了一大步。当戴姆勒与合伙人在 1890 年建立戴姆勒发动机公司 DMG（Daimler-Motoren-Gesellschaft）时，迈巴赫被任命为总工程师，并于当年研发出蜂窝式散热器，这一有效的引擎冷却系统为现代汽车的发明奠定了坚实的基础。法国人称呼他为“发明大王”。然而，在 1891 年 2 月他以不能接受合同条款为由离开了公司。在随后的一年半的时间里，迈巴赫在戴姆勒的资助下继续在他的车间里进行设计工作，完成了许多重要设计发明，包括喷嘴化油器、菲尼克斯引擎和对皮带传动系统的改进。

1895 年，戴姆勒公司经营状况恶化，英国实业家弗雷德里克・西蒙司对戴姆勒发动机公司施压，让迈巴赫在 10 月重返戴姆勒公司，并重新被任命为公司的技术主管。回到原来的职位后，威廉・迈巴赫取得了一项又一项科技成就，例如，他发明了第一个四缸汽车引擎，在 1898 年到 1899 年间他发明了能产生 6~23 马力动力的五种不同型号的引擎。

在威廉・迈巴赫所有的设计发明中，最为杰出的一项就是发明了第一辆“梅赛德斯”汽车（图 1.24），并在 1901 年 3 月的“NiceWeek”上引起了不小的轰动。凭借于此，威廉・迈巴赫在汽车界被尊称为“设计之父”，享受着非凡的荣耀。

其实这辆车的诞生既归功于威廉・迈巴赫又归功于埃米尔・耶利内克。埃米尔・耶利内克时任奥地利驻法国尼斯的领事，是戴姆勒汽车的热情支持者。他很喜欢赛车，并用他的那辆奔驰车参加过许多次比赛。但是，他那辆 20kW（28hp）的汽车很难胜过法国的赛车，于是他说服设计师迈巴赫设计出了一种全新型号的汽车，在机械性能及外形上都做了较大的改进。1901 年 3 月，他用新的赛车参加了“尼扎赛车周”。用女儿的名字“梅赛德斯（Mercedes）”作为汽车的牌号登记参赛，这种新赛车战胜了所有的对手，一鸣惊人。他认为是这美丽的名字和美丽的女儿为他在比赛中带来了好运，于是建议戴姆勒用这个名字作为汽车的商标。戴姆勒为了感谢这个热心的支持者，便将这个名字装在了他的汽车上，果然销路很好。

图 1.24　第一辆“梅赛德斯”汽车

这一历史上“真正”汽车的设计概念为汽车工业指明了未来发展方向，并开启了汽车工业设计之门。从那时开始，流线型轮廓，高性能，蜂窝式散热器，低发动机罩，长轴距，尺寸几乎相同的前后车轮，以及轻量化，都已经成了汽车工程设计的关键因素。

思考与训练

一、单选题

1. 戈特利布·戴姆勒和（　　）在 1883 年推出首部戴姆勒卧式发动机，这是世界上第一台真正实用的汽油发动机。

A. 威廉·迈巴赫　　B. 卡尔·本茨　　C. 鲁道夫·狄塞尔　　D. 亨利·福特

2.（　　）在 1901 年设计了第一辆梅赛德斯。这是汽车历史上公认的第一辆现代汽车，它昭示着“马车时代”的结束。

A. 威廉·迈巴赫　　B. 卡尔·本茨　　C. 戈特利布·戴姆勒　　D. 亨利·福特

3. 以下说法错误的是（　　）。

A. 1895 年勒伐索设计出世界上最早装有充气轮胎的标志汽车，他们是法国汽车工业的一代先驱

B. 戴姆勒在 1901 年设计了第一辆梅赛德斯

C. 迈巴赫一生最大的传奇在于创造了两个举世闻名的豪华品牌：梅赛德斯与迈巴赫

D. 1885 年，戴姆勒制造出汽油发动机的四轮汽车，而他也被公认为以内燃机为动力的发明者

二、判断题

1. 1892 年，狄塞尔经过多年潜心研究，提出了压燃式柴油机的理论。（　　）

A. 正确　　B. 错误

2. 有人将戴姆勒与卡尔·本茨同称为“汽车之父”。（　　）

A. 正确　　B. 错误

3. 戴姆勒在 1926 年单独创立了戴姆勒汽车公司。（　　）

A. 正确　　B. 错误

三、讨论

在汽车发展史中，有许多经典的设计，请分享一个你最喜欢的汽车设计。

话题三 成长时期的快速发展

1887年法国庞哈德·莱瓦索马车制造公司获得戴姆勒高速汽油机在法国生产的专利权。按买主要求，依靠技巧娴熟的工匠用手工在装配大厅配制每辆各不相同的轿车。当时的法国巴黎道路宽阔，且有奢华风尚，带动了汽车需求，该公司汽车产量大增，1894年公司每年能生产几百辆汽车，是世界领先的轿车公司。1900年前，继德国、法国之后，美国、英国和意大利出现了多间这种作坊式汽车生产公司，1900年欧美共生产汽车9504辆。然而，随着社会的发展，汽车性能的改进，作坊式的生产方式逐渐不能满足人们的需求，反过来，人们的需求又促进了汽车生产方式的转变、加速了汽车技术改进等，使汽车进入了快速发展时期。

一、应运而生的批量化生产

在汽车诞生之后，1887年，卡尔·本茨成立了世界上第一家汽车制造公司——奔驰汽车公司，之后标致、戴姆勒等汽车公司相继成立，但这些汽车公司都是手工作坊式生产。直到1903年，美国福特汽车公司成立，亨利·福特是世界上第一位使用流水线大批量生产汽车的人。

应运而生的批量化生产

亨利·福特（Henry Ford）（图1.25）出生于1863年7月30日，父亲是一位农场主。他自小就对从事农事颇有怨言，反而对鼓捣机械充满了浓厚的兴趣。亨利·福特先后从事过机械修理、手表修理、船舶修理等工作，并且一边工作一边参加夜校学习，以便将来能够“不屈居于人下被别人利用而过一生，自己开一家制造机械的工厂”。为了实现这一目标，他还告别了富庶而温馨的家，到爱迪生电气公司边工作边学习电气知识。

图1.25 亨利·福特

1896年春天，福特的第一辆汽车研制、试验成功；1899年，他又成功地制作出了三辆

图 1.26 早期的福特汽车

汽车（图 1.26）。之后，他与别人合作成立了底特律汽车公司并担任制造部经理。然而，由于几乎所有员工都没有制造汽车的经验、零件质量不好、采购不及时等原因，高成本制造出的汽车无法销出，公司在一年后解散。1901 年 10 月 10 日，福特接受温顿的挑战，亲驾自制赛车参赛并获得胜利。于是，在商人们的支持下，他又成立了第二个汽车公司。可是批量生产汽车所需的技术完全不同于生产单一的汽车，修理工出身的福特在当时显然还不能胜任这一重任。当投资者发现他只热心于将金钱花在研制一种无法销售的高价竞赛车上时，毫不客气地将其赶出了厂门。这样，福特第二次办汽车厂也以失败而告终。

两次失败经历没将福特吓倒，他仍然谋求在汽车业的发展，并付出了比以往更大的努力：自驾赛车四处表演，不断改进汽车结构。由于经常获得各种比赛的胜利，他成为“全美第一流的汽车司机”，并被新闻界誉为“速度之魔”（他的赛车曾在一条 0.8km 长的大街上创下了 11km/h 的速度纪录）。

直到 1908 年 10 月，在底特律开始生产一种以“福特”命名的汽车，型号为“T 型”（图 1.27）。在此之前，汽车工业完全是手工作坊型的，每装配一辆汽车要 728 个人工小时，当时汽车的年产量大约 12 辆。这一速度远不能满足巨大的市场需求。福特的梦想是让汽车成为大众化的交通工具，T 型车的出现让他的梦想变成现实。这款车的各种零件被首次设计成统一规格，实现了总成互换，采用了流水线的生产方式，而这种方法起源于屠宰场。福特注意到屠宰场的工作方式：将一头宰好的牛或猪从很多切肉工人面前移动经过，每个切肉工人只割下特定的某个部分。他将这一过程颠倒过来，试试是否会加速汽车上一个叫做磁石发电机的部件的生产，将发电机的一个部件放在传送带上，在它经过时，每个工人都添装上一个部件，每次都装配同样的一个部件，最后发现原来需要平均 20 分钟 / 人组装一台的发动机，现在只需要平均 13 分 10 秒，节省了将近 7 分钟，不到一年，装配时间便减到 5 分钟。1913 年，福特改革了装配汽车的全过程，出现了世界上第一条汽车生产流水线（图 1.28），在大型总

图 1.27 福特“T 型”汽车

图 1.28 福特汽车生产流水线

装车间，由机械传送带运送零件和工具，极大地提高了工作效率，为工业生产方式带来了革命性转变。同时为提高生产效率，福特于 1914 年 1 月 5 日宣布将工人工资提高一倍，实行“8 小时 5 美金工作日”制（相当于原工资的 200% 以上），工人的积极性大为提高，当年就制造了 73 万辆，雄踞全球汽车业之首。到了 1921 年，T 型车的产量已占世界汽车总产量的 56.6%。1925 年 10 月 30 日当天生产了 9109 辆，达到每 10 秒生产一辆，大批量、标准化生产使成本急剧降低，原来定价为每辆车 850 美元，1923 年最低降至 265 美元（同期其他品牌的车型要卖到 2000 ～ 3000 美元），汽车开始成为普通的交通工具。

由于该车价格低廉、使用方便、维护容易，销售异常火爆，1908 年至 1927 年短短 19 年间，T 型车生产超过了 1500 万辆。T 型车被誉为“历史性的平民汽车”，成了美国汽车史上第一部经典作品。汽车开始走进大众家庭，改变人们的生活方式、思维方式和娱乐方式，将人类带入了汽车时代。福特 T 型车被看作是汽车普及的标志，福特也被尊称为“为世界装上轮子的人”。而流水线作业的革命性创举不仅为汽车制造业，而且为整个工业界带来了伟大的革命，对现代社会和文化产生了巨大影响，因而被世人称之为“世界生产方式的历史性变革”。

二、层见叠出的车型和技术

汽车的发展离不开人类历史的发展，1914 年第一次世界大战爆发，作战需要装甲车，运送兵员和补给品则需要动用更多的汽车。战争推进了汽车发展，使汽车类型逐渐完善，趋于多样化，同时各种汽车新技术也是层出不穷。

层见叠出的车型和技术

在 20 世纪 20 年代，有按顾客意愿设计车身、服务于经济富裕买主的汽车公司，如杜森伯格、林肯、凯迪拉克等；有设计高雅车型供富人享用的汽车公司，如劳斯莱斯、宾利、布加蒂等；还有专为赛车手推出的车型等。

20 世纪 20 年代轿车车身不断加长，还出现了新型大客车。随着汽车车身结构的演变，在汽车使用材料方面开发出了薄钢板轧制新技术；平板玻璃连续处理技术，让汽车用上了安全玻璃；汽车涂装的快速干燥技术，以及汽车燃油炼制方面开发出高辛烷值汽油炼制工艺，为提高发动机设计水平提供了有力支撑。此外，液压制动器被运用到汽车的四个车轮上，低压轮胎取代早期的多种硬质、高压胎等。而这些技术的出现取决于人，如亨利 • 利兰、费迪南德 • 波尔舍、大卫 • 别克、威廉姆 • 杜兰特等，接下来我们了解其中一位——被称为汽车教父的亨利 • 利兰。

亨利 • 利兰（Henry Martyn Leland）（图 1.29）1843 年 2 月 16 日生于美国佛蒙特丹维尔。他曾在军械厂工作过，也合伙创办过公司。一次偶然机会，他加入了汽车行业。1901 年，为了给奥兹莫比尔公司提供更好的发动机，利兰对发动机进行了改进，改善好的发动机功率达到 7.7kW。不幸的是，奥兹却拒绝订货。如果不是另一件事的巧合，也许这一切就到此结束了。1902 年 8 月，亨利 • 利兰被邀请参加对已停工的亨利 • 福特厂的资产评估，在仔细考察了工厂之后得出结论：就当时而言，这是一个相当先进的工厂。因此他劝阻公司主人不要关闭工厂，可使用利兰公司的发动机继续生产。一个新公司由此诞生，利兰成为公司创始人之一，该公司以其创办人、法国人凯迪拉克的名字命名——凯迪拉克公司，专门生产豪华轿车。

1904 年 12 月，第一辆装用 4 缸发动机的凯迪拉克 D 型车问世，这款发动机功率达 22kW。这时利兰已看到制造大功率、大尺寸汽车的发展前景，但当时装用 4 缸发动机的汽车太贵，达 2080 美元，单缸发动机最贵的车型才 950 美元，且前者的结构也有许多不尽人

图 1.29　亨利·利兰（Henry Martyn Leland）

意之处。因此，1906 年，凯迪拉克 K 型及凯迪拉克 M 型车相继问世。到 1906 年凯迪拉克在底特律的工厂已成为当时世界上最大、最完善和装备最好的汽车厂。利兰在工厂推行零件标准化及武器级精度，公差为 0.05mm，在当时这简直是不可思议的奇迹。1908 年，在英国曾进行过一次有趣的试验：从刚到货准备出售的凯迪拉克汽车中选出 3 辆，将其全部拆散后再把零件混在一起（图 1.30），同时有些零件还用备件代替，然后重新装车并作试验，结果是所有参数与说明书完全相同——这是一件前所未有的奇迹！英国皇家汽车俱乐部向利兰颁发了证书及奖杯，以后的凯迪拉克车上就出现了一句新广告词——Standard of the World——世界标准。

图 1.30　被拆散后的零件

1909 年 7 月 19 日凯迪拉克公司加盟通用汽车公司，66 岁的利兰成为凯迪拉克公司的总管，并与其儿子继续管理工厂，尽最大可能保持其独立性。从此凯迪拉克在设计汽车时，更加重视汽车的豪华性和舒适性。1910 年，凯迪拉克推出了第一辆全封闭式的汽车凯迪拉克 30（图 1.31），它成为日后的标准车型。在早期的汽车设计中，轿车的车厢并不是采用封闭结构，除了顶上的帆布篷之外只有前风窗，车身侧面则是敞开式设计，基本上是四轮马车的车厢样式，当时的生产工艺决定了车厢只能采用这样的结构。但是，这样的车厢结构并不能完全地遮风挡雨，很多汽车公司也都在尝试生产封闭式车身的轿车，而第一个成功的汽车生

产商就是凯迪拉克，凯迪拉克 30 成为第一款采用封闭式车身的轿车——这无疑是汽车制造史上一次巨大的飞跃。尽管凯迪拉克 30 系列车型还存在一些不足，但作为一款封闭式车身的轿车，30 系列为驾乘者提供了更加舒适的乘车环境。

图 1.31　凯迪拉克 30

这期间发生了一件使利兰深感遗憾的事。一天，在底特律的大街上，一位女士的凯迪拉克车发动机熄火，恰好利兰的好友、工厂主拜伦·卡杰尔驾车从此经过，卡杰尔停车相助。当时的发动机都是靠手摇点火启动的，遗憾的是摇把击中了卡杰尔的头部……当利兰获悉好友因汽车而命丧黄泉时非常愤怒，随之马上向助手下令："先生们，凯迪拉克不应该再杀人了……"电动启动机因此而诞生。1912 年世界上第一台电动启动机装在凯迪拉克汽车上。利兰总想使自己的汽车永远超过别人。当时 6 缸发动机已很普遍，只有法国的基布公司在汽车上装用 V8 发动机。他命人买回一辆法国汽车进行试验，结果并不理想。他在底特律市郊秘密地点试验凯迪拉克 V8 发动机，1914 年，凯迪拉克推出世界上第一台 8 缸发动机，这台 8 缸发动机搭载在 1918 年凯迪拉克 Victoria Coupe（图 1.32）上。因此，凯迪拉克 Victoria Coupe 是世界上第一个采用批量生产的 V8 发动机的车型。凯迪拉克 Victoria Coupe 外形紧凑，尤其是尾箱处的弧度让它很有动感。

图 1.32　凯迪拉克 Victoria Coupe

第一次世界大战爆发后，亨利·利兰由于成立生产飞机发动机的新公司，离开了他一手创办的凯迪拉克公司。于 1917 年创立林肯公司生产飞机发动机。战争结束后，利兰把注意力又转向了汽车。利兰相信夹角为60°的V8发动机比他们在凯迪拉克公司生产的夹角为90°的发动机运转更为平稳。事实证明利兰是对的，1920年第一辆林肯轿车（图1.33）问世，就好评如潮。新闻界对装备66.2kW V8发动机、113km时速的林肯L型车大为赞赏。但这种车型却是战后经济衰退的受害者，在1921年林肯L型车销售狂跌近一半，公司每月亏损达10万美元。没有出路的利兰只好去找福特汽车公司寻求援助。

图1.33　林肯轿车

虽然利兰早早地离开了他所热爱的汽车行业，但他留下了凯迪拉克和林肯两大汽车品牌，被誉为美国汽车工业的“精密生产大师”，当之无愧地被称为“汽车教父”。

【费迪南德·波尔舍对电动汽车的改进】

费迪南德·波尔舍（图1.34），也被翻译为费迪南德·保时捷，但为了和汽车品牌相区分，我们称呼他为波尔舍，他是著名的德国汽车工程师，是保时捷公司的创始人，也是著名的汽车设计大师。到1940年，费迪南德·波尔舍的研究项目就不少于104项，这些项目主要是关于底盘、轮悬挂装置、操纵系统、传动系统、废气涡轮和拖拉机等，他的这些研究极大地推进了汽车的改进。

1898年，23岁的波尔舍加入了维也纳洛纳车身工厂，并正式开始了他的汽车生涯。19世纪末期到1920年是电动车发展的一个高峰。由于当时内燃机技术还相当落后，行驶里程短，故障多，维修困难，远远不及电动车，因此电动车在这一时期被普遍认可。在这样的背景下，电动机便成了当时的一股主要力量。由于已经有轮毂电机专利在手，波尔舍与洛纳便开始着手设计一款可以应用轮毂电机的汽车。

1898年，名为“Lohner-Porsche”（洛纳-保时捷）的双座电动车得以出世。由于当时的电池能量密度低，因此该车的最高时速仅有14km，充足电只可跑50km。1900年，这款车（图1.35）正式在巴黎博览会上展出，虽然它吸引了全世界的目光，但1.678t的铅酸电池也限制了它的性能。波尔舍很快改进了设计，他在后轮上又增加一组轮毂电机，以四个轮毂电机推动车辆前进，这也是世界上第一辆拥有四轮驱动系统的汽车，之后更以时速56km创下奥地利的汽车速度纪录。这在当时来说已经可以用“风驰电掣”来形容了。

图1.34　费迪南德·波尔舍

由于车重限制了行驶里程，波尔舍又萌生了在车身上装配内燃机给电池充电，然后以四个轮毂电机推动车辆的奇思妙想。这也是混合动力车（Hybrid）的雏形，而这比1997年才可以购买到的第一代丰田普锐斯，提前了近一个世纪！1901年波尔舍推出了Mixte车型（图1.36），为了进一步减重，Mixte电池组的电能甚至只能支撑行驶几公里。电池的减小也意味着必须采用更大功率的发动机，为此波尔舍将发动机前置，并将座椅等操纵机构后移，以安放一台更大的5.5L 25HP的戴姆勒四缸发动机。之后的几年，他一直致力于设计并改进赛车。1910年，他带领三辆自己设计的赛车参加德国和奥地利举办的“亨利王子杯”汽车赛，在175辆“高手”之中，一举拿下前三名，震惊了世界。

图1.35　1900年亮相的Lohner-Porsche

图1.36　波尔舍设计的Mixte车型

三、不断创新的管理营销方式

不断创新的管理营销方式

汽车生产方式的不断改进完善、相关技术的不断更新换代、车身结构设计的不断推陈出新，共同推动了汽车的快速成长，可同时我们不能忽略管理与营销对汽车发展的重要作用。

（一）职业经理人：艾尔弗雷德·P. 斯隆

管理方面，在汽车历史上有一位汽车名人，他创新的管理模式直到现在还被广泛使用，他就是艾尔弗雷德·P. 斯隆（图1.37）。

艾尔弗雷德·P. 斯隆（Alfred Pritchard Sloan）于1875年出生于美国康涅狄格州的纽海文市，父亲是布鲁·克林的茶叶咖啡进口商，10岁时随父母搬迁到纽约，1895年毕业于麻

省理工学院，获电子工程学士学位，他的一生几乎都是在汽车行业中度过的。他在1921—1922年期间就提出了一种叫“集中政策控制下的分散经营”组织机构模式，这是事业部制组织结构的雏形。1923年，杜邦启用斯隆担任通用汽车公司总裁。在他加入通用汽车公司时，公司正处于严重的危机之中，风雨飘摇，人们看不到公司的未来。斯隆面对新的广阔需求市场，整合公司内部资源，改变福特单一廉价车大量生产模式，按轿车售价高低分成从凯迪拉克到雪佛兰5个系列，由5个独立事业部分别生产，把不同收入的现实与潜在用户需求全部包容，同时组成集中生产5个车型配套零部件事业部，如德科部生产发电机、萨吉诺部生产转向器、罗切斯特部生产化油器等。每个事业部都是利润中心，有关全公司的大政方针，如财务控制、重要领导人员的任免、长期计划、重要研究项目的决定等，由公司总部掌握，其他具体业务则完全由各事业部负责。这就是多品种大量生产的斯隆模式（图1.38），该模式解决了厂家为降低生产成本希望产品单一化和满足用户需求多样化的矛盾。斯隆担任通用汽车公司总裁23年，短短3年内让濒临破产的通用汽车反败为胜，更为企业组织管理立下世纪典范，与通用电气的杰克·韦尔奇并称二十世纪最伟大的CEO。在他的领导下，通用不但超越福特汽车公司成为世界上最大的汽车制造商，成为世界上最大的产业集团之一，而且成了美国经济的重要标志。

图1.37　艾尔弗雷德·P. 斯隆

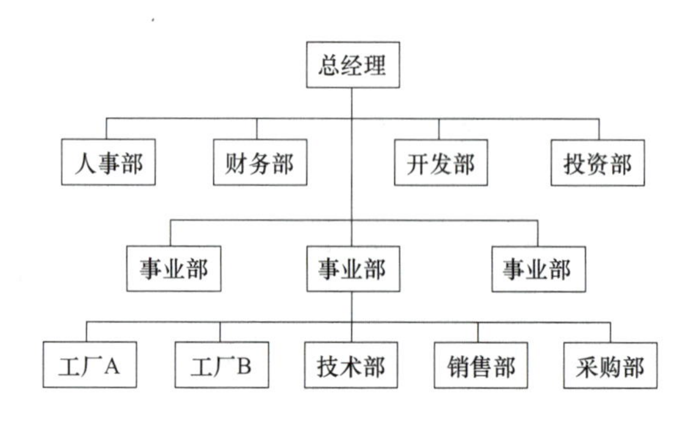

图1.38　斯隆模式组织结构

艾尔弗雷德·P. 斯隆被誉为第一位成功的职业经理人，他是在管理与商业模式上创新的代表人物。他对企业的组织结构、计划和战略、持续成长、财务成长以及领导的职能和作用的研究，对职业经理人概念和职能的首次提出，都对现代管理理论的形成和发展产生了极大的影响。美国《商业周刊》75周年时，斯隆获选为过去75年来最伟大的创新者之一。

（二）经销至上：安德烈·雪铁龙

这一时期，汽车各类技术的改进、生产方式批量化及汽车企业管理模式的优化，使得汽车迅速得到普及，同时，汽车的营销推广也是必不可少的。安德烈·雪铁龙（A.Citroen），他的前轮驱动设计方案一直到现在也没有过时，同时他的许多营销方式一直流传到现在，有人贴切地用“经销至上”来形容他。

1915年，安德烈·雪铁龙（图1.39）创建了雪铁龙汽车公司，他不仅把美国的流水线带入了法国，还在自己的公司内推行美国式的营销方法和售后服务措施。他还是最早懂得利

用广告的商人之一。为了扩大品牌的知名度，他把营业额的2%拿来做广告。在这方面，他甚至比美国的同行做得更好。因为雪铁龙一直坚持认为：汽车厂卖的不只是汽车，还有无微不至的服务。

图 1.39 安德烈·雪铁龙

他在汽车买卖方式上下了大功夫，创立了一年保证期制度，建立分销网，罗列出零件目录及维修费用一览表，使所有销售点、维修点的费用得以统一。1922年，他大力推广分期付款售车方式，成立了全国第一个专司分期付款的机构，并在国外创办了不少汽车出租公司，在全国各地形成了一个游览车服务网。

雪铁龙在公司和产品的宣传方面也可算得上是个创意天才：他在第一次世界大战后以公司的名义向法国政府提供各式路标并设立在全法国的公路上，不仅帮助政府解决了交通管理上的难题，这些路标还成了雪铁龙公司的宣传广告；更为绝妙的是，他于1925年在巴黎埃菲尔铁塔以霓虹灯方式做广告（图1.40），使巴黎四周30km以内都可看到；1923年，他发起了穿越撒哈拉大沙漠的大型车赛（图1.41）；1924年又组织了贯穿全非洲的“黑色之旅”赛车活动；1927年，美国人林白驾机穿越北大西洋成功，他竭力说服这位英雄去自己的工厂接受工人们的祝贺，结果第二天的报纸就登了这样的文章——“林白访问雪铁龙”；1931年他在法国巴黎开办了当时全球最大（长400m）的汽车商场，除了经销汽车外，也在场内放映电影和开办音乐会。

图 1.40 雪铁龙在巴黎埃菲尔铁塔以霓虹灯方式做广告

图 1.41 雪铁龙穿越撒哈拉大沙漠大型车赛

这些活动宣传方式很多一直沿用至今。当然这一时期有关汽车各方面名人的故事还有更多，在我们享受汽车带来的便利和舒适时，我们更应该铭记他们为汽车发展所做出的努力，以及他们不断创新、坚持不懈的精神。

【“管理天才”沃尔特·克莱斯勒】

沃尔特·克莱斯勒（Walter Chrysler）（图 1.42），他是美国三大汽车巨头之一的克莱斯勒汽车公司的总裁和创始人。为什么称他为“管理天才”呢？我们来看看他的部分事迹。

图 1.42　沃尔特·克莱斯勒

33 岁时，克莱斯勒成了芝加哥大西方铁路（Chicago Great West—ernRailroad）的一万名雇员的负责人，他是曾经获得该职位的最年轻的领导人。但是，克莱斯勒仍然没有停止进取。他深信，运输应该是单体的和分散的。

克莱斯勒在铁路行业中曾经大有作为，在美国机车公司，他采取降低工资的措施，使公司仅仅在一年后就得以成为盈利的企业。克莱斯勒在那里工作的第二年之后，就被任命为总经理。克莱斯勒简化和提高了生产，增加了雇员的工资，被公认为全面而有效的行政官员。

1925 年，克莱斯勒买下了破产了的马克斯维尔公司（Maxwell），并将其彻底重组，组建了自己的克莱斯勒公司。1926 年，公司在他的领导下，很快由美国汽车制造业第 27 位蹿升至第 5 位，次年又升至第 4 位。1928 年，他接管了负债累累的道奇公司，短期内就使道奇品牌在汽车界再展雄风。之后，又把吉普（Jeep）和顺风（Plymouth）汽车公司拉入旗下。克莱斯勒公司成为与通用、福特“三分天下”的美国三大汽车公司之一。克莱斯勒公司推出的每一款车型都带有着浓郁的美国情调，凝聚着美国汽车文化的精髓，无论从外形设计还是技术工艺上都极具个性。在他的领导下，克莱斯勒汽车公司多项领先世界的技术应运而生，如全自动打火控制器、全螺旋式变速箱、整片式曲面挡风玻璃等。这些技术对世界汽车的发展产生了重要的作用。1933 年克莱斯勒汽车公司在美国市场占有率达 25.8%，竟一度超过了福特汽车公司。

沃尔特·克莱斯勒优秀的管理才能，加上他对事物的好奇心和对技术永不满足的创新精神，缔造了今天美国三大汽车巨头之一的克莱斯勒集团。

思考与训练

一、单选题

1. 以下选项错误的是（　　）。

A. 1903 年，美国福特汽车公司成立，福特是美国汽车工程师与企业家，他是世界上第一位使用流水线大批量生产汽车的人

B. 1918 年，在美国行驶的半数汽车是 T 型车。福特非常注意保护 T 型的设计，这个设计一直被保持到 1927 年

C. 1909 年 10 月，在底特律开始生产一种以“福特”命名的汽车，型号为“T 型”

D. 福特 T 型车被看作是汽车普及的标志，福特也被尊称为“为世界装上轮子”的人

2.（　　）是世界上第一位使用流水线大批量生产汽车的人。

A. 威廉 • 迈巴赫

B. 安德烈 • 雪铁龙

C. 亨利 • 福特

D. 戈特利布 • 戴姆勒

3.（　　）留下了凯迪拉克和林肯两大汽车品牌，当之无愧地被称为“汽车教父”。

A. 威廉 • 迈巴赫　　B. 亨利 • 利兰

C. 亨利 • 福特　　D. 戈特利布 • 戴姆勒

4. 1912 年世界上第一台电动启动机装在（　　）汽车上。

A. 凯迪拉克　　B. 林肯

C. 梅赛德斯　　D. 迈巴赫

5. 以下有关艾尔弗雷德 • P. 斯隆的表述错误的是（　　）。

A. 1923 年，杜邦启用艾尔弗雷德 • P. 斯隆担任通用汽车公司总裁，在他加入通用汽车公司时，公司正处于严重的危机之中

B. 斯隆面对新的广阔需求市场，整合公司内部资源，改变了福特公司单一廉价车大量生产的模式，创立了多品种大量生产的斯隆模式，但该模式还不能解决厂家为降低生产成本希望产品单一化和满足用户需求多样化的矛盾

C. 艾尔弗雷德 • P. 斯隆与通用电气的杰克 • 韦尔奇并称二十世纪最伟大 CEO

D. 在斯隆的领导下，通用超越福特汽车公司成为了世界上最大的汽车制造商

6. 艾尔弗雷德 • P. 斯隆发明的管理模式被称为（　　）。

A. 斯隆模式

B. 目标管理模式

C. 扁平化管理模式

D. 等级式管理模式

二、判断题

1. 流水线生产方式只在汽车行业产生了重要的影响，对其他行业影响不大。　（　　）

2. 亨利 • 福特不愿意屈居于人下而过一生，而是想自己开一家制造机械的工厂。在他的创业生涯中，他有过两次失败，可他并没有被吓倒，而是仍然谋求在汽车业的发展，并付出了比以往更大的努力：不断改进汽车结构，但他很不愿意自驾赛车四处表演。　（　　）

3. 亨利 • 利兰在工厂推行零件标准化及武器级精度，公差为 0.05mm，在当时这简直是不可思议的奇迹。　（　　）

4. 安德烈 • 雪铁龙创立了一年保证期制度，建立分销网，罗列出零件目录及维修费用一览表，使所有销售点、维修点的费用得以统一。　（　　）

三、讨论

汽车成长时期的快速发展离不开营销，而在当前汽车市场百家争鸣的时代，更加离不开营销，请分享一个你印象中最深的，或最打动你的汽车营销事件。（可以是一个视频、一个故事、一个案例，等等）

话题四 成熟时期的突飞猛进

20 世纪 30 年代，汽车车型设计开始重视空气动力学效应，整体结构车身备受瞩目，流线型车身就是在这一时期诞生的。同时出现了竞赛汽车，如美国克莱斯勒公司超级战马，其性能开始超过高级车；前轮独立悬架结构几乎普及化；德国奥迪、法国雪铁龙和美国科德公司推出前轮驱动轿车。第二次世界大战迫使汽车转入战时体制，轿车生产几近终结。当时汽车技术进步主要在发动机、燃料、润滑油方面，也促进了合成橡胶发展；德国从煤中提炼合成燃油；欧、亚许多地区采用发生炉煤气，也有地区使用酒精代替汽油。汽油、润滑油和轮胎等物资匮乏困扰着汽车运行。第二次世界大战后，汽车开始出现突飞猛进的发展态势。

多样化的汽车

一、多样化的汽车

第二次世界大战后世界正式进入汽车时代，汽车无论是在外形、性能还是颜色上，都发展变化很快，汽车外形演变的每一个时期都在不断地开拓着汽车新的造型，除了使汽车性能得以提升，同时也是汽车美学的发展。

第二次世界大战以后，欧洲、日本、美国的汽车都迅速发展。

（1）欧洲。意大利的菲亚特早在 1936 年，就开发了著名的 500“米老鼠”微型轿车（图 1.43）。它一直生产到 1948 年。在 1955 年，又开发了 600B 型微型轿车，四座，排量为 867mL，功率为 18.4kW，长 3.3m，最高车速 110km/h，很受群众欢迎。

图 1.43 菲亚特 500“米老鼠”微型轿车

1933 年德国大众公司就设计了一种外形类似甲壳虫的汽车（图 1.44），由于战争等原因，这款车曾多次停产，但它仍以超过 2150 万辆的销售数据成为汽车历史上最富有传奇色彩、最成功且同一型号产量最高的车型之一。大众公司生产的第二款车型是面包车，1949 年下线的这款车改变了人们的传统驾乘方式，可以说是世界上第一款多功能汽车，由于在各领域的广泛应用而成为汽车发展史上的一款经典车型。

（2）日本。在经济飞速复兴的背景下，1953 年，斯巴鲁汽车公司推出公司成立后的第一款车型——斯巴鲁 360（图 1.45），这是一款具有日本特色并符合当时日本国情的经济型汽车。该车采用气冷式后置双缸发动机，后轮驱动。小巧的车身长度不到 3m，却依然拥有双排座椅，再加上流线型的外形和低廉的售价，上市后立即受到当时百姓们的欢迎。1958—1970 年，这款车在日本畅销了 12 年。

图 1.44　早期甲壳虫汽车

图 1.45　斯巴鲁 360

（3）美国。第二次世界大战后的美国经济全面发展，汽车除了作为一种代步工具之外，人们还要求它舒适、安全、有品位，在这种背景下，林肯、凯迪拉克、劳斯莱斯等品牌都推出了豪华车型。林肯汽车以体积大、动力强而迅速成为美国豪华汽车市场的宠儿。通过加厚汽车钢板、加装防弹玻璃等方式提高安全性能，林肯汽车成为美国白宫最为钟爱的汽车品牌之一。林肯 K 系列汽车（图 1.46）被认为是 20 世纪 30 年代美国汽车的原型，它率先使用了 8 缸、12 缸等大功率发动机。当时，林肯汽车的车身和马力都是最大的，但因其造价太高，无法大规模推广和制造，林肯 KB-V12 这款车只生产了 28 辆。1953 年面世的凯迪拉克奥多拉多（图 1.47）是当时美国汽车文化的代表作，这款车一诞生便成了底特律最华贵的车型。在这辆车上，空气悬挂、自动门锁、雾灯、带遥控器的收音机、电动车窗和白壁轮胎，以及可以选择装配的空调、巡航系统等豪华设备应有尽有。

图 1.46　1932 年林肯 K 系列汽车

图 1.47　凯迪拉克奥多拉多

以上是这一时期比较经典且影响比较大的车型，而对汽车多样化的发展，有一位不得不说的汽车名人——哈利 • 厄尔（Harley Earl），是他真正把汽车带进艺术的殿堂，他常被后人称作“汽车设计之父”。在美国的老电影中，那些招摇过市的大尾鳍敞篷车，抑或是“火箭”式的尾灯的想象之作，它们都是哈利 • 厄尔献给一个时代的杰作。

哈利 • 厄尔从 1926 年开始担任通用汽车公司的造型设计师，1927 年设计出凯迪拉克 LaSalle，它有圆润的线条，锥形的尾部，修长低矮的轮廓。1928 年哈利厄尔在汽车设计中加入了镀铬装饰。不久后，通用汽车公司成立了艺术与色彩部，负责人正是哈利 • 厄尔，这意味着“所有汽车长得都一样”永远成为了历史。20 世纪 30 年代，他建立的艺术色彩使通

用汽车逐渐成为最强大的汽车帝国。1938 年他设计出世界上第一款概念车别克 Yjob 船型车身，复杂曲面构建的流线型车身都是此后几十年厂商模仿的对象，Yjob 还第一次引入黏土模型技术，使汽车外形更加灵活，该技术一直沿用至今。就像猛然出现这么个英雄或者这么个人物，突然之间地震了一下，影响了整个格局。哈利 • 厄尔鼓励人们明白一点，尽管当时的车能跑 8 万多公里，能用很长时间，但人们还是应该每两三年就换一次款式。

有人说："这个人没有发明汽车，他只是发明了汽车的风格"，哈利 • 厄尔一生都在追寻新颖的创造，无论是模仿喷气式飞机的局部造型，还是通过汽车设计风格和款式的不断改变，刺激消费者购买欲望。他让通用的 50 款车型拥有 500 种配色和内饰设计，哈利 • 厄尔是第一位将消费者与汽车紧密结合的汽车设计师。他给汽车设计领域带来的影响至今还存在着。

低价格小型车的发展

二、低价格小型车的发展

在 20 世纪 70 年代，受两次世界石油危机的影响，汽车需求锐减，小型省油车市场看好。日本汽车工业抓住这一时机打开了海外市场，他们生产的汽车，每辆成本要比美国车便宜 2000 美元。他们以省油耐用的低价格小汽车赢得当时消费者的青睐，大批物美价廉的日本汽车进入世界市场，至此，世界汽车形成了美、日、欧并存的格局。

图 1.48　丰田喜一郎

石油危机重创了欧美车商，但是却让推崇小排量车的日本车企从中受益。丰田汽车公司就抓住了这一市场。日本是个自然资源贫乏的国家，因此丰田喜一郎（图 1.48）认为，开发燃耗功率高、可靠耐用的汽车对日本汽车工业来说至关重要。1935 年，丰田汽车公司的第一辆汽车（图 1.49）诞生，这要比德国的宝马、奔驰和奥迪晚 20 年左右。1940 年，丰田生产了约 15000 辆汽车，其中 98% 是客货两用车。当年它推出了一款较为紧凑的新型轿车，配备 4 缸 2.2L 48 马力发动机，在外形上更接近瑞典的沃尔沃 PV60。丰田公司虽然在汽车方面没有多少经验，但却坚守一个信条：模仿比创造更简单，如果能在模仿的同时给予改进，那就更好。丰田喜一郎的理念是首先必须生产安全、牢固、经济、传统的汽车，而不是创新性的产品。

图 1.49　丰田汽车公司的第一辆汽车

在 1947 年，丰田公司想出了一个小型汽车的原型（图 1.50），这个细分市场被美国汽车公司所忽视，这对丰田来说是个重要的商业机会，在 1949 年，小型汽车原型在日本首先得到量产，该款汽车可以提供每小时 54km 的行驶速度。这时期的日本面临生产成本高企、通胀严重的状况，为了应对此种状况，丰田随后进行了规模化生产，尽量多地制造更多的汽车，以降低生产成本，但是没有起到效果，比如它在该时期生产的汽车成本花费了 350 万美元，但是仅仅销售得到了 250 万美元，亏损了 100 万美元。

1951 年，丰田借助陆地巡洋舰（Land Cruiser）（图 1.51）让世界第一次知道了丰田汽车，那个时期该公司每月可以生产 500 辆汽车，丰田把资源投入到保证汽车质量上，同时创新制造工艺，以尽量降低制造成本。这些措施有了良好的效果，让丰田汽车慢慢在世界上有了知名度。

图 1.50　丰田汽车公司的小型汽车原型

图 1.51　丰田陆地巡洋舰（Land Cruiser）

1973 年，世界经济遇到了第一次石油危机，日本的整个经济活动全都受到巨大影响，陷入了极大的混乱之中。在这种形势下，丰田将新的起点瞄准在资源的有限性上，有力地开展了节省资源、节省能源、降低成本的运动。

1973 年和 1979 年的两度石油危机在极大程度上改变了美国的汽车需求结构，人们的选择热点开始由大型车转向了节省燃油的小型车，缺少小型车生产技术的美国汽车厂家逐渐地失去了往日的竞争优势。日本生产的小型车耐用、便宜、性价比高，符合国外排放、安全标准，尤其是省油的特点，受国际市场欢迎，特别是对美国出口猛增，1980 年汽车出口近 600 万辆，汽车产量达 1100 万辆，首次超过美国居世界第一位，并保持到 1993 年，1994 年被美国超过。

为了摆脱困境，美国的汽车厂家再三敦促政府和议会尽快对进口日本汽车实施限制。同时他们也一再要求日本汽车厂家到美国投资建厂，以便和美国汽车厂家在同一起点上开展竞争。日美贸易摩擦不断加剧，1981 年对美出口轿车自主限制协议生效。为了不失去美国汽车市场，日本各汽车厂家开始考虑在美国设立生产据点。在这种情况下，丰田决定与美国通用汽车公司进行合作生产，这样不仅可以为当地创造出一些就业机会，同时还可以向美国汽车厂家转让小型轿车的生产技术。

经过两次石油危机，价格低、排放低、省油的小型汽车在世界迅速发展起来，日本也跻身成为世界汽车生产大国。

全球化的汽车

三、全球化的汽车

随着汽车工业的发展和世界经济的全球化，各强势汽车工业集团凭借技术和资本优势，在产品、生产成本、信息技术、销售及各类售后服务和资本运作等领域展开了全方位的激烈竞争。

1998 年德国戴姆勒 - 奔驰公司和美国克莱斯勒汽车公司合组成立戴姆勒 - 克莱斯勒集团；1999 年美国福特汽车公司收购瑞典沃尔沃公司轿车事业部；法国雷诺集团向日本日产汽车公司出资 36.8%，向日产柴油机工业公司出资 22.5%。这一时期，全球形成 6+3 汽车集团格局，即通用、福特、戴姆勒 - 克莱斯勒、丰田、大众和雷诺 6 个集团化程度高的大集团，及本田、宝马和标致 - 雪铁龙 3 个集团化程度小的公司。但由于金融危机，这一格局很快被打破，其中克莱斯勒重新被菲亚特整合；通用汽车和福特汽车不断分拆出售自己的下属子品牌或资产以自保。形成新的“6+3+X”的格局，新的 6 大集团包括丰田、大众、新通用、福特、雷诺 - 日产联盟，及新的菲亚特 - 克莱斯勒联盟；新的 3 小集团包括现代 - 起亚、本田和标志 - 雪铁龙；另外，戴姆勒、宝马和包括铃木在内的多家日本车企、中国和印度新兴市场的汽车公司也是不可忽视的力量。随着新兴汽车市场的发展，汽车企业之间力量对比变化，现在的格局又有了新的变化。

总体来看，汽车生产的全球化外在表现为已有大型汽车企业之间的兼并、重组、拆分，向发展中国家输出剩余资本和技术，以及中国、印度等新兴市场的成长。那么，汽车生产全球化具体是怎么运作的呢？接下来通过大众汽车这一时期发展的一个小片段来了解一下。

1986 年，大众汽车分两步收购了西雅特汽车公司 75% 的股本。之后开始了一个相当大的工作和投资项目，这个项目除了要建设和扩大一个强大的西班牙大众和奥迪销售组织，还要实施三个战略任务，其中之一是改善西班牙的西雅特销售组织及建设一个欧洲的、最终目标是全球化的西雅特销售组织。西雅特这个名字当时在西班牙境外默默无闻，因此在经销商的选择方面，首先只能从成本结构相当低的小型家庭企业开始，就是在这种情况下，大众的期望在不久就被超越了。在收购一年后的 1987 年，这个西班牙子公司就在国内市场的增长率为 20%，在出口市场为 30%，销量呈现迅猛的发展。由此，在欧洲的出口市场上，尤其是在传统的菲亚特板块，销售取得了成功，最畅销的是 Ibiza（图 1.52），它以现代化的造型、令人信服的技术和最具竞争能力的性价比在西班牙国外也赢得了许多买主。

图 1.52　西雅特 Ibiza

归到大众汽车旗下的第一年，西雅特在欧洲就达到了总共 2% 的市场份额，它相当于当时领先的日本车企的市场份额。这样西雅特就

上升成了西班牙最重要的汽车制造商和出口商。

收购这家企业后，为了适应菲亚特汽车撤离后的局面，大众向西雅特原有的规模很小的技术开发部增资，从而在集团内部另外开发出了投资更小的研制和设计能力。同时，使用大众汽车组合部件使研制时间相比而言缩短了。除了由此实现的成本降低，为西雅特制订的、由大众的德国工厂密集生产的平台、组件、系统和规模形成了一个额外的现金流。为了提高生产能力，西雅特进行了重要的结构调整和补充，一家专为大众汽车（波罗 Polo）工作，在组织上却是西雅特最出色的工厂——潘普洛纳工厂被彻底更新和扩建，而且扩建到 25 万辆的生产能力。而巴塞罗那码头里的西雅特老厂被马托雷尔的一座日生产能力为 1500 辆的新厂取代。所有这些调整，都是为了提高工厂的现代化生产能力。

1993 年，欧洲经济衰退期间，西雅特陷入了一场特殊危机，有段时间几部所有的计划都面临瘫痪，这一年，费迪南德 • 皮耶希（图 1.53）正式上任为大众集团新任董事长，他接手后的大众帝国岌岌可危，西雅特的困境也是他面临的难题之一。

图 1.53　费迪南德 • 皮耶希

皮耶希想尽办法通过政府说服工会进行大规模裁员，撤掉原总裁，更换全部董事会成员，裁掉近一半的员工，减负之后，西雅特重新恢复了活力。自 20 世纪 90 年代中期经济衰退结束之后，西雅特是大众汽车集团内的成功企业之一，对大众汽车来说，那是期望中的欧洲化的关键一步，欧洲化是大众汽车全球化的重要一步。

大众汽车走向全球化的关键一步是进入中国市场。在中国，通过不断的谈判，最终成立一个由双方参股 50% 的合资企业进行长期合作，生产所需要的零部件来自不同的国家和地区，依靠中国巨大的国内市场，这个企业最终发展成为大众战略上最重要的汽车产地，现在上海大众生产的汽车已经出口到世界各地了。

思考与训练

一、单选题

1. 以下选项正确的是（　　）。

A. 1936 年，意大利的菲亚特开发了著名的 100 “米老鼠” 微型轿车

B. 1933 年大众公司设计了一种外形类似甲壳虫的汽车，这款车一面世就广受欢迎，大量生产，畅销世界各地

C. 二战后美国的经济全面发展，但人们还是只将汽车作为一种代步工具

D. 1953 年，斯巴鲁汽车公司推出公司成立后的第一款车型——斯巴鲁 360，这是一款大排量的豪华车型

2.（　　）一生都在追寻新颖的创造，他是第一位将消费者与汽车紧密结合的汽车设计师，通过汽车设计风格和款式的不断改变，刺激消费者购买欲望。他也被称为 “汽车设计之父”。

A. 卡尔 • 本茨　　B. 哈利 • 厄尔　　C. 威廉 • 迈巴赫　　D. 戈特利布 • 戴姆勒

3. 在 20 世纪 70 年代，日本生产的小型车具有什么特点（　　）。

A. 便宜耐用　　　　　　　　　　　　B. 性价比高
C. 省油，符合国外排放、安全标准　　D. 以上都是

二、判断题

1. 1928年，通用汽车公司成立了艺术与色彩部，负责人正是哈利•厄尔，这意味着“所有汽车长得都一样”永远成为了历史。20世纪30年代，他建立的艺术色彩使通用汽车逐渐成为最强大的汽车帝国。　（　　）

2. 20世纪70年代，日元三次升值，为了解决困难，克敌制胜，丰田章一郎组织研究出“车体生产线”，以配合多品种、少批量、低成本的柔性生产线。　（　　）

3. 日本是个自然资源贫乏的国家，因此丰田喜一郎认为，开发燃耗功率高、可靠耐用的汽车对日本汽车工业来说至关重要。　（　　）

4. 汽车生产的全球化外在表现为已有大型汽车企业之间的兼并、重组、拆分，向发展中国家输出剩余资本和技术，以及中国、印度等新兴市场的成长。　（　　）

5. 20世纪末，全球形成6+3汽车集团格局，即通用、福特、戴姆勒-克莱斯勒、丰田、大众和雷诺6个集团化程度高的大集团，及本田、宝马和标致-雪铁龙3个集团化程度小的公司。　（　　）

6. 欧洲化是大众汽车全球化的重要一步，而进入非洲市场，是其走向全球化的关键一步。　（　　）

三、讨论

在汽车的百年历史里，其技术经历了哪几个重要的里程碑？

话题五　未来时代的“智能化”

随着社会的进步发展，当前新一轮的科技革命和产业变革蓄势待发，新技术、新产业、新业态、新模式层出不穷，集团化、信息化、智能化成为汽车产业未来发展的重要方向。

正在尝试的“自动驾驶”

一、正在尝试的“自动驾驶”

为了实现远离汽油，实现零排放、零交通事故、零堵塞的美好愿景，许多科技公司、供应商、汽车整机厂等都在研发自动驾驶技术。自动驾驶汽车依靠人工智能、视觉计算、雷达、监控装置和全球定位系统协同合作，让电脑可以在没有任何人类主动的操作下，自动安全地操作机动车辆。早在2012年5月，谷歌自动驾驶汽车就获得了美国首个自动驾驶车辆许可证。

如果关注汽车公司的未来发展规划，会发现几乎都有涉及自动驾驶，比如沃尔沃计划在2020年之前推出具有自动驾驶功能的汽车，但是这些车辆仍然可由驾驶者驱动。目前沃尔沃的全新XC60、90等车系都搭载了自动驾驶辅助系统（图1.54）。对于自动驾驶技术来说，沃尔沃宣布，只要操作符合规范，一旦发生事故，将承担一切法律责任。

事故是自动驾驶目前面临的问题之一：因为一旦到了开放的道路环境中，各种复杂的

路况、外界的干扰、不可预知的人为因素都会对自动驾驶系统的判断产生干扰，因此，能够获得及时准确的数据非常重要。特斯拉（Tesla）为了获取准确的数据，在每一辆卖出的车上都“附赠”了一套自动驾驶系统，这相当于全世界特斯拉车主都在给他进行免费测试，特斯拉从中不断收集数据，对系统进行升级。而与众多其他自动驾驶测试的汽车相比，特斯拉的数据最珍贵就在于它的真实性。令人遗憾的是 2016 年 5 月 7 日，在美国佛罗里达州，一辆该公司生产的 S 型电动轿车（图 1.55）在自动驾驶模式下发生撞车事故，导致电动轿车车主、一名 40 岁美国男子身亡。这是美国首例涉及汽车自动驾驶功能的交通死亡事故。

图 1.54　沃尔沃搭载自动驾驶辅助系统的汽车

图 1.55　特斯拉 Model S

2017 年 8 月 8 日英特尔集团以 153 亿美元收购了自动驾驶企业 Mobileye，后者正式成为英特尔子公司，合并后的新公司将继续专注于自动驾驶技术的研发。英特尔计划部署超过 100 辆无人驾驶测试汽车，并计划于 2019 年将无人驾驶系统提供给汽车厂商。

Mobileye 由于与特斯拉合作开发 Autopilot 技术而知名。通过 Mobileye 的加入，英特尔可以更好地融合其计算机处理能力、传感器以及电脑视觉技术，从而提供更为完备的自动驾驶系统。同时，英特尔还可以获得 Mobileye 与汽车制造商以及供应商的合作伙伴关系，目前，Mobileye 占据了驾驶辅助系统 70% 的全球市场份额。此外，英特尔、Mobileye 还在与宝马、德尔福联手，共同研发自动驾驶汽车平台。

同时，苹果也在使用改装的雷克萨斯 RX450h SUV（图 1.56）进行小规模测试。然而目前尚不清楚，苹果是否只是计划将平台出售给其他公司，或者说该公司希望开发自主的无人驾驶汽车。近期有报道称，苹果正在与一家中国公司合作开发汽车电池，这表明苹果可能正在设计整车。

自动驾驶作为一项新技术，是汽车行业当前的热点，Uber 在研发自动驾驶技术的同时收购了自动卡车驾驶公司 Otto，百度也在致力于 2021 年实现大规模生产自动驾驶汽车。然而，自动驾驶汽车测试的总里程还很少，缺乏足够数据来对比这类汽车与传统汽车的安全性

图 1.56 雷克萨斯 RX450h SUV

和可靠性。迄今为止，测试时间最长的是谷歌自动驾驶汽车，从 2009 年至 2015 年，55 辆谷歌自动驾驶汽车的道路测试总里程仅约 130 万英里（约合 209 万公里），其间共发生了 11 起小事故。而研究人员认为，自动驾驶汽车需要测试数亿至数千亿公里，才能验证它们在减少交通事故方面的可靠性，而现有的自动驾驶汽车至少要几十年甚至几百年才能达到这么多测试里程。因此，要在汽车上市前证明它的安全性很难做到。要实现完全的自动驾驶，任重而道远。

"会思考"的未来汽车

二、"会思考"的未来汽车

汽车"会思考"，在以前看来是不可思议的事情，而现在正在逐渐变为现实。在未来，您想去逛商场并顺便吃饭，可能是这样的：出门前，在手机上召唤汽车，你的汽车自动从车库出来，在门口停下，上车后，它自动带你到商场，即将到达前，它为你推荐商场的餐厅信息并自动为你排号，当你到达时，车辆选择好停车场并自动停车熄火。

未来的汽车是能够自动驾驶的，是可以与智能手机、手表、家居、办公室和电影院无缝连接的，是可以感知车主情绪的，现在这些功能已经部分实现。奇瑞 Ant3.0（图 1.57）具备"车居互联"功能，可以与智能家居连接，在车主到家前，通过车联网自动开启家里的空调、灯光、窗帘和扫地机器人等设备。还可以"智能办公"，在车内接收电子邮件，安排日程和开远程视频会议。

丰田 FV2 概念车（图 1.58）可以自动累计记录车主的驾驶习惯和情绪数据，并且将两者相关联进行大数据分析，当发现车主的情绪不好时，能够自动导航将车主带到一个风景如画的场所散心。

图 1.57 奇瑞 Ant3.0

图 1.58 丰田 FV2 概念车

实现汽车“会思考”需要不同信息的数据化和各种软件服务的提升，重要的是各种信息和数据需要联通共享，这就需要实现车联网技术。通用汽车中国公司总裁兼总经理甘文维说过，“‘车联网’技术将重新定义汽车 DNA。”

未来的汽车将改变人们对城市交通的概念，借助无线通信，在车与车之间，车与建筑物之间，以及车与城市基础设施之间实现互联互通。就像蝙蝠定位系统，在接收到局部信息后，迅速地传递到范围更广的网络中，帮助交通系统将车流分配到不同的区域内。再加上高智能的车辆驾驶系统，车辆如深海中的鱼群快速地游动却彼此永不相撞。

电气化、车联网、自动驾驶等技术都在迅速发展，“会思考”的汽车所需要的技术单个来看也基本具备。但是，要实现以上所描述的场景，不仅需要汽车技术的进一步完善，更需要创造适当的应用环境，如建立信息化技术支持的城市虚拟信息基础设施，各行业的基本信息互联共享，网络技术的进一步发展等。

思考与训练

一、单选题

1. 2017 年 8 月 8 日（　　）以 153 亿美元完成了收购自动驾驶企业 Mobileye，后者正式成为它的子公司，合并后的新公司将继续专注于自动驾驶技术的研发。

A. 因特尔集团　　　B. 特斯拉　　　C. 谷歌　　　D. 苹果

2. 关于“未来汽车”的表述，错误的是（　　）。

A.“未来汽车”汽车不再“喝”油

B.“未来汽车”将改变人们对城市交通的概念，借助无线通信，在车与车之间，车与建筑物之间，以及车与城市基础设施之间实现互联互通

C.“未来汽车”就像一个智能机器人，能与交通设施、其他车辆进行信息交流，自动引导汽车行驶，不需人驾驶

D. 只要实现了车联网，“未来汽车”就能得到实现

二、判断题

1. 沃尔沃计划在 2020 年之前推出具有自动驾驶功能的汽车，但是这些车辆仍然可由驾驶者驱动。对于自动驾驶技术来说，沃尔沃宣布，只要操作符合规范，一旦发生事故，将承担一切法律责任。（　　）

2. 事故是自动驾驶目前面临的问题之一：因为一旦到了开放的道路环境中，各种复杂的路况、外界的干扰、不可预知的人为因素都会对自动驾驶系统的判断产生干扰。（　　）

3. 汽车共享有很多种形式，现有的拼车、分时租赁、专车、顺风车等等都属于汽车共享的范畴。（　　）

4. 电气化、车联网、自动驾驶等技术目前已经全部成熟，现在已经可以实现汽车的全部智能化。（　　）

三、讨论

汽车的无人驾驶与哪些技术相关呢？你认为能够实现完全无人驾驶吗？为什么？

自主与创新

自主与创新

在竞争激烈的中国汽车市场，自主品牌曾作为一个阵营与合资品牌对垒多年。虽然一直相对弱势，但也取得了长足的进步，始终没有被强大的合资品牌压倒。特别是近几年来，一些做得好的自主品牌脱颖而出，甚至在整体市场状况不乐观的情况下实现了较快的增长。

世界汽车发展史有130多年，而我国接触汽车是1901年，至今118年，可以把这118年分1949年前的“小试牛刀”、1949年到改革开放前的“峥嵘岁月”、改革开放后的“借船出海”、加入世界贸易组织后的“与狼共舞”、21世纪的“创新发展”5个话题。

话题一 “小试牛刀”

太后的汽车礼物

一、太后的汽车礼物

1901年，慈禧太后收到来自美国的高级奢侈生日礼物——杜里埃轿车（图2.1），从那一天起，汽车闯入中国人的视野。这辆生产于1898年并经过精心改装的汽车，标签上写的是“来自工业国家的生日礼物”。

这辆汽车是我国第一辆进口汽车，敞开式古典汽车，黑色木质车厢、黄色木质车轮与辐条、铜质车灯、实心轮胎、两轴四轮，在当时无处不显现高贵典雅。车厢内设有两排座位，前排座位是司机席，后排座位则是乘客席，前排只能乘坐一人，后排可以乘坐两人。在车厢的上方撑有一顶由四根立柱支起的车篷，车篷的四周围缀有黄色的丝穗。发动机巧妙地装置在乘客席座位下面。经专家考证，这是一台横置式气缸、10马力的汽油发动机。发动机旁的齿轮变速箱将动力传递给后轴，最高时速为19km。前悬挂是一横置钢板弹簧，后悬挂是

两个普通钢板弹簧。

慈禧太后尝试乘坐汽车一段时间后，对其失去兴趣，也就不重视汽车，主要是因为当时的清朝是农业国家，清政府并不认为汽车能够给中国带来什么。从而让中国汽车的诞生晚了30多年。

图2.1　杜里埃轿车

二、少帅造车

20世纪初，我国仍以小农经济为主，而西方各国已经相继完成工业革命。美国、德国、法国、英国等国家政府对汽车非常重视、大力支持，使得汽车产业在很短的时间里变成了支柱产业。

20世纪20年代，中国汽车保有量不到1万台，全部纯进口，有很多有识之士也有造车的梦想，苦于资金短缺、技术空白、社会动荡等，很多人都是想想而已。张学良，人称“少帅”，酷爱玩车，还有造车的梦想，他想造中国人自己的汽车。少帅和迫击炮厂长李宜春一拍即合，决定造汽车。于1931年5月31日，中国第一辆自主生产汽车——民生牌75型6缸水冷载货汽车（图2.2）问世了，在当时研发和制造水平极度低下的条件下，民生车国产化率高达70%，实现了中国人造车的梦想，此时的丰田还没有从纺织机转型到汽车。

少帅造车

图2.2　民生牌75型6缸水冷载货汽车

“民生牌”的诞生给农耕传统的中国带来一丝工业化的曙光，但是“九一八事变”之后正在生产民生牌汽车的迫击炮厂全部落入日军之手，成立日本同和自动车工业株式会社，最初生产丰田31C型卡车，到1940年形成轿车3600辆和卡车480辆的产能。

刚刚起步的民族汽车工业被扼杀在襁褓中。张学良是现代中国造汽车的鼻祖，但是他没有带动形成真正的民族汽车工业，只能称为“小试牛刀”。

三、救国木炭车

救国木炭车

20世纪30年代，从国外进口的汽车增多，汽车在军事、经济、交通方面的作用日益突出。但是当时中国石油资源尚未开发，汽油几乎全赖进口。一些忧国忧民之士认为长此以往，国家财力难以承担，一旦发生战争，燃料供应中断，交通运输必处于瘫痪境地。

汤仲明，曾在法国留学，并先后在法国南台火车制造厂、巴不来格飞机制造厂、巴黎来诺汽车制造厂实习，积累了相当丰富的实践经验，毕业后获机械工艺工程师职称。1926年，汤仲明怀着一颗赤子之心和以实业振兴祖国的雄心，毅然放弃法国的优厚工作和经济待遇，回归祖国，目睹中国因技术落后、交通落后，靠用大量的白银换汽油来维持交通局面的惨状，非常痛心。为了改变中国交通落后的被动局面，他决定生产一种不用汽油的汽车。

图 2.3 汤仲明的“木炭车”

1928 年，汤仲明凭着他的专业技术和个人有限的财力，在河南省城开封，租了一间破草房，购买了废旧汽车、气缸和水箱，开始了木炭取代汽油炉的研究，他利用业余时间，投入了他全部的积蓄，废寝忘食、百折不挠地钻研。1931 年，汤仲明的研究终于有了成果，他的“木炭代油炉”技术终于成功，他亲自驾驶自己发明使用木炭代油炉做动力来源的汽车——“木炭车”（图 2.3）。汤仲明的“木炭车”，每加一次木炭，汽车可行驶 4h，时速达到 40km，每公里消耗木炭 0.5kg，价值仅为汽油的十分之一。

抗日战争打响后，汤仲明果断地将这项发明的技术图纸，毫无保留地公布于众，“木炭车”风行全国。

思考与训练

一、判断题

1. 慈溪太后的御用轿车是汽油发动机吗？（　　）

2. 虽然早在 1901 年中国出现了汽车，但是腐朽无能的清政府没有重视汽车工业，直至 1931 年中国才自主生产第一辆汽车。（　　）

3. 慈禧太后收到的汽车，是中国进口的第一辆汽车，是来自德国的汽车。（　　）

4. 慈禧太后收到的杜里埃轿车原理、发动机、悬挂系统、转向系统、传动系统已与今日汽车很接近。（　　）

5. 张学良制造的民生车国产化率高达 70%。（　　）

6. 如果没有日本侵华，我国自主生产汽车可能要提前 30 多年。（　　）

7. 汤仲明发明木炭车的出发点是节能环保。（　　）

8. 汤仲明发明木炭车的初衷是改变中国交通落后和依赖洋油的被动局面。（　　）

9. 汤仲明发明木炭车为后来抗日战争做出了突出贡献。（　　）

二、单选题

1. 中国第一辆自主生产汽车诞生于（　　）。

A. 1901 年　　B. 1921 年　　C. 1931 年

2. 日军侵占东三省后，张学良的汽车制造厂被强占生产哪个汽车品牌（　　）。

A. 本田　　B. 丰田　　C. 日产　　D. 马自达

3. 汤仲明在法国留学上的是什么层次的学校（　　）。

A. 本科　　B. 研究所　　C. 职业教育

三、讨论

如果没有日本侵华战争，张学良的民生车就不会被迫停产，中国汽车工业可能就此真正起步，请对此谈谈您的看法。

话题二　“峥嵘岁月”

中国第一辆解放牌汽车

一、中国第一辆解放牌汽车

1951年，中国第一汽车制造厂在距长春西南6km的孟家屯破土动工，1953年我国建成了自己的汽车工厂——第一汽车制造厂（简称：一汽）。1956年7月13日，在长春一汽崭新的总装线上，第一辆解放牌汽车试制成功（图2.4），从此结束了中国不能批量制造汽车的历史。

解放牌汽车结构坚固，使用寿命长。1957年举办的第二届中国出口商品交易会，解放CA10首次登台就成功收获了订单，约旦海外贸易董事长比塔先生订购了3辆解放CA10，中国生产的汽车首次实现出口。

图2.4　中国第一辆解放牌汽车

1980年，在长春市郊的荒地里，上万辆滞销的“解放”排成长龙。1986年9月29日，第1281502辆“解放”开下了一汽的总装配线，生产了整整30年的“老解放”最终停产。

中国轿车的诞生

二、中国轿车的诞生

“解放”牌汽车的成功下线，是我国汽车工业的起点，但是光靠解放牌汽车一种产品无法满足市场需求，我国急需自主研发轿车。

1958年5月16日，“一汽”生产的第一辆国产轿车——“东风CA71”诞生（图2.5）。

“东风CA71”轿车诞生不久，1958年6月20日，“井冈山”牌小轿车（图2.6）在北京市第一汽车附件厂诞生，企业开始更名为“北京汽车制造厂”，这就是后来的北汽集团。

图2.5　东风CA71

图2.6　“井冈山”牌小轿车

1958年9月，上海交电汽车装修厂试制成功第一辆凤凰牌轿车（图2.7），这就是“上海”牌的前身，上海交电汽车装修厂也更名为上海汽车厂，这就是后来的上汽集团。

“东风”下线后不久，“一汽”接到了新的任务，立即开发一款高级轿车——“红旗”，向新中国成立十周年庆典献礼。经过一个多月夜以继日的奋战，1958 年“八一”建军节那天，第一辆“红旗 770”高级轿车驶出“一汽”。

如图 2.8 所示，“红旗 770”是一辆造型精美、具有民族特色、实用性能较好的高级轿车，是中国第一部定型轿车，1959 年第一批红旗 72 型轿车参加了国庆游行和阅兵，“红旗”也成为中国响亮的品牌。

图 2.7　凤凰牌轿车

图 2.8　红旗 770

三、峥嵘岁月的遗憾

峥嵘岁月的遗憾

“一汽”“二汽”“上汽”“北汽”，中华人民共和国成立后的四大汽车制造厂，填补了中国汽车工业的空白，让中华民族自立于世界汽车工业之林，但由于国外技术封锁，我国的汽车工业完全自主摸索，失去了交流提高的机会，使我国的汽车工业一直落后于现代化的世界汽车工业，我国汽车技术水平长期处于极为尴尬的处境，留下很多无奈和遗憾。

当时，我国汽车工业存在着投资分散、重复生产的“小而全”格局，技术水平低的问题进一步恶化。另外，当时我国的汽车工业是以载货车为主导的，对轿车缺乏应有的重视，这使得我国的轿车工业技术水平长期处于极为尴尬的处境。中国城市街道上奔跑的国产轿车主要是“红旗”和“上海”轿车，即：北有“红旗”，南有“上海”。

截至 1981 年，前后 23 年中，“红旗”轿车一共只生产了 1500 辆，被迫停产。年产 3000 辆的“上海”轿车，虽说产量与利润相对较好，但是没有逃脱技术落后的局面，到 20 世纪 80 年代时停产。

思考与训练

一、判断题

1.“一汽”从破土动工到整车下线，在当时的艰难条件下仅用 5 年时间。（　　）

2. 1956 年第一台“解放”卡车下线，至 1986 年停产，真正生产了 30 年，先后生产了 120 多万台。（　　）

3. 我国第一辆国产轿车是“东风 CA71”。（　　）

4. 计划经济体制下，供给依据不完全是市场需求。（　　）

5. 位于湖北十堰的“二汽”，当时建设的生产规模是名列世界第三。（　　）

6. 中华人民共和国成立初期的汽车工业投资“小而全”，技术水平低。　　（　　）

二、单选题

1. 我国第一个汽车制造厂建在（　　）。
A. 上海　　B. 武汉　　C. 长春
2. 裕隆汽车出自（　　）。
A. 日本　　B. 中国台湾　　C. 美国
3. “一汽”第一任厂长是（　　）。
A. 饶斌　　B. 李宜春　　C. 孟少农
4. “东风”“井冈山”“凤凰”轿车分别出自（　　）汽车制造厂。
A. 一汽、北汽、上汽　　B. 二汽、北汽、上汽　　C. 一汽、广汽、上汽
5. “一汽”和“北汽”厂名题词分别是（　　）。
A. 周恩来和刘少奇　　B. 毛泽东和刘少奇　　C. 毛泽东和朱德
6. 中国轿车诞生初期，（　　）品牌真正成为国家领导人的座乘。
A. 东风　　B. 井冈山　　C. 凤凰　　D. 红旗
7. 20 世纪 50 ～ 60 年代中国轿车盈利最大的品牌是（　　）。
A. 东风　　B. 井冈山　　C. 上海牌　　D. 红旗

话题三　“借船出海”

一、市场换技术

市场换技术

与国外汽车工业相比，技术落后是不得不直面的问题。改革开放后，利用外资来发展我国的汽车工业被推到了历史的前台，这就是“借船出海”。

1983 年 4 月 11 日，上海汽车制造厂与德国合资组装的第一辆“桑塔纳”轿车成功下线。从那时起，“拥有桑塔纳，走遍天下都不怕”的广告语悄然在中华大地流传开来。1984 年 1 月，中国汽车的第一个中外合资企业——北京吉普诞生，北京汽车制造厂与当时美国第四大汽车厂——美国汽车公司，在中国合作生产“切诺基 XJ”系列四轮驱动越野车（图 2.9）。

1985 年 3 月，中德合资轿车生产企业——上海大众汽车有限公司成立，上海大众的成立意味着真正意义的现代汽车工业的开始。

同一年，南京汽车引入意大利菲亚特的依维柯汽车，广州和法国标志合资项目也成立，桎梏了几十年的轿车工业的能量开始井喷。

中国汽车工业很快就进入了第一轮的合资高潮，世界各大汽车跨国公司在中国合资设厂，进行本土化生产。日系、美系、德系、法系、意系汽车企业纷纷在国内投资建厂。中国汽车工业自此全面开放，合资企业开始成为中国汽车工业的重要组成部分。

“借船出海”推动了中国汽车工业实现质的飞跃，国外的技术资源不断地向国内转移，我国汽车工业学到了技术，引进了管理理念，培养了人才。国内自主品牌增长的幅度很高，

自主试验发展得很快，技术水平提升得也很快。

图 2.9　首批“切诺基 XJ”系列四轮驱动越野车

二、渐圆轿车梦

20 世纪 80 年代，私人买车出现松动。1994 年，国务院公布了第一个《汽车工业产业政策》，其中有如下表述：“国家鼓励个人购买汽车……任何地方和部门不得用行政和经济手段干预个人购买和使用正当来源的汽车。”家庭轿车市场孕育多年的潜能瞬间被无限放大，富裕起来的中国人对轿车激发了强烈的购买能量，渴望拥有一辆自己的轿车不再是遥远梦想，中国轿车工业的篇章正式翻开。

渐圆轿车梦

1995 年以后，合资生产的桑塔纳、捷达、富康；引进技术生产的天津夏利、长安奥拓以及易货贸易进口的小型车，私人购买量在北京以及深圳、广州、温州等沿海经济发达城市日益增多。

北京最初的轿车销售，大多是经销商在二环、三环高架路下面租一块场地卖车，被人们以当时一部电影的名字称为“大桥下面”时期；1997 年前后，北京亚运村汽车交易市场等大卖场式的销售模式声名鹊起。

1998 年，我国轿车产量达到 43 万辆，汽车产业结构已经发生根本性的转变。

在这前后，上海通用和广州本田成立，在同步引进国际先进制造技术的同时，开始学习国外先进的市场整合营销模式。广州本田、上海通用、一汽大众奥迪先后建立起集销售、维修、零部件、信息为一体的 4S 品牌专卖店。轿车的消费过程开始得到日益良好的服务和有力的保障。

从此，越来越多的寻常百姓把轿车当作自己的生活、出行、谋生的现代化工具。轿车的生产和消费，也给国民经济创造了巨额的税费和财富，轿车进入家庭。

思考与训练

一、判断题

1. 中国汽车的第一个中外合资企业是北汽与美国汽车合资的北京吉普。（　　）

2. “4S”品牌专卖店集销售、维修、零部件、信息为一体。（　　）

二、单选题

1. “桑塔纳”轿车出自（　　）汽车制造厂。

A. 一汽　　B. 北汽　　C. 上汽　　D. 广汽

2. 20 世纪 80 年代，我国汽车合资关系下列哪一项是错误的（　　）。

A. 上汽与大众　　B. 南汽与菲亚特

C. 北汽与宝马　　D. 北汽与克莱斯勒

3. “十一届三中全会”是（　　）年召开的。

A. 1978　　B. 1980　　C. 1981　　D. 1984

4. 老百姓能够自由购买轿车真正起步是什么时候（　　）。

A. 1983 年“桑塔纳”下线后

B. 1992 年改革开放之后

C.1994 年《汽车工业产业政策》公布后

5. 我国鼓励个人购买汽车，第一次把汽车和家庭联系起来是（　　）年。

A. 1983　　B. 1992　　C. 1994

6. 20 世纪 90 年代合资生产的桑塔纳、捷达、富康的价位区间是（　　）。

A. 8 万～ 10 万　　B. 13 万～ 15 万　　C. 15 万～ 20 万

话题四　“与狼共舞”

艰难起步的那些年

一、艰难起步的那些年

加入世界贸易组织对于我国汽车工业是机遇也是挑战，因此说中国自主品牌入世后面临“与狼共舞”。

20 世纪 90 年代，长城、比亚迪、吉利、奇瑞还没有造轿车，代表中国品牌的是“小红旗”“夏利”，中国轿车市场，进口是主流、合资是追求、自主无人问津，皇冠、公爵、波罗乃兹、佳美等，主流进口轿车“图腾”似的存在；合资造车如雨后春笋，上汽与大众合作、北汽与克莱斯勒合作、广汽与标致合作、东风与雪铁龙合作等。

进入 21 世纪，我国加入世界贸易组织后，仅仅用了十年时间，中国汽车自主品牌完成了原始积累和规模上的扩大，中国品牌便开始真正崛起，然而辉煌的前奏是起步的艰难。2001 年，奇瑞引进了西班牙西雅特的生产线生产了 2.8 万台奇瑞风云轿车（图 2.10），销售额达 20 多个亿，纯利润就达到 13 亿人民币。2002 年，吉利在李书福的坚持下终于获得了“准生证”，制订了宏伟的骏马工程、猎豹工程和雄狮工程。2002 年长城打造了赛弗，在随后的很多年内一直稳坐中国品牌 SUV 领导者的宝座。

图 2.10　奇瑞风云轿车

在 2002—2004 年，中国迎来了“360

行齐入汽车市场”的局面，各行各业都准备在汽车市场上分一杯羹，比亚迪、波导、奥克斯、力帆、五粮液、通田、春兰、美的、小鸭等，纷纷宣布加入汽车行业竞争。

两三年后，大浪淘沙，淘汰了一些不适合发展汽车的企业。2005—2006 年，中国轿车自主品牌开始真正起步。2005 年，奇瑞汽车成为最深入人心的“自主品牌”，拥有风云、旗云、QQ、东方之子和瑞虎五款车型，QQ 月销万台，这是奇瑞自己都没想到的成就。2005 年，吉利代表中华人民共和国受邀企业首次参加法兰克福车展（图 2.11），是自主品牌首次参加国际顶级车展，吉利展出豪情 203A（HQ）、中国龙（CD）、自由舰（CK）、海域 305 和正在研发中的一款车型 FC，在 4 号馆刮起了红色的中国旋风。

图 2.11　吉利受邀参加法兰克福车展

2005 年前后，国企开始发力。一汽推出奔腾、打造红旗 HQ3。南汽投资 28.15 亿元基于罗孚打造了名爵。上汽基于罗孚推出“荣威（Roewe）”。长安宣布正式进入轿车领域。海马汽车从合资转自主。比亚迪、力帆、荣威等中国品牌的大部分车企开始进入创建和起步阶段。

二、寻求突破时发生的故事

寻求突破时发生的故事

中国加入世界贸易组织后，中国车市像拧开了一个水龙头，世界各国汽车品牌开始涌入国内。中国自主品牌迎来了最为严峻的时刻。然而，即便身疲力竭，中国汽车人依然高歌远航，在这期间留下了一个又一个或惊心动魄，或回味绵长的故事。

（一）陆风“碰撞门”

自主品牌发展初期呈现出了诸多不足，2005 年，江铃陆风在欧洲遭遇了“碰撞门”事件（图 2.12），欧洲权威汽车安全组织 NCAP 的合作伙伴、德国老牌汽车俱乐部 ADAC 对陆风汽车进行了一次碰撞实验，碰撞的结果是陆风获得了 ADAC 碰撞测试有史以来的最差成绩，ADAC 相关负责人表示：“陆风简直就是一台不能上路的汽车。”这一碰撞成绩遭到了多方质疑，测试成绩在当时中国车企无法接受，陆风官方表示 ADAC 的这次测试在此前并没有通知厂商，且事后也没将测试结果递交给厂商，不接受这一结果。

陆风“碰撞门”不排除各种因素，但是当时中国汽车确实在设计和安全方面存在诸多不足，不少车型甚至还没有标配 ABS 和安全气囊，对当时的中国车企的加速前进也起到了鞭策作用。

（二）罗孚之争

罗孚，是英国汽车品牌，始创于 1877 年，1904 年开始生产自己的第一台汽车，1948 年造就了闻名全球的越野品牌——路虎。英国加入欧共体之后，取消了关税壁垒，再加上英镑的坚挺，使得国内的汽车市场竞争激烈，出口的竞争力又大大下降，罗孚日渐艰难。

2005 年，罗孚宣布破产，旗下的所有资产全数卖给了中国。上汽持续与 MG/ 罗孚接触了 1 年多，但是却在竞标时被黑马南汽抢先，此前上汽已经购得了罗孚 75 和 25 系列的知识

产权。于是，上汽基于罗孚打造了荣威品牌（图 2.13），而南汽则在购得 MG/ 罗孚之后，打造了南汽名爵（MG）品牌（图 2.14）。这是中国品牌发展历史中，较早出现的海外并购案例。也就是上汽和南汽的“罗孚之争”事件，这一争执直到南汽并入上汽之后。同时，罗孚这个百年汽车品牌正式消失在我们的视线中。

图 2.12　陆风“碰撞门”

图 2.13　上汽荣威

（三）海马自主

2006 年，海南马自达汽车在被马自达抛弃之后，海南汽车在无奈之下只能从合资车企转向打造中国品牌的道路，于是打造了海马汽车，并于当年推出海马福美来 2 代（图 2.15），虽然这款车型只是基于老福美来改款而来，但是这也在一定程度上证明了，当时的中国车企已经囤积了一定的造车基础。海马汽车从合资转自主，让世界看到了中国品牌脱离外资也能存活。

自主品牌起步了，但是非常艰难，以至于发生了很多故事，正是那些事，标志着中国的汽车市场已经开始崛起，也预示着中国汽车不是仅依赖于合资才能发展，中国人能造车，能打造自己的骄傲。

图 2.14　南汽名爵（MG）汽车项目奠基

图 2.15　海马福美来 2 代

思考与训练

一、判断题

1. 21 世纪初期，自主品牌无人问津的主要原因是品牌少、技术不过关。（　　）

2. 2001 年是中国第一次加入世贸组织。（　　）

3. 加入 WTO，我国必须 2015 年 7 月前取消 80% 以上汽车关税，这对自主品牌是压力也是挑战。（　　）

4. “龙何之争”中何光远认为，中国汽车跟国际合作，不是拿来，而是学习、汲取。（　　）

5. 陆风遭遇的欧洲“碰撞门”对当时的中国车企加速前进起到了一定的鞭策作用。（　　）

6. “罗孚之争”是指南汽和上汽争夺罗孚合作。（　　）

7. 海马汽车曾经是合资品牌。（　　）

二、单选题

1. 下列哪一个自主品牌轿车不是诞生于 21 世纪初（　　）。

A. 奇瑞　　B. 吉利　　C. 比亚迪　　D. 红旗

2. 2005 年法兰克福车展上，下列哪一个品牌轿车代表我国首次亮相（　　）。

A. 奇瑞　　B. 吉利　　C. 比亚迪　　D. 红旗

三、讨论

请任选一个你最了解（或最喜欢）的中国汽车品牌，说一个该品牌的小故事。

话题五　“创新发展”

一、迈向自主研发

迈向自主研发

2008 年 1 月，吉利推出 BMBS（轮胎气压实时监测和快速行车制动，图 2.16），当车辆爆胎时，BMBS 会迅速判断情况，随后将信号传达至控制系统，并由制动系统在爆胎刹那的 0.2 ～ 0.5s 之间做出反应，大大降低了人脑判断滞后而造成的失控危险。

这项“拥有自主知识产权”的 BMBS 技术，在今天看来算不上什么显著技术突破，却表明了中国自主研发的决心，激荡着无数中国汽车人，让他们重拾信心，保持对“自主研发”的热情与战斗力。

图 2.16　吉利推出 BMBS

继吉利推出 BMBS 后，国内汽车行业发起了一波又一波的自主研发攻势。比亚迪则开始了新一轮尝试。2008 年 9 月，比亚迪推出了 F0 车型（图 2.17），这是一款具有重大战略意义的车型，让国内微车市场格局发生变化，3.69 万～ 4.69 万元的售价让奇瑞 QQ 这样的微车“霸主”感受到了前所未有的压力，销量一路看涨，在 2009 年连续几个月创下月销过万的佳绩，开拓了微型车市场，大大提升了比亚迪的品牌知名度。

图 2.17　比亚迪 F0 车型

2009年1月，国务院常务会议审议并通过了汽车产业和钢铁产业调整振兴规划，2009年1月20日至12月31日凡购买1.6升及以下排量的乘用车购置税减半。

“1.6升及以下排量”是中国品牌大多数车型的主力排量区间，可以说是专门为了扶持中国品牌而设立的条件。这一政策给处在热销状态的中国品牌车型又打了一剂强心针，风头正劲的中国品牌车企激情高涨地高举“自主研发”大旗。

然而，自主研发核心技术不容易，中国品牌车企迈出了自主研发的“捷径”——收购成熟汽车零部件供应商。

2009年3月，吉利汽车以7000万澳元收购了全球第二大自动变速箱公司——澳大利亚DSI。吉利收购DSI公司后，技术团队迅速将其未完成的7速DCT变速箱开发接手，并最终完成。2009年4月，上海车展上，吉利展出了这款7速DCT双离合自动变速箱，这是我国首款自主研发的双离合自动变速箱。

随后，吉利成功将沃尔沃变成“中国品牌”，北汽集团收购瑞典萨博、比亚迪收购了日本狄原公司位于馆林的模具工厂，等等。同时，国内车企还完成了一系列的重组。

完成各种大手笔的收购和重组后，中国品牌间的竞争已日益激烈，提高质量和推出新车已是当务之急。

奇瑞经过改装的瑞麒G5（图2.18）驶入了车迷心中神圣的纽博格林北环赛道，最终以8分56秒81的成绩冲过了终点，成绩优于福特福克斯RS和捷豹的一款车。

吉利熊猫（图2.19）在C-NCAP测试中以45.3分获得五星碰撞成绩，成为首款获得五星碰撞成绩的中国轿车，摘下了国产微型轿车“廉价”和“不安全”的帽子，中国车企向消费者证明了产品实力。

图2.18　瑞麒G5

图2.19　吉利熊猫

东风汽车自主研发首款两厢紧凑型轿车H30（图2.20）上市，除了完善风神品牌产品线，也打入了国内日益完善的细分市场。

长安汽车继奔奔之后推出奔奔MINI（图2.21），采用了长安汽车自主打造的70马力1.0升发动机，造型设计和整车质感方面比奔奔更为精致，代表着国产微型家用车走向转型。

比亚迪F3DM双模电动车［图2.22（a）］在2010年3月实现对个人消费者销售，比亚迪e6电动车［图2.22（b）］作为出租车投入商业运营。

图 2.20　东风 H30

图 2.21　奔奔 MINI

(a) 比亚迪F3DM双模电动车

(b) 比亚迪e6电动车

图 2.22　比亚迪电动车

与马自达“分手”后的海马汽车，没有雄厚的资金支持，也没有过硬的品牌认知度，在残酷的市场竞争中艰难前行，先后推出海马王子、海马 S3 骑士、第三代福美来等车型，展开了打响品牌之战，拉开了“先求有、再求好”的战略。

那一段时间里，国内车企千头万绪，中国品牌激荡着改变与期望，充满了机遇与挑战，不可避免地走了弯路，甚至频繁尝到失败的滋味，然而并没消磨掉中国汽车人的意志，他们即使困苦，也未曾停下尝试、改变的脚步，他们握紧自主研发的拳头，为砸开世界车市厚积薄发，成为真正意义上的中国品牌。

二、中国品牌高发

中国品牌高发

中国品牌尝试中举起了“自主研发”的大旗，享受过井喷式的发展，经历过尝试探索的艰难，也品尝过失败的苦涩，跌跌撞撞进入了中国品牌发展的第十年——2014 年。这期间，中国品牌发生了很多故事，例如：江淮整合优势资源，发布了“瑞风 + 和悦”双品牌；华晨获 BMW 支持，为高端梦寻找核心竞争力；长城宣布旗下哈弗品牌独立，专注生产专业 SUV；北汽将北京奔驰、北京现代的优势资源整合到绅宝车型中，标志着北汽正式迈入了中高端市场；红旗回归主流中大型车市场，等等。

2014 年年关的钟声敲响了新时代中国品牌发展的序幕，众多成熟汽车产品的出现正在一步步将中国品牌留在国人心目中“山寨、低端”的旧观念剔除，虽然还有羁绊、仍有不

图 2.23　潍柴英致

足，但中国品牌还是在 2014 年进入了中国汽车品牌高发期。

2013 年年底，潍柴发布首个面向轻型车业务的旗下品牌英致（图 2.23），正式开始在乘用车领域的探索。“英致”象征着英气勃发、无畏进取的精神，寓意着英致品牌向前的力量和前行的动力。

2014 年 3 月 31 日，北汽发布全新品牌幻速（图 2.24），定位于城市 SUV 领域，品牌名称中的“幻”字意为梦想，寓意希望，而“速”则象征着产品的运动风格与活力。

2014 年 8 月 28 日，由奇瑞商用车、安徽省江北开发和芜湖市建设投资组建的凯翼汽车品牌正式发布（图 2.25）。凯翼推出后，撇清了奇瑞在国人心目中偏低端、廉价的品牌形象，定下了相当独特的品牌定位——创新的互联网汽车企业，致力于打造年轻人喜爱的智能互联汽车。

图 2.24　北汽幻速

图 2.25　凯翼汽车

2014 年 11 月 7 日，华晨继中华、金杯之后，正式发布全新品牌华颂（图 2.26），定位于高端 MPV 领域，搭载了华晨汽车独立生产的 2.0T（N20）发动机。

经历着中国品牌“高发期”的国内汽车市场其实正在慢慢发生变化，除了品牌数量更多、产品更丰富，中国品牌也掀起了“原创”热潮，“内功”修炼成果异常精彩。

2014 年，长安从致尚 XT（图 2.27）到 CS35/75 再到悦翔 V7，在设计方面的每一步都走得格外扎实，车型在保证和谐、漂亮的前提下拥有着极高原创度。

图 2.26　华颂 7

图 2.27　致尚 XT

图 2.28 吉利 GC9

吉利 GC9（图 2.28）的横空出世彰显了吉利在汽车外观设计上的实力，比例协调的中网、大灯尺寸以及标志性的涟漪状前格栅让 GC9 看上去精致细腻，毫无争议地成为迄今为止最漂亮的吉利车型。

海马推出了主打年轻、时尚的 S5（图 2.29），外观设计激进夸张，U 形腰线让车身线条充满力量感，下半部分黑色塑料材质则为它添加了些许跨界元素。

广汽上市最出众的传祺 GA6（图 2.30），诠释了广汽集团最新家族设计语言，车头以广汽传祺标识为中心，带有镀铬条的前格栅向外发散张开，就像是一对丰满的翅膀，镀铬条末端的竖向断点相连手法则制造出更多的光影效果，让 GA6 显得更具设计感与立体感。

图 2.29 海马 S5

图 2.30 传祺 GA6

核心技术缺失一直是中国汽车的难言之隐，它令中国汽车在市场竞争中一直处于被动局面。2005—2014 年这十年的发展快速而又艰难，是沉浮十载，短短的十年中国品牌沉淀自己，走出了一条属于自己的发展之路，进入中国品牌高发期，走出一条属于自己的发展之路。

三、新能源汽车扎堆

2010 年 6 月 1 日我国发布了新能源车型补贴政策，新能源车型补贴细则为纯电动车每辆最高补贴 6 万元，大大刺激了中国车企加快新能源车型研发的积极性和进展，比亚迪、江淮、北汽、荣威这样的中国品牌在新能源汽车市场非常活跃，很快形成了新能源汽车市场的“扎堆儿”现象。

新能源汽车扎堆

实际上，早在 2001 年开始，我国“863”项目共投入上百亿元研发经费，形成了以纯动力、混合动力、燃料电池三条技术路线为“三纵”，以动力电池、电机驱动、动力总成控制系统三种共性技术为“三横”的电动汽车研发格局（图 2.31）。

比亚迪汽车在新能源汽车技术上，在市场上成为领跑者，无论是动力电池的研发制造，还是汽车电子智能化，都有非常不错的建树。2016 年 4 月，随着比亚迪“元”正式上市，比亚迪新能源汽车已有“秦”“元”“宋”“唐”，其“王朝”初具规模（图 2.32）。以“秦”为例，从 0 加速到时速 100km 只需要 5.9s，百公里综合油耗只有 1.6L，超过 300km 续航等性能已经远远领先于其他品牌新能源汽车，值得称道的是其遥控驾驶毫不逊色于特斯拉的自动召唤技术。同时，它还是实施对外合作战略的典范，与德国戴姆勒公司建立的合资公司创新开发制造的腾势电动汽车，代表了当前电动汽车产品的一流水平。

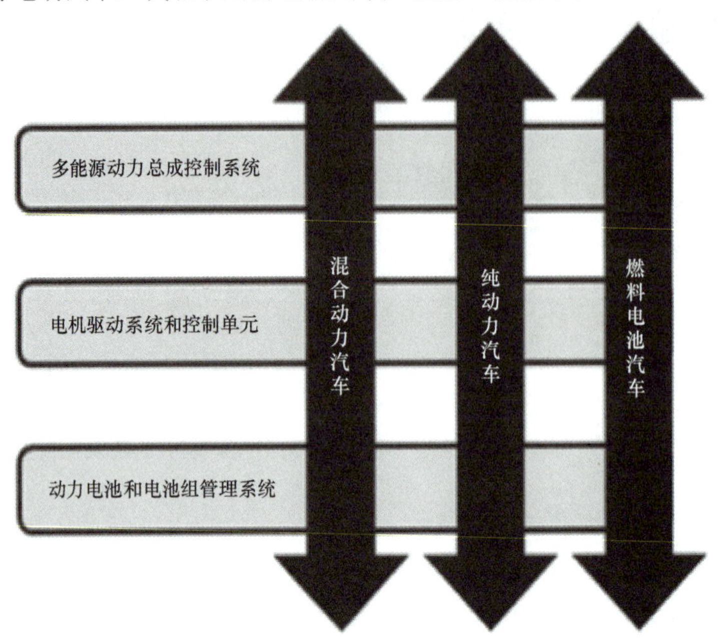

图 2.31 “三纵三横”

图 2.32 比亚迪新能源汽车“王朝”盛宴

北汽新能源，把战略着力点放在纯电动汽车上（图 2.33），是目前纯电动汽车研发、生产和市场占有率都处在前列的汽车公司，其超级电驱技术能够通过对车辆电池、电机、电控系统的高集成化和智能化管理，让车辆的动力输出、电池效能以及安全性、可靠性都大幅领先行业对手。

同时，北汽新能源无人驾驶车首次应用行业顶级黑科技——“L4 级无人驾驶”技术（图 2.34）。在专业衡量体系中，L4 级意味着产品已经达到完全自动驾驶的标准，是自动驾驶专业领域认可的真无人。人们现在熟知的 Tesla Model S 仅应用了 L3 级辅助驾驶技术，行驶过程中人为干预严重，与实际意义上的无人车相去甚远。

图 2.33　北汽新能源汽车

除了比亚迪、北汽以外，还有江淮汽车，把为老百姓造买得起的新能源车作为战略目标，在全国市场取得了骄人业绩；长安汽车准备到 2025 年投入 180 亿元，推出 34 款新能源汽车产品，累计销量突破 200 万辆；上汽集团计划到 2020 年自主品牌新能源汽车实现产销 60 万辆。

图 2.34　北汽新能源无人驾驶车

除了这些新能源车型，还有很多中国品牌纯电动车在新能源车市场非常活跃，希望中国品牌在新能源领域做出的努力，能够真正将产品不断完善，并逐步掌握先进、科学的新能源技术。

思考与训练

一、判断题

1. 2009 年购买 1.6 升及以下排量的乘用车购置税减半，实际是扶持国产轿车。（　　）

2. 吉利推出 BMBS（轮胎气压实时监测和快速行车制动）主要是降低了人脑判断滞后而造成的失控危险。（　　）

3. 2014 年是中国品牌高发年，主要表现在品牌数量更多、产品更丰富、原创度更高、产品质量更好。（　　）

4. 2005 至 2014 年是中国轿车发展快速的十年。（　　）

5. 2014 年前后，中国轿车品牌数量更多、产品更丰富。（　　）

6. “三纵三横”，“三纵”是纯电动、油电混合动力、燃料电池，“三横”是动力蓄电池、驱动电机、动力总成控制系统。

二、单选题

1. 在 C-NCAP 测试中，首款获得五星碰撞成绩的中国轿车是哪个品牌（　　）。

A. 奇瑞　　B. 吉利　　C. 比亚迪　　D. 红旗

2. 收购沃尔沃是哪个品牌（　　）。

A、奇瑞　　B. 吉利　　C. 比亚迪　　D. 红旗

3. 中国轿车突飞猛进，品牌高发期始于（　　）。

A. 2005　　B. 2009　　C. 2014　　D. 2017

4. 我国新能源汽车“三纵三横”布局中，下列哪一项不是“三横”内容（　　）。

A. 蓄电池　　B. 驱动电机　　C. 控制系统　　D. 底盘技术

5. 巴菲特看重下列哪一家车企的新能源汽车前景而投资（　　）。

A. 奇瑞　　B. 吉利　　C. 比亚迪　　D. 红旗

6. 哪一个是我国上市的第一款新能源汽车（　　）。

A. 比亚迪 F3DM　　B. 北汽 EV150　　C. 江淮 iEV1

品牌与文化

汽车极大地扩大了人们的生活半径，也改变了社会的产业结构、生产和生活方式，从诞生那天起，就被赋予了人类的价值观、生活形态、情感需求等，折射出了不同时代、不同人群的审美取向，形成了特有的文化。一个成功的汽车品牌经过年长日久被打造出来，赋予了其深层次的精神，并形成了不同的文化理念，直接影响到了用户群的认同。

汽车文化形成的根本原因是历史环境、人类性格，而不同国家的汽车文化有着明显的差异，这个主题主要介绍“百花齐放的中国车”“自由奔放的美系车”“安全耐用的德系车”“经济实用的日系车”4 个话题。

话题一　百花齐放的中国车

一、中国汽车与文化

中国汽车与文化

在新技术变革和汽车产业从量变到质变的变革中，中国正在从原来的跟随和从属地位变成最具活力的组成部分，成为变革创新伟大实践的前沿阵地和主战场，上汽、东风、一汽、北汽、广汽、吉利，迈入《财富》2017 世界 500 强，占据汽车制造商和零部件供应商 33 席中的 6 席。新一轮汽车产业变革中，中国汽车气势十足，创造“中国奇迹”。备受质疑的汽车文化已经具备了发展的土壤，国家、行业、企业正以一种积极正确的理念，推动我们汽车文化的同步发展。

在竞争异常激烈的中国汽车市场，自主品牌汽车企业咬牙坚持，凭借着对于中国用户的深刻理解，贴近市场，重点突破，几乎在同一时间推出 SUV 车型，给自身贴上“性价比最

图 3.1　哈弗 H6

高 SUV”的标签，在 SUV 领域里形成了具有明显优势的竞争力。

长城汽车旗下明星产品哈弗 H6（图 3.1）在 SUV 市场拔得头筹，相较以往的“单兵作战”，哈弗汽车其他 SUV 产品保持着强劲的增长势头；广汽传祺推出的 GS8（图 3.2）上半年已累计售出超过 5 万辆；吉利旗下 SUV 与轿车呈现出均衡发展的良好态势，奇瑞（图 3.3）、比亚迪（图 3.4）、东风风神（图 3.5）、长安（图 3.6）、北汽绅宝（图 3.7）等品牌 SUV 尤其出彩。

图 3.2　广汽传祺 GS8

图 3.3　奇瑞 SUV

图 3.4　比亚迪 SUV

图 3.5　东风风神 SUV

图 3.6　长安 SUV

图 3.7　北汽绅宝 SUV

在这场属于汽车市场的赛跑中，自主品牌经历摸爬滚打后，终于找到了属于自己的方向，创造出了与欧美市场和日韩市场不同的SUV产品，称之为“中国SUV”。中国SUV是否真正符合国人的生活习俗、民族文化？折射出的设计理念，所包含的设计元素是否就是汽车文化元素？中国SUV能否成为中国汽车特色文化的重要突破口？对此，还不能过早定论，然而“中国SUV”在市场上已经形成了一个独特的文化现象，这一点毋庸置疑。

除了“中国SUV”外，中国车企将新能源汽车技术由量变推向质变，是另一变革转型。中国电动汽车基本形成了较为完整的产业链、价值链和创新链，电动汽车产品基本实现了高中低全覆盖，产品的多样性、多层次性全世界独一无二。

以比亚迪（图3.8）、北汽（图3.9）、江淮（图3.10）等中国车企为首的自主品牌不断探索核心技术、提高产品档次，满足时代和用户需求，将新能源技术、互联网技术、移动通信技术和人工智能技术引入汽车，为汽车产品的功能延伸和性能提升打开了新的空间。

图3.8　比亚迪新能源汽车

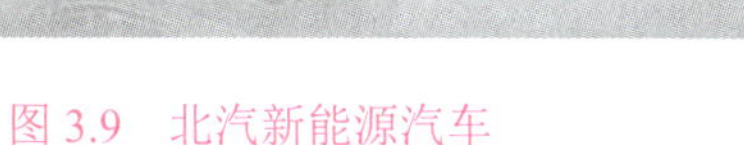

图3.9　北汽新能源汽车

图3.10　江淮新能源汽车

汽车投诉网的调查报告显示，2017年上半年，厂家对北京消费者投诉问题的解决完成情况，自主品牌的完成率为80%，远超过合资品牌的56.47%、进口品牌的31.58%。而在2017上半年中大型车的投诉中，自主品牌的完成率为100%，进口品牌的完成率是0。数据显示，自主品牌的企业更为重视投诉，能对投诉进行积极处理。

自主品牌有为国人提供好车的责任担当、有对在技术和品牌管理的负责态度，自主品牌找准了发展方向，一定能慢慢形成一套行为方式、习俗、法规、价值观念等构成的汽车文化，也将影响人们的思想观点和行为。

在造型设计方面，自主品牌已经开始重视丰富深刻的文化内涵。最近上市的自主品牌车型不再是沉实的粗线条，越来越重视实用、美观、科技、使用方便、乘坐舒适以及安全。越来越多的中国元素融入中国汽车（图3.11）。

图 3.11　吉利博瑞融入中国元素

图 3.12　珊瑚红的吉利汽车

在颜色设计方面，中国自己的三原色已经慢慢用到了汽车上。珊瑚红（图 3.12）、绿松石的绿、青金石的蓝，中国文化中的珍贵色，已经体现在车身、内饰上，这些中国元素，给人耳目一新的感觉，深受中国人的欢迎。

在营销方面，品牌营销逐步成为自主品牌关注的重点（图 3.13），东风汽车冠名《加油！向未来》，力争用创新夺人眼球；长安汽车冠名《欢乐中国人》，演绎中国家庭的温情和欢乐；比亚迪冠名《盖世音雄》，用音乐另辟蹊径……除此之外，北汽冠名《朗读者》同样掀起了全民读书的热潮，这些无一不深深打下了文化的烙印，无一不影响着人们的思想观点和行为。

(a) 东风汽车冠名《加油!向未来》

(b) 长安汽车冠名《欢乐中国人》

(c) 比亚迪冠名《盖世音雄》

(d) 北汽冠名《朗读者》

图 3.13　中国汽车冠名活动

中国汽车，从最开始合资品牌全面占领中国市场，到后来自主品牌初步成长，再到今天集体爆发，自主品牌能走到今天，凭借的不仅仅是中国汽车市场的发展红利和政策的扶植，更重要的是自身的专注和踏实。虽然，从“市场带动自主品牌”到“自主品牌带动市场”的路还很长，但是有技术、市场、政策、经济的四轮驱动，我们相信自主品牌崛起之路一定会实现。

我们也有理由相信，汽车设计方面，从外表到内饰、从风格到品质，都将深深打下中国文化烙印；汽车使用、汽车收藏、汽车改装、汽车娱乐等，将汽车作为文化和生活方式的探索者一定会有突破，真正属于中国的、成熟的汽车文化会慢慢形成。

二、中国品牌与车标

中国品牌与车标

近年来，中国汽车持续保持着平稳发展的步伐，汽车产销量两方面均创历史新高，并蝉联世界汽车产销量第一的位置。品牌方面，中国汽车逐渐趋于理性，历史品牌越来越厚重，新晋品牌越来越得到中国消费者的关注和兴趣。车标方面，虽难与百年品牌的经典车标相比，难以显现车标的魅力，或者让人过目不忘，但是，中国车企已阔步向前，一定能找到自己的品牌核心，中国车标也将逐步成熟。

纳智捷是我国台湾裕隆集团与大陆东风汽车合资成立的，是“LUXGEN”的音译，LUXGEN 是 Luxury 和 Genius 的融合，Luxury 意为“豪华”，Genius 意为“智慧”。因此，纳智捷定位于“自主品牌，创新科技，后发先制，引领世界”，将生产“豪华”“智能”兼具的人性化智能车。图 3.14 为纳智捷车标释义，“人”字形的中文书写意象，代表着品牌价值中以人的智慧及以人被礼遇的美好经验为本的出发点，透过创新智慧与预想服务的理念，创造出科技智慧车，给人们提供超越期待的感动，让行动生活变得更具有价值。

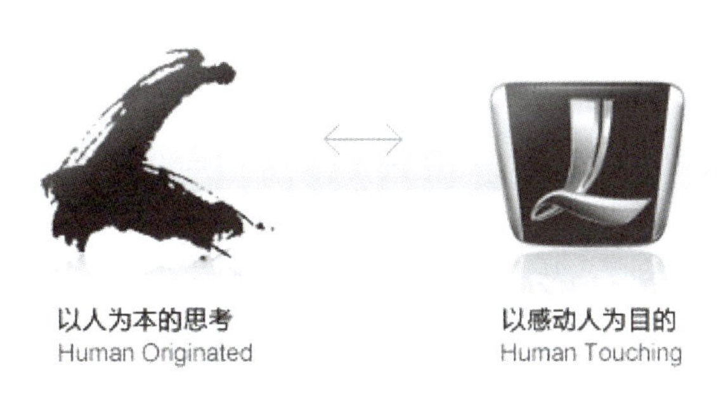

图 3.14　纳智捷车标释义

（一）东北地区汽车品牌

东北地区主要有一汽品牌，以及中华轿车、金杯汽车、黄海汽车和哈飞汽车等品牌（图 3.15）。其中，中华轿车是我国第一款拥有知识产权的国产汽车，其设计者也是曾经设计过宝马等名车的世界顶级设计师，中华轿车一经投放市场就以其卓越的丰姿刮起一股“中华热”，但是因各种原因，近年来的销量一直没有明显突破。

一汽旗下有六款自主品牌轿车，分别是一汽红旗、一汽奔腾、一汽夏利、一汽轿车、一汽欧朗和一汽朗世。

(a) 中华车标

(b) 金杯车标

(b) 黄海车标

(c) 哈飞车标

图 3.15　东北地区品牌汽车车标

“红旗”是中国著名的汽车品牌。“红旗”已经远远超出了一个轿车品牌的含义，它有其他品牌所不能代替的位置，饱含了深深的民族情感。图 3.16 所示为红旗轿车及车标，包括前车标和后车标，前车标是一面红旗；后车标是“红旗”两个汉字。

图 3.16　红旗轿车及车标

图 3.17　一汽轿车车标

如图 3.17 所示，一汽奔腾和一汽轿车统一采用“鹰”车标，以“1”字为视觉中心，由“汽”字构成展翅的鹰形，构成雄鹰在蔚蓝天空的视觉景象，寓意中国一汽鹰击长空，展翅翱翔。奔腾曾使用过“红旗”车标，一面飘扬的红旗，又像竖起的“大拇指”，这个标和小红旗用的标志是一样的。

（二）华北地区汽车品牌

华北地区共有 10 多个品牌，其中北京汽车拥有 3 大自主品牌、一汽拥有夏利品牌、长城汽车的长城品牌、华泰汽车集团的华泰品牌、双环汽车公司的双环品牌等。

北京汽车股份有限公司成立于 2010 年 9 月 28 日，由北京汽车集团有限公司等六家大型企业发起组成，致力于发展高端制造业，全面推进北京汽车自主品牌的发展战略。近年来，先后推出绅宝品牌、福田品牌、“BJ”品牌、威望品牌等。

如图 3.18 所示，北京汽车与北汽集团为统一“北”字标识，“北”既象征了中国北京，又代表了北汽集团，体现出地域属性与身份象征。同时，“北”字好似一个欢呼雀跃的人形，表明了“以人为本”的核心。标识中的“北”字，犹如两扇打开的大门，是北京之门、北汽之门、开放之门、未来之门……

长城旗下拥有哈弗、长城、WEY 三个品牌（图 3.19），产品涵盖 SUV、轿车、皮卡三大品类，哈弗一直被誉为 SUV 领导者，WEY 定位为中国豪华 SUV 开创者。2017 年，哈弗与 WEY 携手共同荣任央视“国家品牌计划 - 行业领跑者”。

长城车标

哈弗车标

WEY车标

图 3.18 北汽车标

图 3.19 长城车标

“WEY”，引自长城汽车创始人魏建军先生的姓氏，和众多国际知名车企一样，这是第一个以创始人姓氏命名的中国汽车品牌，该品牌定位“豪华 • 轻奢”，是中国第一个豪华 SUV 品牌。WEY 独特的竖型标识（图 3.20），源自长城汽车发源地、创始人魏建军的故乡——中国保定的标志性建筑“保定直隶总督府大旗杆”，致敬故乡这一民族品牌之起点，树立起“中国豪华 SUV 开创者”的品牌标杆。

(a) WEY车标和WO2汽车

(b) 保定直隶总督府大旗杆

图 3.20 “WEY”车标

（三）华中地区汽车品牌

华中地区主要有东风汽车、江铃汽车、昌河铃木汽车、猎豹汽车和郑州海马汽车。

东风汽车公司是原第二汽车制造厂，始建于 1969 年，是中国特大型国有骨干企业，总部设在武汉，旗下拥有东风风行、东风风神、东风风度、启辰、东风小康和思铭等六个自主品牌。除启辰和思铭，其余品牌都是“双飞燕”的车标（图 3.21），是以艺术变形手法，取燕子凌空飞翔时的剪形尾羽作为图案基础。主要含义是双燕舞东风，二汽的“二”字寓意于双燕之中。同时还象征着，东风汽车车轮滚滚向前永不停息。

图 3.21 东风车标

江铃汽车是由长安汽车和江铃汽车联合的汽车制造企业，旗下拥有江铃和陆风两个品牌。

昌河铃木汽车位于景德镇，旗下拥有“昌河”和“昌河铃木”两大品牌，其中“昌河”是与北汽集团合资的自主品牌。

猎豹汽车位于湖南长沙，隶属长丰集团，其前身为中国人民解放军第 7319 工厂，主要发展猎豹 SUV 和皮卡整车业务。

郑州海马汽车是海马股份的全资子公司，主要生产微型乘用车、商用车。

（四）西南地区汽车品牌

西南地区主要有长安汽车、力帆汽车和野马汽车。

长安汽车的前身可追溯到1862年李鸿章在上海淞江创建的上海洋炮局。长安汽车自主品牌主要在重庆、定州、南京、北京和南昌五个基地生产，含商用和乘用两种类型，乘用车有悦翔、奔奔MINI、CX、逸动、CS35的SUV、睿骋等；商用车有长安星光系、长安金牛星、长安之星、欧诺等。长安汽车老车标是一个盾一个矛，含义是在保证安全的前提下，提高速度。如图3.22所示，新车标采用“V”字形，寓意为“victory（成功）”和“value（价值）”。

(a) 长安新车标　　(b) 长安商务车车标

图 3.22　长安车标

（五）华南地区汽车品牌

华南地区主要有上汽通用、比亚迪、广汽和海马等。

上汽通用在柳州主要有五菱汽车和宝骏汽车两个品牌，其中五菱汽车为商用车，宝骏是上汽通用2010年创建的自主汽车品牌，其骏马头车标，不仅图案漂亮，而且还十分贴合“宝骏”这个品牌的内涵。

比亚迪在2007年已由蓝天白云的老标换成了只用三个字母和一个椭圆组成的标志了，如图3.23所示。比亚迪的英文名称是BYD，比亚迪公司用其企业文化“build your dreams”来诠释，意为“成就梦想”。

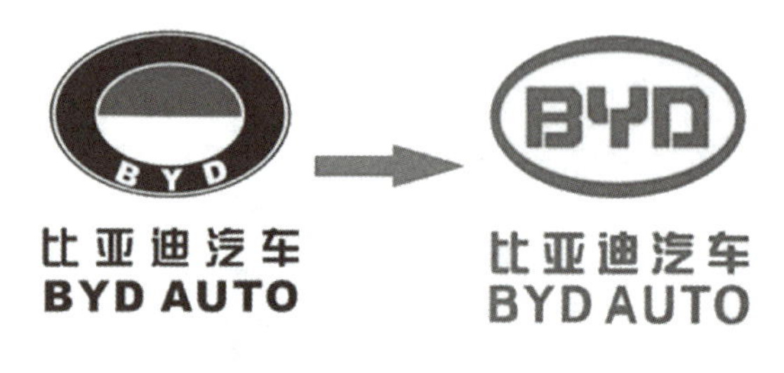

图 3.23　比亚迪车标

（六）华东地区汽车品牌

华东地区聚集我国近十个知名汽车企业，包括上海汽车、东南汽车、广汽吉奥、吉利汽车、江淮汽车、奇瑞汽车、青年汽车、众泰汽车等。

浙江吉利控股集团有限公司是一家以汽车及汽车零部件生产经营为主要产业的大型民营企业集团，始建于1986年，1997年进入汽车制造领域以来，凭借灵活的经营机制和不断的观念创新，快速成长为中国经济型轿车的主力品牌，2017年世界500强排行榜，吉利从2016年的410名猛升67名至343名。

2008年11月6日吉利发布子品牌“全球鹰”、2009年7月吉利发布子品牌“帝豪”、2010年11月吉利“第三子”英伦汽车品牌在北京发布，吉利完成多品牌战略。

分品牌战略实施以来，吉利一度从低端、廉价的形象中突围，帝豪品牌取得了不俗的成绩，但是全球鹰和英伦的表现却一直不尽如人意，事实证明三品牌也未能取得相应的品牌协同效应，吉利不得调整战略。

2014 年 4 月 18 日，吉利汽车发布了新车标，将目前的帝豪、全球鹰、英伦三个子品牌汇聚为统一的吉利品牌（图 3.24），在统一的品牌架构下完善产品谱系，增强产品差异化特性，优化渠道资源，加强同消费者的品牌沟通和互动。

新车标灵感来自男性六块腹肌，代表了年轻、力量、阳刚和健康，盾牌形状表达了安全和依赖，宝石代表永恒的品质，三颗蓝宝石代表纯净的天空、三颗黑宝石寓意广阔的大地，象征着吉利驰骋天地之间、走遍全世界。

奇瑞汽车股份有限公司，是一家从事汽车生产的国有控股企业，1997 年 1 月 8 日注册成立，总部位于安徽芜湖市，公司产品覆盖乘用车、商用车、微型车等领域，是中国自主品牌中的代表。

奇瑞新车标（图 3.25）以一个循环椭圆为主题，由“C”“A”“C”三个字母组成，是 Chery Automobile Company 的缩写，中间镶有钻石状立体三角，主色调银色代表着质感、科技和未来。新 LOGO 升级成循环椭圆，喻示奇瑞从初期的快速发展，到专注技术、注重品质、依靠科学体系和国际标准流程的战略转型，正在走上追求品牌、品质和效益的理性发展之路。

奇瑞旗下拥有奇瑞轿车、开瑞汽车、威麟汽车、瑞麒汽车和凯翼汽车等五款自主品牌。

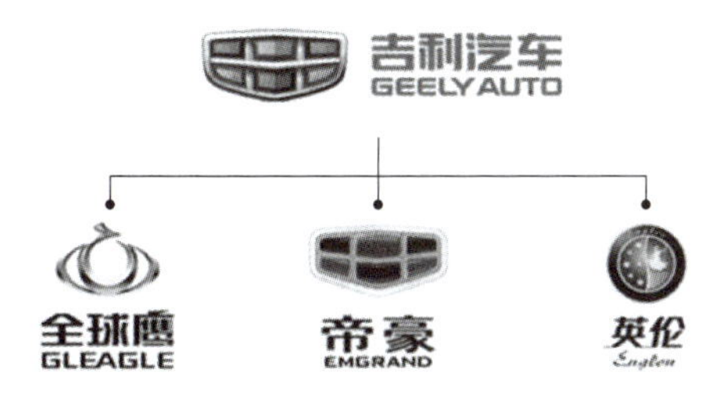

图 3.24　吉利车标

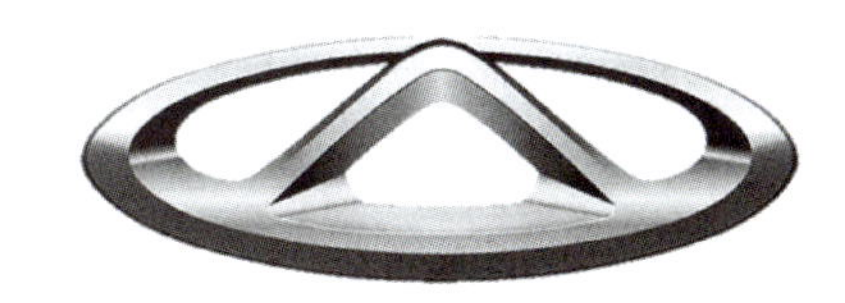

图 3.25　奇瑞新车标

近年来，中国汽车的表现早已令业界刮目相看，从以往只能在合资品牌的压制下艰难生存，到现在能够昂首挺胸以中国汽车品牌自居，直面跨国品牌的竞争，产品品质不可同日而语。“中国品牌汽车强国梦”是中国汽车工业未来的希望。

三、中国第一代汽车人

中国第一代汽车人

从 1953 年，中国第一座汽车厂破土动工，到如今汽车年销量超过 2800 万辆的全球汽车市场第一大国，中国仅仅走了六十多年。六十多年里，中国自主生产的汽车始终处于一个正向发展的大趋势下，千千万万汽车人的身影被时光揉进了这部发展的长河之中，他们或逝去，或退休，或仍奋斗在一线，他们经历了无数的故事。

（一）中国汽车工业的“拓荒牛”——郭力

1952 年，时任中央重工业部汽车工业筹备组主任的郭力被任命为长春汽车厂（后正式命名为第一汽车制造厂）厂长，他随即带领筹备组部分同志赶赴冰雪刚刚消融的长春。创业

初期，郭力四处“招兵买马”，组建了四千多人的汽车工业首批技术、业务骨干队伍。正当大家跟着郭力热火朝天地筹建汽车厂时，他却“当着厂长找厂长”，他有了“让贤”的想法，他要请一位熟悉东北情况的人当厂长，自己当副手。

1953 年初，饶斌走马上任，郭力“降职”为第一副厂长兼总工程师。饶斌抓基本建设，郭力抓生产准备；饶斌大刀阔斧、雷厉风行，郭力踏踏实实、认真细致，两人配合得天衣无缝，圆满完成三年建成投产的任务。

1959 年，郭力重回一汽厂长的岗位。

1964 年，郭力调任第一工业机械部副部长，兼中国汽车工业公司经理。当时，中央决定建设二汽，要求三年建成，由一汽为主包建。最初的筹备工作又落在郭力肩上。

从三十多岁担任汽车工业筹备组主任到 60 岁离世，郭力将一生最美好的年华毫无保留地奉献给了民族汽车工业。

淡泊名利源于坚定的信仰，实干创业源于坚守的情怀。

郭力被誉为新中国汽车第一人、中国汽车工业的“拓荒牛”（图 3.26）。

（二）中国汽车之父——饶斌

饶斌，一位由医生半路出家的政府官员，其人生经历与中国汽车工业最初 30 年的发展历程完整重叠。

1953 年，饶斌走马上任，成为新中国第一汽车制造厂的首位“当家人”，带领着“一汽”全体职工开始实现从零到一的历史跨越。他带领“一汽人”，圆满完成一汽三年建成投产的任务，量产“解放牌”汽车，拉开了中国汽车工业历史的帷幕，手工打造“东风 CA71”小轿车和“红旗 770”高级轿车，饶斌带领的一汽创造了一个又一个奇迹。

1964 年，他又奉命创建二汽。随后，饶斌先后任汽车总局局长、第一机械工业部部长、中国汽车工业总公司董事长。

饶斌是一汽、二汽核心筹建者和首任领导者，在我国汽车工业的发展规划、政策制定以及配套建设等方面都有不可磨灭的贡献。饶斌被誉为中国汽车工业的奠基人、中国汽车之父（图 3.27）。

图 3.26　郭力

图 3.27　饶斌

饶斌是首次中外合资的倡导者和推动者，提出了汽车工业调整改组和发展规划方案，组织引进先进技术，加速产品转型，结束了汽车产品几十年一贯制的历史。

在轿车生产选择上，战略性地选择了上海，选择了引进桑塔纳车型。当国务院提出要引进轿车装配线时，饶斌首先想到的不是他曾经工作过的一汽、二汽，而是上海。同时，非常积极地推动了项目的进行和落地。今天看来，这是一个非常有远见的战略眼光，因为我国汽车工业要实现卡车到轿车的工业化生产，上海、桑塔纳都几乎是一个最优选择。

饶斌积极推进汽车生产的国产化率。在1984年，在上海召开的“汽车零部件新产品起步工作会议”，中汽零部件公司的成立，桑塔纳国产化率的快速提升，这些都离不开饶斌积极的推动和关注。

（三）中国汽车技术奠基人——孟少农

孟少农，祖籍湖南桃源，1941年获美国麻省理工学院硕士学位，1946年在清华大学机械系任教开创了汽车专业，1980当选为中国科学院院士（学部委员），如图3.28所示。

1915年出生的孟少农，先后在清华机械系、麻省理工学院专攻汽车。他曾放弃福特汽车厂为他提供的优越条件，毅然回国。

1953—1965年，孟少农任一汽副厂长兼副总工程师，全面负责技术工作。“解放”卡车、“东风”轿车和“红旗”轿车，无一不是孟少农夜以继日地从指导基建、安装设备，到领导产品设计，以及工艺、冶金、生产准备等完成技术工作。

1971年后，先后在陕汽和二汽主管技术，完成了军民两用载重车和“东风140”5吨载重车研制。二汽工作期间，先后兼任二汽工大校长和湖北汽车工业学院校长。

孟少农毕生致力于汽车工业建设事业，为中国汽车产品的研制和开发、中国汽车人才培养和中国汽车教育的发展作出了巨大贡献，不仅书写了他们自己的不朽，更书写了中国汽车工业起步的光辉！

图3.28　孟少农

中华人民共和国成立初期30年，正是条件艰苦、风雨飘摇的时代，梦得以实现，是因为无数的中国第一代汽车人付出艰辛努力，这里无法一一讲述，但是我们不能忘记他们经历的无数切肤苦痛与无助挣扎。正因为他们的呕心沥血，因为他们甘当“拓荒牛”，才写下新中国汽车工业从无到有，从崛起到走向辉煌的厚重的一页。

四、中国新一代汽车人

中国新一代汽车人

（一）“汽车疯子”——李书福

2010年8月2日，吉利控股集团正式完成对福特汽车公司旗下沃尔沃轿车公司的全部股权收购，成为中国汽车产业史上最大、最彻底的一宗海外收购。“汽车疯子”李书福（图3.29）以非常低调的方式刺激了一下中国和世界的神经。

1963年出生的李书福，高中毕业就开始经营自家的照相馆，生意还算红火，但他并不满足于冲洗照片所带来的微薄利润。

一年之后，21岁的李书福开办了一家电冰箱厂，并且取得了良好的经济效益，一年的

图 3.29 李书福

营业额居然可以达到四五千万元。到 1989 年，产值已经超过一亿元。

不久后，由于国家政策的调整，李书福的企业由于规模小，关门停业了。李书福到了深圳读书，潜心学习经济管理。读书期间，筹备的建材生产企业，产出了中国第一张美铝曲板，后来又成为全国第一家铝塑板生产厂商。

1994 年，在摩托车厂林立中，李书福“插空”开始做摩托车，生产豪华型踏板式摩托车。很快，不但占领了国内市场，还出口 22 个国家和地区。

装饰板和摩托车开发成功后，李书福又作出惊人的决策——造汽车。刚开始，尽管得不到主管部门的许可，李书福还是在临海市征地 850 亩，打着造摩托车的幌子，筹建了吉利“豪情汽车工业园区”，直到 2001 年吉利才获得轿车生产资格。李书福的运气真是不错，中国加入世界贸易组织了，夏利、奥拓也相继推出了 3 万多元的轿车。当然，国企车价的暴跌无疑给吉利车做了一个大大的免费宣传。老百姓也弄明白了，3 万元的车质量还是有保障的，对他私人造汽车的疑惑也在逐步消退。

那两年，李书福过得很艰难。有人说他快疯了，见人就讲自己怎么造出 3 万元轿车来的。因为没人信他，到后来他就干脆保持沉默。市场终究作出了公正的评判，吉利汽车在城市小康家庭中，很快受到青睐，销售量节节攀升。

2002 年，李书福退到幕后，将吉利集团的管理权、经营权都交给了两位新人，这是李书福的一次改组，解决吉利集团的家族化管理。

李书福注定成为一个焦点，不在于他被评为中国第几富，而在于这个“汽车疯子”一次次突围。拥有巨额财富的他，住职工宿舍，吃职工食堂，开吉利汽车，穿吉利皮鞋和工作服。他在食堂就餐，端盘排队。投资 4000 多万元建造专家楼和职工宿舍，6000 多职工免费就餐。而他自己住的还是 10 年前的房子。

（二）奇瑞狂人——尹同耀

雪柯先生在《奇瑞狂人尹同耀》中对尹同耀有这样一段描述“奇瑞的掌门人尹同耀有几分与福特、丰田与本田等企业创始人类似之处：激情、执着、坚韧。尹同耀的愿景、德行、禀性和魅力是鼓舞奇瑞这个团队士气的精神支柱。”如图 3.30 所示。

奇瑞发动机一厂生产车间是奇瑞最早建立起来的厂房，14 年前这里还是芜湖市郊外的一片荒地。那一年，尹同耀刚刚辞职离开“一汽”大众，回到老家安徽。他要为一条已经露天摆放了 1 年多的旧生产线，找一个安身的地方。生产线是当地政府悄悄买下来准备生产发动机的。

图 3.30 尹同耀

尹同耀清晰地记得，那些从国外拉回来的二手设备经过 1 年多的风吹日晒，已经生锈，非常难看。

花了 1 年的时间，尹同耀建起了厂房，开始生产发动机。由于当时国家对这类项目的控制非常严格，发动机的生产没有公开。直到产品生产出来之后，尹同耀才发现有一个最重要

的问题还没有解决：不知道发动机卖给谁。没有办法，只好一点一点去找买家，卖不了别人就卖给自己，于是慢慢开始生产汽车。

12 年前在奇瑞总装生产线上，一辆刚刚组装完成的轿车吸引了在场所有人的目光。这辆披红挂彩的轿车就是奇瑞生产的第一辆轿车，这一刻坐在副驾驶席上的尹同耀和奇瑞的所有员工都在为几年来的艰辛努力而欢呼庆祝。

但是短暂的喜悦过后他们还要面临一个更大的困难：当时，奇瑞、吉利、华晨等自主品牌汽车没有获得国家的生产许可，他们生产的这些汽车不能进入市场公开销售。无奈之下奇瑞通过挂靠“上汽”集团才获得了生产汽车的许可，而吉利则是通过买下一个国营小汽车厂才勉强具备了生产汽车的资格。这一时期自主品牌想要进入汽车生产领域并不容易。

奇瑞今日的成功离不开尹同耀。尹同耀作为奇瑞的舵手，懂得从技术上拾遗补阙，这就比从其他行业切换到汽车行业的自主品牌领军人物更有专业优势；至于其以身作则奋力投入，更是奠定了奇瑞初期企业文化的基础和团队凝聚力。

（三）电池之王——王传福

22 年前，借了 250 万开始创业；最早做电池起家，有人称他“电池之王”；在事业巅峰的时候，他又转向了汽车界，有人称他“技术狂人”；他让三洋、索尼等国际巨头感到恐惧，巴菲特曾投给他 18 亿，并称他为“真正的明星”；查理 • 芒格这样评价他：“这家伙简直就是爱迪生和韦尔奇的混合体”……他曾用一年时间身价暴涨百亿，成为中国首富，却又低调得像“技术工人”，这就是比亚迪创始人兼 CEO——王传福（见图 3.31）。王传福那种韧劲，那种狂性，让一般的企业家难以望其项背，更是创业者学习的榜样。

（四）创业名人——魏建军

汽车行业是创业名人魏建军一生的追求。从 1995 年专业做皮卡、2001 年生产发动机、2002 年做 SUV，到挥师轿车、MPV 领域，凭借一点点夯实基础，稳步前进，魏建军带领他的长城汽车在残酷竞争中搏出了一片天。

图 3.31　王传福

图 3.32　魏建军

魏建军（见图 3.32），是一个不折不扣的铁腕派，其军事化的管理方式，成为长城汽车一个众所周知的标签。长城汽车的每个员工都会发一张廉洁自律卡，上面会印有秘密特工组电话，用于员工举报。魏建军经常开着辆电瓶车在厂区转悠，“一手扶着方向盘，一手拿着电话，发现问题时马上拨电话给相关人员进行问责”。他坚持罚款是管理的必要手段，而且

实行连坐制。

魏建军很少接受媒体的采访，他专注做技术，为提升汽车品质，大部分时间都在工厂里度过。很多人对魏建军的第一印象是：“专注、执着”和“低调做人、高调做事”。他也曾表示，自己一直是“夹着尾巴做人”。或许魏建军更多的故事有待未来慢慢“揭秘”。

回想这些年，中国汽车发展非常快，成长了一批新一代汽车人，留下太多传奇般的故事，中国汽车人正带领着中国的民族工业走向世界，让中国的汽车走在世界的前列……

思考与训练

一、判断题

1. 越来越多的中国元素融入中国汽车。（　　）
2. 企业正以一种积极正确的理念，推动汽车文化发展重要的是需要正确的发展理念。（　　）
3. 红旗轿车后车标“红旗”二字是毛主席专门为红旗轿车题的字。（　　）
4. 桑塔纳是我国汽车工业实现卡车到轿车工业化生产的标志。（　　）
5. 我国汽车年销量超过 2800 万辆，是全球汽车市场第一大国。（　　）
6. 奇瑞最开始没打算造车，打算做发动机。（　　）

二、单选题

1. 下列哪一个是长安汽车车标（　　）。

A.　B.　C.　D.　E.　F.

2. 下列哪一个是东风汽车车标（　　）。

A.　B.　C.　D.　E.　F.

3. 下列哪一个是长城汽车车标（　　）。

A.　B.　C.　D.　E.　F.

4. 下列哪一个是吉利汽车车标（　　）。

A.　B.　C.　D.　E.　F.

5. 下列哪一个是奇瑞汽车车标（　　）。

A.　B.　C.　D.　E.　F.

6.1956 年一汽制造的第一辆卡车，毛主席将其命为（　　）名。

A. 东风　B. 红旗　C. 解放　D. 延安

7.（　　）被誉为中国汽车工业的“拓荒牛”。

A. 饶斌　B. 郭力　C. 孟少农　D. 吕彦斌

8.（　　）被誉为中国汽车工业的奠基人、中国汽车之父。

A. 饶斌　B. 郭力　C. 孟少农　D. 吕彦斌

9.（　　）被誉为中国汽车技术第一人。

A. 饶斌　　B. 郭力　　C. 孟少农　　D. 吕彦斌

10. 下列（　　）车是李书福造出的第一台车。

A. 金刚　　B. 豪情　　C. 海景　　D. 帝豪

11. 比亚迪创始人兼 CEO 是（　　）。

A. 王传福　　B. 李书福　　C. 魏建军　　D. 尹同耀

12. 长城汽车股份有限公司董事长是（　　）。

A. 王传福　　B. 李书福　　C. 魏建军　　D. 尹同耀

三、多选题

1. 下列哪些中国汽车企业进入了 2017 世界 500 强（　　）。

A. 上汽　　B. 东风　　C. 一汽　　D. 北汽

E. 广汽　　F. 吉利

2. 您认为新一代汽车应该引入下列哪些技术，能够让汽车产品的功能延伸和性能提升（　　）。

A. 新能源技术　　B. 互联网技术　　C. 移动通讯技术　　D. 人工智能技术

话题二　自由奔放的美系车

一、美国汽车与文化

美国汽车与文化

提到美国，很多人首先想到左右全世界经济走向的华尔街，或者是向全世界输出炫酷电影的好莱坞，再或者代表着先进科技的硅谷……当然，也会想到最为著名的汽车城底特律。美国被称为车轮上的国家，有着深厚悠久的汽车文化历史，有着影响全球的汽车品牌，有着巨大的汽车市场，汽车渗透了美国人生活的方方面面，汽车是现代美国文化中不可或缺的一部分。

19 世纪初，蒸汽时代，卡哈特、道奇、罗普、多伯尔兄弟等，数百家公司尝试蒸汽机车的创造。伊文思曾在 1805 年完成了一辆蒸汽动力挖泥机（图 3.33），这是目前所知第一辆行驶于陆地及水面的动力机器。从这里看，美国汽车的起源比德国人还早，只是德国人更有商业头脑，善于用专利保护自己的权益。蒸汽汽车体积大、不稳定，没有被普及和发展。但是，车辆结构和传动等方面为后来的汽车制造积累了经验。

1890 年前后，美国越来越多的人投入汽油引擎汽车的发明，最成功的就是杜里埃兄弟（图 3.34），即查尔斯和弗兰克，1895 年他们建立了美国第一家制造汽油引擎的汽车工厂。1901 年，“杜里埃轿车”曾被作为“来自工业国家的生日礼物”漂洋过海赠送给慈禧太后。

1896 年，亨利 • 福特在美国底特律试制成功了第一辆“四轮车”，因而被称为“给世界装上轮子的人”（图 3.35）。1908 年福特汽车采用世界上首条汽车生产流水线（图 3.36）制造了

著名的T型车（图3.37），流水线让每一个工人只要负责重复某一个工序，使得汽车制造成本以及售价大幅度下降，汽车产业的利润呈几何级增长，最终使得汽车得到真正的广泛普及。

图3.33　伊文思制造的蒸汽动力挖泥机

图3.34　杜里埃兄弟与杜里埃轿车

图3.35　亨利·福特的第一辆“四轮车”

图 3.36　福特首条汽车生产流水线

图 3.37　福特 T 型车

也许有人会说，即便亨利·福特没有发明汽车流水线，也会有其他人会发明，因为分工是行业发展的必然趋势。但是，另一个发明汽车流水线的人很可能也是美国人。因为，美国人对于这种生产创新天生有一种敏感。这与美国民族的构成有关，我们都知道美国人大多都来自欧洲，所以美国很多城市的名字都是直接在欧洲的城市前面加一个“New”，比如纽约（New York），又比如新奥尔良（New Orleans）等，那我们想一下，什么样的人愿意离开自己的家园，而去到这块神奇的新大陆呢？大约有两种：一种是在自己的家乡经历失败，想要重新开始的；另一种是对于未来充满想象，敢于挑战的热血青年。无论是以上哪一种人，他们的基因里面都一定会有一种叫作创新的因子。

正是这种创新因子，汽车在美国诞生以后，美国汽车制造商以惊人的速度开创新技术和生产新汽车。

继福特 T 型车之后，福特制造了当时世界上最快最坚固的车——福特 Model 18（图 3.38），成为那个时代时尚和身份的标杆，更是当时流行文化的标志。

图 3.38　福特 Model 18

美国人还推出了代表 SUV 车型起点的 Jeep MB（图 3.39）、世界上第一台肌肉车奥兹莫比尔 Rocket 88（图 3.40）、国宝级的超级跑车雪佛兰科尔维特（图 3.41）、散发着动力与速度魅力的福特野马（图3.42）、令人难忘的经典跑车福特 GT（图3.43）、克莱斯勒 Minivans（图

3.44）系列面包车等伟大车型。

图 3.39　Jeep MB

图 3.40　奥兹莫比尔 Rocket 88

图 3.41　雪佛兰科尔维特

图 3.42　福特野马

图 3.43　福特 GT

图 3.44　克莱斯勒 Minivans

美国汽车不仅在车型上创新不止，在技术上也贡献了大量的伟大发明。早在 20 世纪 30 年代，美国豪华汽车品牌 Packard（图 3.45）已经开始安装空调了，这一技术早于其他国家将近 60 年。

1936 年，美国印第安纳州的一家名为 Cord 的汽车公司在一款名为 810 的车型上就推出了隐藏式头灯；1939 年，通用汽车就推出了自动变速器，被安装在奥兹莫比尔车型上，而后凯迪拉克和庞蒂亚克也采用了这种变速器；1951 年，克莱斯勒率先在其高端车系 Imperial 上安装动力转向；1952 年，通用汽车首次推出了自动调节照明系统，据说 60 年后奔驰根据这

个想法更新了版本；最早搭载涡轮增压的公路车不是保时捷 911，也不是宝马 2002，而是 1962 年问世的奥兹莫比 F-85 Jetfire。1971 年的别克 Rivieras 上选配牵引力控制，名为 Max-trac 的牵引控制系统通过简单比较前轮和后轮的速度，来判断是否存在打滑，从而切断点火降低动力输出。

图 3.45 Packard 汽车

不少人认为德国有着不可撼动的地位，但无论从车型还是技术都可以看出，在早期的汽车工业史上，美国人也贡献了不少沿用至今的技术。然而，汽车产业早就不再是美国的支柱产业，美国汽车技术已经不再引领世界，或许未来与德系、日系、韩系、中系间的比拼会更加吃力，在传统汽车行业已经很难恢复往日的辉煌。但是，在汽车工业三巨头以外，美国又出现了特斯拉。

在所有传统汽车工厂在为电动车续航里程烦恼的时候，特斯拉的续航里程已经超过了 500km，并且已经推出了 3 款产品。更重要的一点，美国车企受困于工会的问题在特斯拉看来却不是事，他们位于加州 Fremont 市的工厂在冲压生产线、车身中心、烤漆中心与组装中心的四大制造环节总共有超过 150 台机器人参与工作，基本看不到人，对人的依赖降到了最低。所以说或许美国的新能源车极有可能为其在未来的汽车发展中扳回一城，而且是极其重要的一城。

美国汽车技术，不是美国汽车全部，美国汽车文化也不仅仅体现在肌肉车、皮卡与重卡三类车。坐在车里享受看电影乐趣的汽车电影院、专为司机们设计的麦当劳餐厅“汽车穿梭窗口”、遍布美国的汽车旅馆、专门为房车设置的露营地等，成为美国汽车的另一番景象。同时，汽车改装、汽车博物馆、赛车等同样彰显着美国汽车文化。

二、美国品牌与车标

美国品牌与车标

20 世纪初期美国汽车工业呈现数百家公司并存的局面，通用、福特、克莱斯勒，在与同行的激烈竞争中不断创新发展，迎合消费者对汽车造型和性能的需求，都成了全球知名汽车企业，主宰了世界汽车工业。

1925 年克莱斯勒诞生，其后 80 多年的历史中，创新不已，激荡不止，创造了一个个辉煌。1928 年，收购了规模是其五倍之巨的“道奇兄弟公司”；1984 年，购得玛莎拉蒂 15.6% 的股份；1987 年，收购美国汽车公司，拥有了 Jeep 品牌；1998 年，与戴姆勒-奔驰平等合并，10 年后又分道扬镳；2009 年申请破产保护，2009 年被意大利菲亚特兼并改

名为 FCA 公司，美国汽车铁三角似乎不够完整，所幸特斯拉“异军突起”，短时间完成了成长第一步。

（一）特斯拉汽车与车标

特斯拉最初的创业团队主要来自硅谷，用 IT 理念来造汽车，而不是以底特律为代表的传统汽车厂商思路。因此，特斯拉造电动车，常常被看作是一个硅谷小子大战底特律巨头的故事。2008 年发布了第一款两门运动型跑车 Roadster，2012 年发布了四门纯电动豪华轿跑车 Model S，随后交付 Model X、Model 3……截至 2017 年 6 月 30 日，这个异军突起的企业市值已上升至全球第五，一跃成为美国市值最高的汽车厂商。但是，2017 年 2 月，特斯拉汽车公司正式改名为特斯拉，意味着汽车不再是特斯拉的唯一业务。

特斯拉 T 型车标（图 3.46），不仅是特斯拉（Tesla）的首字母缩写，这个风格化的“T”实际上也是对公司产品的暗示，字母 T 的主体部分代表电机转子的一部分，而顶部的第二条线则代表了外围定子的一部分。

图 3.46　特斯拉 T 型车标

（二）通用汽车与车标

通用汽车公司的前身是 1907 年由戴维 • 别克创办的别克汽车公司，1908 年美国最大的马车制造商威廉姆 • C. 杜兰特买下了别克汽车公司创建了美国通用汽车公司。通用汽车公司是美国最早实行股份制和专家集团管理的特大型企业之一，尤其重视质量把关和新技术的采用，因而其产品始终在用户心中享有盛誉。凭借在电池、电动汽车和动力控制等方面的突破，通用汽车不断扩大其在汽车电气化的领先地位。同时，通用汽车还积极推进高效节能技术的进步，包括直喷技术、可变气门正时、涡轮增压、六挡变速、柴油发动机以及优化空气动力学设计等。

通用汽车公司如今在全球生产和销售包括雪佛兰、别克、GMC、凯迪拉克、宝骏、霍顿、欧宝、沃克斯豪尔以及五菱等一系列品牌车型并提供服务（图 3.47），旗下多个品牌全系列车型畅销于全球 120 多个国家和地区，包括电动车、微车、重型全尺寸卡车、紧凑型车及敞篷车。

雪佛兰车标自 1911 年起，至今经历 11 次演变，最初使用英文字母，“蝶形领结”标志是于 1913 年创建者之一杜兰特看报纸时想到设计这个图形，象征雪佛兰轿车的大方、气派和风度。如图 3.48 所示。

别克著名的“三盾”标志是以一个圆圈中包含三个盾（图 3.49），是以别克汽车三位

奠基人大卫、邓巴、别克的家徽为基本图案。三颗颜色不同并依次排列在不同高度位置上的“子弹”，给人一种积极进取、不断攀登的感觉；它表示通用汽车公司别克分部采用顶级技术，刃刃见锋；也表示别克分部培养的人才个个游刃有余，是无坚不摧、勇于登峰的勇士。

图 3.47　通用汽车旗下品牌

图 3.48　雪佛兰车标　　图 3.49　别克车标

凯迪拉克是众多美国汽车品牌中最为特别的一个品牌，他既显狂野，又显豪华，同时又很尊贵，这是其他品牌无法实现的。凯迪拉克的创始人为了纪念底特律的奠基者——法国贵族安东尼·凯迪拉克，就将其家族的徽章作为了车标（图 3.50），使用的“冠”和“盾”型的纹章图案，“冠”上的七颗珍珠表示凯迪拉克家族具有皇家贵族血统，“盾”象征着凯迪拉克军队是一支金戈铁马、英勇善战、攻无不克、无坚不摧的英武之师。现在的卡迪拉克车标已经有了很大的变化，比如少了象征着三圣灵的黑色小鸟和镶嵌着珍珠的王冠，只是由桂冠环绕着经典的盾牌形状，而盾牌形状则由各种颜色的小色块组成，其中红色代表勇气，银色代表纯洁的爱，蓝色代表探索。

欧宝汽车是通用公司收购的德国品牌，其车标代表公司的技术进步和发展（图 3.51），既像闪电一样划破长空，震撼世界，喻示汽车如风驰电掣，同时也炫耀它在空气动力学方面的研究成就；文字“OPEL”是创始人的姓氏。1899 年，老欧宝的两个儿子弗里茨和威廉开创了

汽车和摩托车制造，并以父亲的名字“亚当·欧宝”命名工厂，使欧宝的名字一直沿用至今。

图 3.50　凯迪拉克车标　　　　图 3.51　欧宝车标

（三）福特汽车与车标

福特汽车公司是世界最大的汽车企业之一。福特汽车公司的历史始于 20 世纪初，凭着创始人亨利·福特“制造人人都买得起的汽车”的梦想和卓越远见，福特汽车公司历经一个世纪的风雨沧桑，已经成长为全球最大的卡车制造商和第二大汽车公司。早几年，拥有世界著名的八大汽车品牌：福特、林肯、水星、马自达、阿斯顿·马丁、路虎和捷豹、沃尔沃。捷豹和路虎两大品牌在 2008 年出售给印度塔塔公司，对于马自达和阿斯顿·马丁仅持有少量股份，沃尔沃于 2010 年被吉利收购。因此，当下福特汽车公司的主要品牌是福特、水星、林肯与野马（图 3.52）。

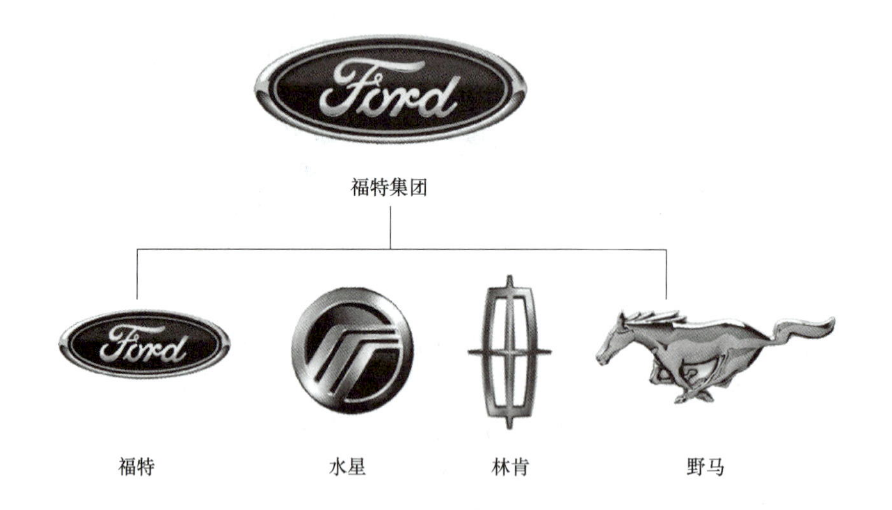

图 3.52　福特汽车旗下品牌

福特车标（图 3.53）是采用福特英文 Ford 字样，蓝底白字。由于创始人亨利·福特喜欢小动物，所以标志设计者把福特的英文画成一只小白兔样子的图案。

20 世纪 30 年代中期，福特汽车的管理层意识到在经济型的福特车和豪华的林肯车之间仍存在市场机会，于是在 1935 年开发出了水星品牌，进军中档车市场。其车标是用太阳系

中的水星作为车标（图 3.54），其图案是在一个圆中有三个行星运行轨迹，很容易让人联想到福特汽车具有太空科技和超时空的创造力。

图 3.53 福特车标

图 3.54 水星车标

林肯轿车是福特公司旗下的一个豪华车品牌，创立于 1917 年，创始人为亨利·利兰。其品牌名称是以美国总统亚伯拉罕·林肯的名字命名。其车标是在一个矩形中含有一颗闪闪放光的星辰（图 3.55），表示林肯总统是美国联邦统一和废除奴隶制的启明星，也喻示福特·林肯牌轿车光辉灿烂。

20 世纪 60 年代，正值战后生育高峰期的一代刚刚进入购车的年龄，这一代人对车的要求与其父母大相径庭，他们想张扬自己的个性。福特为了迎合这些年轻人，推出了野马（图 3.56），从生产线下来进到汽车展厅还没来得及喘息，在头一天经销商们打过来的订单便超过了 2.2 万份。

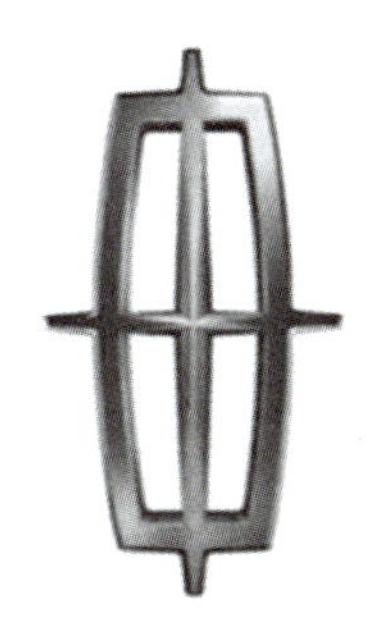

图 3.55 林肯车标

图 3.56 野马车标

美国的金融业、信息技术、软件等行业已成为经济支柱，金融、电子信息、软件等行业已成美国新兴产业，微软、思科、谷歌等公司成为美国产业新星，汽车产业在美国已不再是朝阳产业，这或许是美系车品牌逐步减少的主要原因。

三、美国汽车人与故事

为了纪念贡献生命推动产业进步的先驱们，也为了推崇叱咤行业的风云人物，1939 年 10 月 18 日，美国纽约市发起了“汽车老前辈”的组织，这是“为了忘却的纪念”。1975 年，这个组织成为永久性“汽车名人堂”建设在米德兰。

美国汽车人与故事

“汽车名人堂”是美国人对汽车一份情怀的缩影，也是美国人对汽车人

图 3.57 亨利·福特

一份敬重的表现。因为敬重汽车人、向往成为汽车人，所以太多的人成了汽车名人。

（一）亨利·福特

谈美国汽车人，绕不开亨利·福特（图 3.57）。他是不折不扣的美国汽车大王，他用福特流水线制造了让老百姓开得起的福特 T 型车。

为什么叫 T 型车？亨利试验造车是从 A 型车开始，失败后开始造 B 型。T 在英文字母表中排在第 20，也就是说福特经历了 19 次失败，一直到 T 型车终于成功。福特 T 型车整体非常惊艳，售价却只有 825 美元，大致相当于当时美国中产阶级一年半的个人收入，之后随着产量提升，T 型车更是一路降价到 300 美元左右。不仅如此，福特还开创了分期付款和汽车贷款的风潮，就是要让每一个美国人都买得起车。

T 型车取得了史无前例的巨大成功后，福特那永不妥协的精神逐渐变成了一种冥顽不灵的固执。他不可动摇地坚信 T 型车就是“最后一种车型”，在长达十余年的时间里，他不但拒绝设计任何新车型，甚至对 T 型车本身也不愿意做任何大幅度的改良。

当福特躺在功劳簿上故步自封的时候，他的竞争对手可没有闲着。曾经并不起眼的通用汽车公司逐渐发展了起来，它不仅在第一时间学习了所谓的“福特主义”，而且青出于蓝，他们针对不同的消费人群设计了不同的车型和营销策略，还开发出一系列更加先进的汽车配置，他们发明了方便快捷的电子点火系统，让福特 T 型车费时费力的手动点火系统显得过时而可笑，更遑论后来奠定其汽车王者地位的麦迪逊悬挂系统。

此后福特汽车公司每况愈下，虽然福特的儿子——埃兹尔·福特成功推出福特 A 型车，并大刀阔斧地改革，将福特汽车公司从崩溃边缘拉了回来，然而积重难返的福特汽车公司始终活在通用阴影下，最终没有重现帝国昔日的辉煌。

（二）亨利·利兰

1912 年凯迪拉克的电子点火技术获得成功，这项技术很快普遍应用于通用其他车型，收到了广大用户的好评。电子点火技术成就了通用、摧残了福特，发明这项技术的正是亨利·利兰（图 3.58）。

图 3.58 亨利·利兰

亨利·利兰，美国汽车工程师、制造商，1900 年，他组建了凯迪拉克汽车公司，1909 年将凯迪拉克汽车公司卖给了通用汽车公司，并且继续担任这家分公司的经理。

1910 年前后，发生了一件使利兰因其命运与汽车紧密相连而深感遗憾的事。当时的发动机都是靠手摇点火启动的，利兰的好友拜伦·卡杰尔被摇把击中了头部而丧命。

利兰获悉好友因汽车而命丧黄泉后，马上向众助手下令：“先生们，凯迪莱克不应该再杀人了，我们有责任为此而做到取决于我们的一切”。电动启动机因此而诞生，1912 年世界上第一台电动启动机装在凯迪拉克汽车上。

继凯迪拉克之后，利兰还创造了“林肯”这个伟大的品牌，1920年第一辆林肯轿车问世，配备66.2kW V8发动机、113km时速的林肯L型车深受欢迎。虽然一段时间销售不景气，但是这款豪华车一直让人艳羡不已。

（三）李•艾柯卡

图3.59　李•艾柯卡

李•艾柯卡（Lee Iacocca）（图3.59），曾担任福特汽车公司的总裁，后又担任克莱斯勒汽车公司的总裁，把克莱斯勒这家濒临倒闭的公司从危境中拯救过来，奇迹般地东山再起，使之成为全美第三大汽车公司。他那锲而不舍、转败为胜的奋斗精神使人们为之倾倒。在20世纪80年代以及90年代初，成为美国商业偶像第一人，风头盖过韦尔奇的领袖。

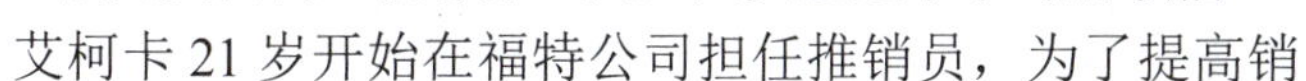

艾柯卡21岁开始在福特公司担任推销员，为了提高销量，想出了一个推销汽车的绝妙办法：购买一辆1956年型的福特汽车，只要先付20%的货款，其余部分每月付56美元，3年付清即可。这样，一般消费者都负担得起。艾柯卡把这个办法称为“花56元钱买五六型福特车”。这个营销创意，让福特车年销量猛增了7.5万辆。艾柯卡因此名声大振，36岁便当上福特公司副总裁。

进入20世纪60年代后，艾柯卡亲自出马为年轻人研制出“野马”，第一年销售量41.9万辆，创下了全美汽车制造业的最高纪录。艾柯卡成了闻名遐迩的“野马之父”。1970年12月10日，艾柯卡登上福特汽车公司总裁的宝座，成了福特公司的第二号人物。

上帝没有让艾柯卡一直这么顺利，1978年7月13日，由于“功高盖主”，他被妒火中烧的大老板亨利•福特开除了。

艾柯卡毫无征兆失业了。艾柯卡没有消沉多久，就接受了一个新的挑战——应聘到濒临破产的克莱斯勒汽车公司出任总经理。

克莱斯勒公司的状况实在太糟糕了，艾柯卡上任当天，公司宣布连续3个季度的亏损达1.6亿美元。为了拯救克莱斯勒，确保65万员工的工作和生活，艾柯卡以紧缩开支为突破口，提出了“共同牺牲”的大政方针。艾柯卡从自己做起，把36万美元的年薪降为1美元，与此同时全体员工的年薪也减少了125倍。

“共同牺牲”给克莱斯勒公司带来了生机，使广大员工看到了希望。1983年8月15日，艾柯卡把他面额高达8亿1348万多美元的支票，交给银行代表手里。克莱斯勒还清了所有债务。

（四）哈利•厄尔

哈利•厄尔（图3.60）是把汽车带进艺术殿堂的美国人。在这座以智慧为穹顶、以创新为支柱的汽车殿堂里，哈利•厄尔（Harley Earl）常被后人称为“汽车设计之父”。美国老电影中那些招摇过市的大尾鳍敞篷车，抑或是“火箭”式尾灯的想象之作，它们都是哈利•厄尔献给一个时代的杰作。

（五）埃隆•马斯克

埃隆•马斯克（图3.61），虽然不是或不完全是美国汽车人。可是，他对汽车工业的发展让我们不得不提及他、记住他。他就是环保跑车公司特斯拉（Tesla）的 CEO 和产品设计师。他和来自硅谷的创业团队，用 IT 理念来造汽车，而不是以底特律为代表的传统汽车厂商思路。

图 3.60　哈利·厄尔

图 3.61　埃隆·马斯克

美国是一个车轮上的国家。汽车问世一百多年来，无论是美国汽车工业的总产值，还是全美汽车的销售量和使用量都雄踞世界第一。在这一发展过程中，美国汽车人和故事已经渗透到美国人生活的方方面面，福特、利兰、艾柯卡，还有大卫·别克、雪弗莱三兄弟、克莱斯勒、道奇兄弟等，太多太多的美国人，以领先时代的精髓勇拓未来，他们的傲岸英姿，无论身处何地，都以其永远的夺目显耀当仁不让地成为人们关注的焦点。

思考与训练

一、判断题

1. 美国汽车工业成就很大程度上得益于每个人的创新意识和能力。（　　）
2. 流水线生产福特 T 型车降低了生产成本，推动了汽车的广泛普及。（　　）
3. 美国人对于这种生产创新天生有一种敏感，他们在车型和技术上创新不止。（　　）
4. 通用汽车在电池、电动汽车和动力控制等方面都取得了很好的成绩。（　　）
5. 目前，特斯拉是美国市值最高的汽车厂商。（　　）
6. 特斯拉车标基本含义有两个方面，一是电极一部分；二是 Tesla 的首字母缩写。（　　）
7. 电动启动机的发明者是亨利·利兰。（　　）
8. 建设在米德兰的“汽车名人堂”收录了全球为汽车工业进步做出巨大贡献的人。（　　）
9. 福特开创了分期付款和汽车贷款。（　　）

二、单选题

1. 下列哪一个不属于美国汽车工业三巨头（　　）。

A. 特斯拉　　B. 福特　　C. 通用　　D. 克莱斯勒

2. 下列哪一个是别克汽车车标（　　）。

A.　　B.　　C.　　D.

3. 下列哪一个是凯迪拉克汽车车标（　　）。

A. 　　B.　　C. 　　D.

4. 下列哪一个是林肯汽车车标（　　）。

A. 　　B.　　C.

5. 电子点火系统最早被哪家公司发明（　　）。

A. 特斯拉　　B. 福特　　C. 通用　　D. 克莱斯勒

6. 李·艾柯卡曾“救活”了哪家公司（　　）。

A. 特斯拉　　B. 福特　　C. 通用　　D. 克莱斯勒

三、讨论

谈谈你对特斯拉的印象和看法。

话题三　安全耐用的德系车

一、德国汽车与文化

汽车是德国“老祖宗”的伟大发明，德国人为了不丢“老祖宗”的脸，认为自己对于汽车一直有种独特的偏执，长期以来用质量过硬的汽车保持着王者地位，稳坐汽车王国的“王位”一个多世纪。很多人认为，德国车就是德国文化的一部分，德国文化的重要组成部分就是德国车。

德国汽车与文化

提到混合动力汽车，人们首先想到丰田普锐斯；提到纯电动汽车，首先会想到特斯拉。其实，德国人早在19世纪末就开始研究并造出了这两种汽车，尽管当时的电池蓄电水平极端落后，费迪南德·保时捷在1898年就推出了第一款前轮驱动的双座电动车——Lohner-Porsche（图3.62），1900年就推出了第一台混合动力原型车——Lohner-Porsche“Semper Vivus”（图3.63）。这或许就是德国人所说的他们对于汽车科技追求永不止步，他们对于汽车有着近乎偏执的追求。

1886年，卡尔·本茨发明了一辆配备内燃发动机和电子点火器的三轮车，并为其申请了专利，标志着世界上第一辆汽车的诞生，也标志着德国汽车工业的诞生。

很短的时间里，德国汽车工业发展非常迅速，1914年第一次世界大战前，汽车工业已基本形成了一个独立的工业部门，有汽车制造厂50多家，汽车制造工人超过5万人，年产量达2万辆，这是仅次于美国的汽车产量。

1939年二战爆发，德国汽车工业因战争受到重创，大部分汽车工厂都遭受重创，几乎

成了废墟。一直到20世纪50年代，才恢复并真正进入了迅速发展时期，以大众公司的“甲壳虫”汽车为代表，标志着德国汽车工业开始进入飞速发展的阶段，汽车企业达到100多家，到1960年，德国的汽车年产量已达200万辆，成为欧洲最大的汽车生产国和出口国。

图3.62　Lohner-Porsche电动车

图3.63　Lohner-Porsche“Semper Vivus”混合动力汽车

从20世纪60年代开始，经过竞争，汽车厂家由100多家到仅剩下10多家，产量却不断提高。随着欧洲一体化进程的加快，德国的汽车工业开始进入一个新的发展阶段。

到20世纪末的1998年，德国的汽车产量达到了570万辆。但是，受经济影响，国内汽车销量大幅下滑，和全球汽车业一样面临重组及联合兼并，最终被奔驰、大众、宝马以及美国福特汽车公司在德国的子公司等大公司垄断。

同时，德国汽车业将目光转向了发展中国家，比如中国、巴西和俄罗斯等国投资，德国汽车零部件行业已在全球设立了1400多家独资或合资企业。

德国是真正挚爱汽车的民族，因为爱车才能够造出最好的汽车，因为爱车才会将文化衍生到交通、选车、用车、车展、汽车博物馆、汽车主题旅馆等。交通方面，德国的高速公路网非常完整，却不收费，也基本上不限速；选车方面，德国车流中两门车多、两厢车多、多功能旅行车多；用车方面，人口仅8200万，却拥有约5000万辆汽车，而道路交通却秩序井然，这得益于德国司机的良好车德和严厉的惩处制度，驾驶员一旦违章，不仅会被罚款和扣

分，其违章情况还会在网上公布，今后驾车、购车和享受相关社会福利都会因此受到影响；遍布全国的汽车博物馆及大大小小的汽车赛事，让每一个德国人都接受汽车文化熏陶，男女老少都或多或少地对汽车文化有些了解。

德国人对于汽车工业近乎偏执的态度，创造了一个又一个第一，极大地促进了汽车工业的发展。然而，每一个民族的工业都不存在完美，包括德国，“尾气排放造假门事件”让全世界大跌眼镜，德国人严谨、遵守规则的形象多多少少打了一些折扣。

瑕不掩瑜，德国汽车有缺陷，但是不妨碍它们成为许多车迷的最爱，因为德国人对于自己的汽车从不满足于现状，而是无限地去探寻一次又一次的进步与革命，这样的偏执，也造就了德国汽车今天的辉煌，为全球汽车工业的发展做出了巨大的贡献。

二、德国品牌与车标

德国品牌与车标

从地球上第一辆开始，就注定了德意志民族与汽车间的不解之缘，发展至今 130 多年，经历过“发明实验”“不断完善”“迅速发展”和“高科技广泛应用”，巅峰时期汽车制造厂多达 100 多个，拥有上百个品牌，后来经过合并、兼并和重组，现在主要有大众、宝马和奔驰三个大型汽车集团，精湛的工艺和先进技术集中于 20 多个品牌，从灵巧 A0 级到性能 Super Car，从奥迪、大众到奔驰、宝马，百年积淀的注重驾驭感受让德国汽车品牌价值一次次得到升华。

（一）奔驰汽车与车标

自从奔驰制造了第一辆世界公认的汽车后，一百多年过去了，随着汽车工业的蓬勃发展，曾涌现出很多的汽车厂家，也有显赫一时的，但最终不过是昙花一现。到如今，能够经历风风雨雨而最终保存下来的，不过三四家，而百年老店，仅有奔驰一家。

戴姆勒 - 奔驰汽车公司以高质量、高性能豪华汽车闻名，拥有奔驰、SMART、迈巴赫和劳伦士等品牌（图 3.64）。其中，迈巴赫品牌曾因市场业绩不佳而停产，2014 年又发布了全新子品牌梅赛德斯 - 迈巴赫；劳伦士不是整车品牌，是专为梅赛德斯 - 奔驰精装升级的品牌，深受身份显赫汽车爱好者的欢迎。

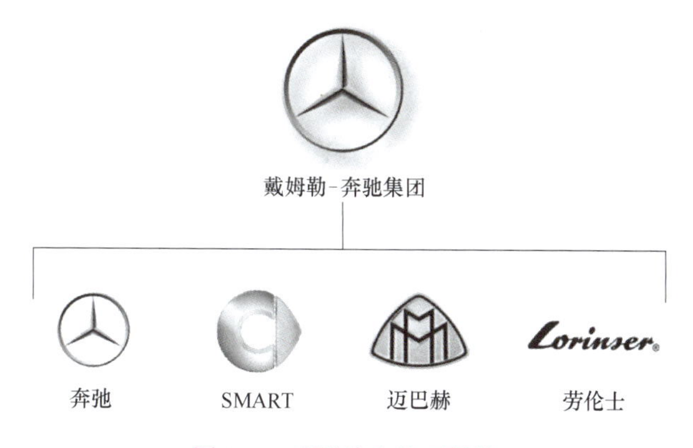

图 3.64 奔驰汽车旗下品牌

奔驰车标集合了原奔驰和戴姆勒的车标。戴姆勒于 1909 年为三星标志申请专利权，但本茨则属于一个圆形徽章。1926 年两家合并，新公司生产的汽车被命名为“梅赛德斯 - 奔驰”，车标也集合了两家之长，体现两家公司的平衡与相互的尊重。1930 年圆环中的星形标志演变成今天的图案，一直沿用至今。并成为世界十大著名的商标之一。如图 3.65 所示。

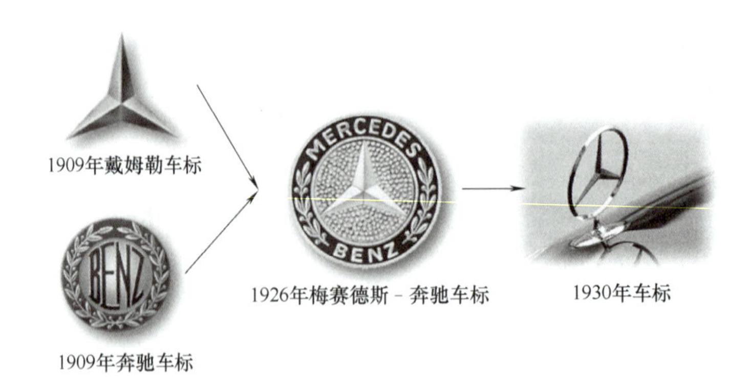

图 3.65　奔驰车标演变

SMART 是德国奔驰汽车和瑞士 Swatch 手表公司合作制造的微型车，主要减轻行车道路压力、解决停车难等问题，目前隶属于戴姆勒集团。其中 S 代表斯沃奇（Swatch），M 代表戴姆勒集团（Mercedes-Benz），而 art 则是英文中的艺术，意为 Swatch 和 Mercedes 完美结合的艺术品。SMART 车名本身在英文中也有聪明伶俐的意思，这也契合了 SMART 公司的设计理念。

SMART 车标（图 3.66）由一个 C 与一个向右的箭头组成，C 代表“Compact”即小巧结实的意思，箭头代表“Forward thinking”即开拓思维的意思。

图 3.66　SMART 车标

（二）大众汽车与车标

大众集团，成立于 1938 年，总部位于德国沃尔夫斯堡，是欧洲最大的汽车公司，也是世界汽车行业中最具实力的跨国公司之一。2016 年，大众汽车集团向全球消费者交付 1030 万辆汽车。

近年来，大众的发展可谓是突飞猛进，保时捷、布加迪、兰博基尼这些大名鼎鼎的超级跑车都在大众旗下，就连卡车大牌斯堪尼亚，超级摩托车品牌杜卡迪也归属大众。目前，大众旗下共有 12 个品牌，我们主要介绍大众、保时捷、宾利和奥迪。如图 3.67 所示。

图 3.67　大众汽车旗下品牌

图 3.68　大众车标

“大众”的德文 Volks Wagenwerk，意为大众使用的汽车，标志中的 VW 为全称中头一个字母。标志像是由三个用中指和食指作出的“V”组成，表示大众公司及其产品必胜—必胜—必胜（图 3.68）。

保时捷是德国著名汽车公司。1930 年由费迪南德 • 保时捷教授建于斯图加特。费迪南德 • 保时捷是一位享誉世界车坛的著名设计师，大众甲壳虫就是出自他的设计。保时捷以生产高级跑车而著称于世界车坛。

保时捷车标可谓举世熟知，正中央 STUTTGART 字样，代表保时捷公司的所在地，跃动的黑马既象征惊人的爆发力，也因为斯图加特早在 16 世纪就是名马产地，左上方和右下方是鹿角的图案，表明斯图加特也曾是狩猎的场所。右上方和左下方取自巴登佛登堡州（Baden Wurttemberg）州徽，并镶以德国国旗黑、红、黄三色。同时，黄色条纹是成熟麦穗的颜色，意味着肥沃的土地和带给人们的幸福，红色则象征着人们的智慧。整个车标构成一面令人热血沸腾的盾徽（图 3.69）。保时捷主要车型有 911、Boxster、Cayman、Panamera、Cayenne、Macan。

图 3.69　保时捷车标

宾利是一家举世闻名的超豪华汽车制造商，诞生于英国。一直被大家尊称“W.O.”的华特 • 欧文 • 宾利先生对速度和性能非常热爱,1919 年创建宾利汽车公司，他的目标十分明确，就是“要造一辆快的车、好的车，同级中最出类拔萃的车”。至今，宾利仍在不断提升其无与伦比的愉悦感和完全纯粹的舒适感，手工打造全世界最佳性能的豪华旅行轿车，宾利在 1997 年被大众集团收购。

宾利轿车标志是以公司名的第一个字母“B”为主体（图 3.70），生出一对翅膀，似凌空翱翔的雄鹰，此标志一直沿用至今。宾利车标设计运用简洁圆滑的线条，晕染、勾勒形成一对飞翔的翅膀，整体恰似一只展翅高飞的雄鹰。中间的字母“B”为宾利汽车创始人 Bentley 名字的首字母，令宾利汽车既具有帝王般的尊贵气质，又起到纪念设计者的意味。另外，在部分高端宾利车型（例如慕尚、雅骏、布鲁克兰等）的前引擎盖上装有一枚与主体标志构成相仿的立体标志，这一点与劳斯莱斯的飞天女神立体标志有着异曲同工之妙。

1899 年奔驰公司制造部总经理奥古斯特 • 霍希离开奔驰，在科隆创建了自己的“霍希”汽车公司，这一年是奥迪汽车的诞生之年。后因合作关系原因，霍希被迫放弃自己创建的公司，并于 1910 年又成立“奥迪”汽车公司。

1933 年，奥迪公司、霍希公司，以及 1885 年成立的漫游者公司、1902 年成立的 DKW 公司，四个公司合并为汽车联盟股份公司，开始使用四环标志。

1959 年，汽车联盟所有的股份出售给了戴姆勒 - 奔驰公司。1966 年，大众公司购得新汽车联盟的全部股份。1985 年，该公司改名为奥迪股份公司，一直专注于中高端汽车市场，其中以小轿车和 SUV 车为主。

奥迪汽车以 4 个圆环作为标志，代表参与合并的四家汽车公司，每一个圆环代表一个公司，4 个圆环同样大小，并列相扣，代表四家公司地位平等，团结紧密整个联盟牢不可破（图 3.71）。从 1932 年开始，无论奥迪公司的组织结构如何变动，四环车标都没有发生任何改变。

图 3.70　宾利车标

图 3.71　奥迪车标

（三）宝马汽车与车标

宝马公司是巴伐利亚机械制造厂股份公司的简称，通称 BMW，在中国常称为宝马，是德国一家跨国豪华汽车、摩托车和引擎制造商，总部位于德国巴伐利亚州的慕尼黑。在 20 世纪 30 年代它却制造出了世界上最好的跑车和豪华轿车，它从二战的破坏和 50 年代的财政衰退中恢复过来。70 年代早期，它再度成为世界高性能和豪华轿车市场上的主角之一，并一直延续至今。

BMW 于 1994 年收购了英国的罗孚（rover）集团，包括名下的罗孚、陆虎、MINI 以及 MG。收购罗孚不久，英镑的价值就猛涨 50%，导致产品和厂房现代化改造的成本非常高。于是 2000 年，BMW 将罗孚和 MG 两家工厂以 10 英镑象征性价格出售给英国凤凰集团，路虎出售给美国福特公司，但 BMW 却决定保留 MINI 品牌，并开始研发新一代的 MINI 车型。

2002 年 BMW 从大众汽车买到了“劳斯莱斯”品牌，准备同大众掌握的宾利品牌争夺高端市场。2003 年 1 月，属于宝马的劳斯莱斯推出了第七代的幻影轿车。

目前，宝马集团旗下拥有宝马、MINI、劳斯莱斯三个品牌（图 3.72）。

宝马标志中间的蓝白相间图案，代表蓝天、白云和旋转不停的螺旋桨，喻示宝马公司渊源悠久的历史，象征该公司过去在航空发动机技术方面的领先地位，又象征公司一贯宗旨和目标：在广阔的时空中，以先进的精湛技术、最新的观念，满足顾客的最大愿望，反映了公司蓬勃向上的气势和日新月异的新面貌（图 3.73）。

图 3.72　宝马汽车旗下品牌

图 3.73　宝马车标

诞生于 1959 年的 MINI，设计别树一帜，曾被称为英国车坛之宝，售出超过 500 万辆以上，世界各地都有 MINI 车迷组织。BMW 买下罗孚又转出罗孚、路虎和 MG 三个品牌，仅留 MINI 使之成为旗下的一个独立品牌，投注了上百万美元的研发经费，换来新潮格调的设

计与包装。MINI 车标简洁明了，给人留下小可爱的印象（图 3.74）。

图 3.74　MINI 车标

劳斯莱斯（Rolls-Royce）是世界顶级豪华轿车厂商，1906 年成立于英国，2003 年劳斯莱斯汽车公司被宝马（BMW）接手。劳斯莱斯大量使用了手工劳动，发动机完全是用手工制造，散热器的格栅完全是由熟练工人手和眼配合来完成的，不用任何丈量的工具。劳斯莱斯秉承了英国传统的造车艺术：精练、恒久、巨细无遗。

劳斯莱斯有“双 R”标志和“飞天女神”标志（图 3.75）。劳斯莱斯是罗尔斯（Rolls）和罗伊斯（Royce）合伙创立，前者负责卖车，后者负责造车，立志生产“世界上最好的汽车”。“双 R”标志是取自两个创始人名字首字母“R”，两个“R”重叠在一起，象征着你中有我，我中有你，体现了两人融洽及和谐的关系。飞天女神标志则是源于一个美丽的爱情故事。车标的设计者查尔斯·赛克斯这样来描述他的设计理念：“风姿绰约的女神以登上劳斯莱斯车首为愉悦之泉，沿途微风轻送，摇曳生姿。”这一理念与女神的造型正是劳斯莱斯追求卓越精神的绝佳体现。

(a)“双R”标志

(b)“飞天女神”标志

图 3.75　劳斯莱斯车标

德系车造车工艺精良，技术先进，整体品质高。传统技术领域一直保有优势，多年来称霸全球汽车市场，积累下来的占有率和销售服务体系让更多人深度信赖。

德国汽车人与故事

三、德国汽车人与故事

德国人对汽车的执着、对汽车的自信、对汽车的爱已经深入骨髓，他们甚至对其他车系的关注度比较少，有人甚至说这是德国高速路不能限速的主要原因。之所以如此，是因为德国汽车工业发展长河中，几代德国汽车人的精细和执着造就了德国汽车不朽的辉煌。德国这个挚爱汽车的民族造出了很多很多好汽车，很多很多德国人流淌着爱车的血液，爱车爱到骨子里的代表太多太多，无法一一细数。

（一）卡尔·本茨（见图 3.76）

卡尔·本茨是一个不服输的德国人，1879 年发明了第一台单缸煤气发动机后并没有满足。经过多年努力后，终于又研制成功了单缸汽油发动机。与所有竞争对手不同的，卡尔·本茨先生将发动机安装在三轮车架上。并于 1886 年 1 月 29 日，得到了世界上第一个“汽车制造

图 3.76　卡尔·本茨

专利权”，而这一天也被认为是“世界汽车诞生日”。

汽车造出来了，但是由于配套技术不成熟，车子总是抛锚，被别人冷嘲热讽为“散发着臭气的怪物”，怕出洋相的卡尔·本茨甚至不敢在公共场合驾驶它。如果没有卡尔·本茨夫人，奔驰汽车或许被淹没，或许名扬四海要晚一些。

1888 年 8 月，从始至终一直在本茨身后默默支持他的夫人——伯莎·本茨做出了一个勇敢的决定。她带领两个儿子驾驶着经过反复改进的奔驰汽车从曼海姆出发，进行“路试”。途中困难重重，但贝莎·奔驰夫人不畏艰难，记录并研究解决了每一次的问题，让车辆最终成功直驶普福尔茨海姆，全程 100km 左右。这次历史性的“路试”为汽车的发展做出了不可磨灭的贡献。她也因此被认为是世界上第一位女性汽车驾驶者，也把自己开进了汽车名人堂。

（二）戴姆勒（见图 3.77）

1872 年，戴姆勒设计出四冲程发动机。1883 年，他与好友——著名的发明家威廉·迈巴赫合作，成功研制出使用汽油的发动机，并于 1885 年将此发动机安装于木制双轮车上，从而发明了摩托车。1886 年，戴姆勒把这种发动机安装在他为妻子 43 岁生日而购买的马车上，创造了第一辆戴姆勒汽车。

1873 年，戴姆勒在给妻子寄去的明信片上，信手画上了一颗三叉星以代表他当时的住处，并特别声明：总有一天，这颗吉祥之星将会照耀我毕生的工作。1890 年，这颗吉祥星开始用于新成立的戴姆勒公司的产品上。从此以后，这颗吉祥之星一直照耀奔驰品牌，享誉全球。

（三）威廉·迈巴赫（见图 3.78）

威廉·迈巴赫一生最大的传奇在于创造了两个举世闻名的豪华品牌：梅赛德斯与迈巴赫，分别在豪华车的不同领域演绎着各自的辉煌。他是戴姆勒 - 奔驰公司的三位主要创始人之一，也是世界首辆梅赛德斯 - 奔驰汽车的发明者之一。

图 3.77　戴姆勒

图 3.78　威廉·迈巴赫

1865 年迈巴赫与戴姆勒初次见面。年仅 19 岁的迈巴赫凭借自己在绘图方面非凡的天分，

很快引起了戴姆勒的注意，两人从此成为挚友。1895年迈巴赫发明了第一个四缸汽车发动机。在迈巴赫所有的设计发明中，最为杰出的一项就是在戴姆勒于1900年去世后发明的第一辆“梅赛德斯”汽车，这辆车使世界从马车时代走入了汽车时代，同时，这一历史上“真正”汽车的设计概念为汽车工业指明了发展方向，并开启了汽车工业设计之门。威廉·迈巴赫被誉为“汽车设计之父”，1996年威廉·迈巴赫的名字进入汽车名人堂。

（四）奥古斯特·霍希（见图3.79）

图3.79　奥古斯特·霍希

奥古斯特•霍希，31岁时辞去了在卡尔•本茨开设的奔驰公司担任生产负责人之职，迈出了实现梦想的第一步，在莱茵河畔建立了自己的汽车制造公司——奥古斯特·霍希公司。后来种种原因，放弃了霍希公司于1899年成立了奥迪公司。

霍希的首次自主设计是一种“无冲击”发动机，同时他也是第一个使用万向轴作为电力传输元件的人。此外，霍希汽车从一开始就将浇铝合金技术用于曲柄轴箱和变速箱壳的制造，并使用高强度的钢齿轮。奥古斯特·霍希最关注的永远是如何为他的汽车找到可行的改良概念。他希望他的汽车能够提供更强的使用性，同时保持一贯的高品质。霍希永远忠于自己的原则——“只制造马力强劲、装饰豪华的高档汽车”。

（五）费迪南德·保时捷（见图3.80）

图3.80　费迪南德·保时捷

在百余年的汽车发展史上，费迪南德·保时捷是最为杰出的汽车设计大师之一。保时捷先生对汽车的杰出贡献主要体现在其高超的产品设计水平和使汽车大众化的设计概念两个方面。

1897年22岁的保时捷先生设计了一台能安装在汽车轮内的电动机，以替代当时在汽车上普遍使用的链条传动，并因此而获得了第一个专利——“混合传动系统”专利。

1900年，保时捷先生首创的电动汽车出现在巴黎世界工业产品博览会上，从此，他以“电动汽车之父”为世人所知晓。

1905年，保时捷先生被聘任为戴姆勒公司奥地利分公司技术部经理，成功设计了“玛哈”牌汽车而获得了有生以来的第一枚勋章。

一战后，面对萧条的德国经济，保时捷先生曾建议戴姆勒公司老板开发平民轿车，可惜对方未能采纳。

1929 年保时捷先生从戴姆勒 - 奔驰公司辞职，并于 1930 年创建了自己的公司——保时捷汽车设计所，打算在运动车和赛车领域做出一番成绩。1934 年，他以全新角度设计出了第一辆保时捷赛车，将图纸卖给了德国汽车联盟，在以后举行的多次比赛中都有出色表现，成为唯一能与早已成名的“奔驰”进行较量的车型，先后打破了 8 项世界纪录，夺得过场地赛、越野赛、登山赛等各项赛事的冠军。德国民众虔诚地将这辆赛车取名为“银箭”。

设计和制造赛车的巨大成功，并没有使保时捷先生忘记自己开发平民车的理想。1937 年 5 月，大众汽车公司成立，生产了风靡的“甲壳虫”车型。

思考与训练

一、判断题

1. 费迪南德·保时捷早在 1898 年就推出了电动车。（　　）

2. 德国汽车市场被奔驰、大众、宝马，以及美国福特汽车公司在德国的子公司等大公司垄断。（　　）

3. 德国人因为爱车才会将文化衍生到交通、选车、用车、车展、汽车博物馆、汽车主题旅馆等。（　　）

4. 德国司机一旦违章，不仅会被罚款和扣分，其违章情况还会在网上公布，今后驾车、购车和享受相关社会福利都会因此受到影响。（　　）

5. 奥迪汽车公司是奥古斯特·霍希创办的。（　　）

6. 费迪南德·保时捷的第一个专利是“混合传动系统”。（　　）

7. 目前，戴姆勒 - 奔驰与克莱斯勒两个汽车公司合并成“戴姆勒 - 克莱斯勒”。（　　）

二、单选题

1. 下列哪一个是 SMART 汽车车标（　　）。

A.　　B.　　C.　　D.

2. 下列哪一个是保时捷汽车车标（　　）。

A.　　B.　　C.　　D.

3. 下列哪一个是兰博基尼汽车车标（　　）。

A.　　B.　　C.　　D.

4. 世界上第一个“汽车制造专利权”由（　　）获得。

A. 威廉·迈巴赫　　B. 戴姆勒　　C. 卡尔·本茨　　D. 奥古斯特·霍希

5. “电动汽车之父”是（　　）。

A. 威廉·迈巴赫　　B. 费迪南德·保时捷

C. 卡尔·本茨　　D. 戴姆勒

6. 风靡全球的“甲壳虫”车型是（　　）设计的。

A. 威廉·迈巴赫　　B. 戴姆勒

C. 卡尔·本茨　　D. 费迪南德·保时捷

三、讨论

请您列举大众汽车拥有的品牌。

话题四　经济实用的日系车

一、日本汽车与文化

日本汽车与文化

1901年，美国汽车公司Locomobile在东京开设了一家专卖店，这是日本人第一次亲眼见识当时最先进的汽车工业产品。1902年，21岁的内山三郎受Locomobile的启发，打造了日本历史上最早的本土汽车。1904年，吉田真太郎成立了东京汽车制造厂，生产出第一台汽油轿车“太古里1号”。自此，汽车工业成为日本重要的经济支柱，长期影响着日本经济的繁荣和国际地位，也成为汽车文化多样化的国家。

第二次世界大战爆发前，日本汽车工业对欧美亦步亦趋，所产车型多为仿制。1914年，三菱重工借鉴菲亚特A3-3制造了22台ModalA汽车（见图3.81），这是日本历史上第一款量产车型。

图3.81　三菱重工制造的ModalA汽车

1925—1927年三年间，福特、克莱斯勒、通用三大美国汽车业巨头先后在日本开设工厂，在此后10年间，这三家公司生产了近21万台车，产量是本土车企的近两倍，占据日本汽车销售市场大半江山。

1931年，日本发动“九一八”事变，侵占了中国东北，在世界东方形成第一个战争策源地。日本走上了战争和法西斯化的道路，日本汽车工业重心自此转向为军事服务的卡车制造。为了满足侵略需要，日本政府将汽车工业放到很高的战略层面上。战争令日本的经济根基尽毁，却让汽车工业走向系统化，为战后汽车工业成为支柱产业埋下了伏笔。

1945年8月28日，日本宣布投降仅13天后，通产省官员就召集丰田、日产等巨头，商讨日本工业再建问题。通过关税壁垒、财政补贴、信贷支持等种种手段，战后10年即到了1955年，日本汽车工业扬眉吐气，开始进入高速发展阶段。

1955年9月，日本重新加入GATT（关税与贸易总协定），政府为本土车企争取到了10年的缓冲期，直到1965年10月，才彻底放开了日本市场对于进口汽车的准入壁垒。10年间，日本车企大力进行技术革命，丰田、日产等一批经典日系小车先后诞生。

整个20世纪60年代，日系车企完成了本土的彻底垄断。70年代接连爆发的石油危机，彻底帮助日系车打开了海外市场。美国家庭开始难以承担高昂的油价，低排量、高性价比的日系车借此走俏，日本出口汽车从1965年的10万台猛增到1975年的182万多台，10年时间翻了近20倍。

进入80年代，日本车企开始进行海外布局，1983年，日产在北美建厂。1984年，丰田在北美建厂；三菱与克莱斯勒达成合作；马自达与福特牵手；铃木与通用在加拿大联手研发；富士则与五十铃抱团。日系车“走出去”以及与国际巨头的强强联手，贯穿整个80年代。

1985年9月，《广场协议》签署，日元汇率被迫在短期内大幅升值，这对日系车的出口是一个巨大的打击。所幸1987—1991年是日本著名的“泡沫经济”时期，国内汽车需求猛增，几乎冲抵了海外市场的损失，1980年，日系车全年产量1104万台，一跃坐上全球最大汽车制造国的宝座。到1991年，日本的经济泡沫被刺破，日本经济跌入惨痛的“失去的20年”，日系车也陷入痛苦的低迷期。随后，日系车企努力拓展全球其他地区的业务，尤其是亚洲发展中国家。通过承诺提供技术，解决当地人的就业，促进当地经济发展，换取政策优惠，日系车在亚洲地区迅速扩张，高峰时期每年的增长率在30%以上。

在扩、兼、并的同时，日系车企一直注重技术革新，创造了独特的技术文化，长期坚持三个特点：一是注重环保，除了一向突出的节油优势，强调“可循环利用”，要求整车75%的材料可被回收；二是强调安全，对类似于车载导航仪、气囊等安全辅助设备加大研发投入；三是细分用户市场，针对不同用户推出车型。

日本政府一直对汽车排量和空间都有非常严格的规定，类似K-Car，各家公司为了达到标准，拼命研发新技术，增压进气系统、CVT变速箱，甚至混合动力，都在这样的苛刻限定下诞生，为日系车日后靠“节油”打天下奠定了基础。

在车展文化方面，早在1954年就举办了第一届东京国际车展，吸引了55万观众，在当时引起了轰动。现在与法兰克福车展、巴黎车展、日内瓦车展、北美（底特律）车展一同成为顶级的五大国际车展。

1963年5月，在日本汽车工业协会的赞助下，宫城县举办了第一届国际汽联大奖赛。1987年，举办第一届F1日本大奖赛。1967年，装载转子引擎的马自达限量版的Cosmosport问世，一鸣惊人，马自达从作坊企业一跃成为日系新巨头。之后，马自达将转子引擎应用于赛车上，为日系车在赛车领域开辟出一片天地。这台车搭载R26B转子引擎的马自达787B，在1991年成为勒芒24小时拉力赛的冠军座驾，是日系车在该赛事取得的唯一一次冠军殊荣。遗憾的是国际汽联自1992年起禁止转子引擎涉足赛车领域，这台车因此成为勒芒拉力赛无法超越的经典。

另外，汽车改装文化深入日本人的骨髓，并影响着全世界喜爱改装的车迷。日本地区政府是不禁止改装的，即使改装到800马力甚至更高，只要能通过严格的车检，符合安全行车的要求就能合法上路。

日本，一个资源匮乏的岛国，却在第二次世界大战后迅速崛起成为汽车强国。日系车有着历经磨难却屹立不倒的历史，有确保资源能源安全的产业战略思路，有在赛车场与欧美车一较高低的形象，有将独特的东方美学融入汽车设计的成就，有汽车、人、社会的高度平衡……

日本品牌与车标

二、日本品牌与车标

“青出于蓝胜于蓝”，依靠模仿起家的日本汽车凭借“个小空间巧、纤薄不羸弱”的特点席卷全球。虽然各种事件让日本汽车不时黯然，然而“经济、舒适、居家、可靠”的印象一直深刻，丰田“精益生产”的影响依然深远。日本汽车企业主要有丰田、本田、日产、斯巴鲁、马自达、三菱、五十铃、铃木和大发等。2016年全球轿车销量排行榜前十位，日系车占了三个；2017年财富世界500强排行榜，日本车企均在其列。

（一）丰田汽车

丰田是世界十大汽车工业公司之一，日本最大的汽车公司，创立于 1933 年。旗下有丰田和雷克萨斯两个品牌。

丰田品牌拥有酷路泽、RAV4、CROWN 皇冠、REIZ 锐志、PRIUS 普锐斯、COROLLA 花冠、VIOS 威驰、PRADO 普拉多、红杉、COASTER 柯斯达、雅力士等车型。

丰田三个椭圆的标志是从 1990 年年初开始使用的。标志中的大椭圆代表地球，中间由两个椭圆垂直组合成一个 T 字，代表丰田 Toyota 的首字母，它象征丰田公司立足于未来，对未来的信心和雄心，还象征着丰田公司立足于顾客，对顾客的保证，象征着用户的心和汽车厂家的心是连在一起的，具有相互信赖感，同时喻示着丰田的高超技术和革新潜力（图 3.82）。

雷克萨斯（Lexus）是日本丰田汽车公司旗下的豪华车品牌，它于 1983 年被首次提出，仅用 10 多年，自 1999 年起，在美国的销量超过奔驰、宝马，成为全美豪华车销量最大的品牌。过去，Lexus 在国内的中文译名是凌志，2004 年 6 月 8 日，丰田公司在北京宣布将 Lexus 的中文译名由“凌志”改为“雷克萨斯”，并开始在中国建立特许经销店，开始全面进军中国豪华车市。

雷克萨斯汽车商标采用车名“Lexus”字母“L”的大写，“L”的外面用一个椭圆包围的图案。椭圆代表着地球，表示雷克萨斯轿车遍布全世界（图 3.83）。

图 3.82　丰田车标

图 3.83　雷克萨斯车标

（二）本田汽车

本田汽车公司（HONDA）创立于 1948 年，早年以生产摩托车为主，现仍为世界最大的摩托车生产厂商，1960 年开始发展汽车。旗下拥有本田和讴歌两个品牌。

图 3.84　本田车标

本田公司曾在 20 世纪 80 年代成立商标设计研究组，从来自世界各地的 2500 多件设计图稿中，确定了现在的三弦音箱式商标，也就是带框的“H”。“H”是“本田”日文拼音“HONDA”的第一个大写字母（图 3.84）。本田现有车型包括：CR-V、思域 Civic、雅阁、CITY 锋范、奥德赛、飞度、思铂睿、理念、歌诗图等。

讴歌是真正意义上的第一个日系车豪华品牌，1986 年在北美诞生，真正将本田对汽车制造的见解发挥到了极致。30 多年来，讴歌确立了自己在豪华车市场的地位，凝聚了本田最先进技术的它将豪华舒适与运动完美地结合在一起。

讴歌（Acura），源于拉丁语“Accuracy”，品牌名意味着“精准”，意味着用精湛工艺打造完美汽车，其车标是以代表精确测量的卡钳为原型。而本田宗一郎在两个钳柄之间加入了小横杠，用象形大写字母“A”来代表这一品牌，成了点睛之笔（图 3.85）。

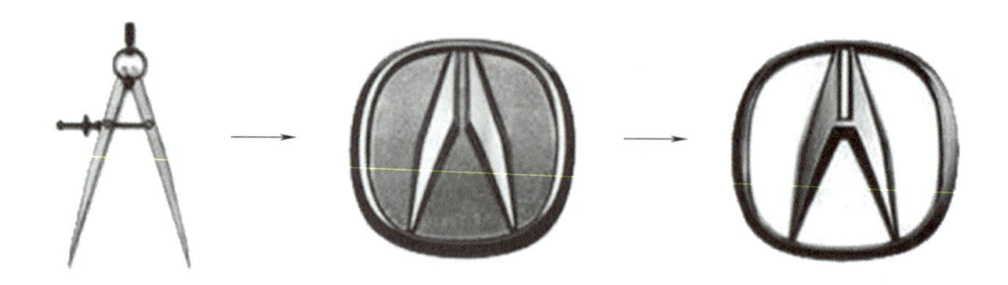

图 3.85　讴歌车标

（三）日产汽车

1914 年，由田建治郎等人创建的“快进社”，于 1934 年改为日产汽车公司，现已发展为日本的第二大汽车公司，也是世界十大汽车公司之一。

日产汽车旗下有日产和英菲尼迪两个品牌。“日产”标志，圆表示太阳，中间的字是“日产”两字的日语拼音形式，整个图案的意思是“以人和汽车明天为目标”（图 3.86）。“英菲尼迪”是日产旗下的豪华车品牌，诞生于 1989 年，其车标的椭圆形标志表现的是一条无限延伸的道路。椭圆曲线代表无限扩张之意，也象征着“全世界”；两条直线代表通往巅峰的道路，象征无尽的发展。Infiniti（英菲尼迪）的标志和名称象征着英菲尼迪人的一种永无止境的追求，那就是创造有全球竞争力的真正的豪华车用户体验和最高的客户满意度（图 3.87）。

（四）马自达汽车

马自达汽车公司创立于 1920 年，其车标经历了 10 多次的变化。现在使用的车标是 1997 年福特成为马自达母公司后，推出的全新车标。椭圆中展翅飞翔的海鸥，同时又组成“m”字样。“m”是“mazda”第一个大写字母，预示该公司将展翅高飞，以无穷的创意和真诚的服务，迈向新世纪（图 3.88）。

图 3.86　日产车标

图 3.87　英菲尼迪车标

图 3.88　马自达车标

（五）斯巴鲁汽车

斯巴鲁是富士重工业株式会社（FHI）旗下专业从事汽车制造的一家分公司，成立于 1953 年，最初主要生产汽车，同时也制造飞机和各种发动机，是生产多种类型、多用途运输设备的制造商。

富士重工“斯巴鲁”汽车的标志采用六连星的形式。斯巴鲁的标志代表着第二次世界大战后，五个独立的公司一起组成了现今的斯巴鲁（图 3.89）。

（六）三菱汽车

三菱汽车公司是日本第 5 大汽车制造商，全球第 15 大汽车制造商，生产私家车及轻型商用车辆，总部位于日本东京，属于三菱集团的核心企业之一。

三菱汽车以三枚菱形钻石为标志，突显其蕴含在雅致的单纯性中的深邃灿烂光华——菱钻式的造车艺术，如图 3.90 所示。

（七）铃木汽车

铃木公司成立于 1920 年，1952 年开始生产摩托车，1955 年开始生产汽车。铃木汽车公司（SUZUKI）成立于 1954 年，以生产微型汽车为主。

铃木商标图案中的“S”是“SUZUKI”的第一个大写字母，它给人以无穷力量的感觉，象征无限发展的铃木汽车公司（图 3.91）。

图 3.89　斯巴鲁车标

图 3.90　三菱车标

图 3.91　铃木车标

三、日本汽车人与故事

日本汽车人与故事

早期的内山三郎等日本汽车人，与很多国家汽车人一样，也如美术班的学生，最初从临摹开始。他们有一批勤奋好学者，最初的时候外观是用皮尺设计，发动机整个拆装，做逆向工程研发，但是他们却在这条道路上走出了自己的成功之路，如丰田喜一郎、大野耐一、本田宗一郎等人。

（一）丰田喜一郎

丰田喜一郎（见图 3.92）的父亲临终前，将儿子叫到眼前，给他留下了作为父亲的最后一句话：“我搞织布机，你搞汽车，你要和我一样，通过发明创造为国效力。”他还亲手将转让专利所获得的 100 万日元专利费交给儿子，作为汽车研究启动经费。

1933 年，丰田喜一郎在当时从事织布机的丰田公司设立汽车部，购回一台“雪佛兰”汽车发动机进行反复拆装、研究、分析、测绘。在研究这台发动机的过程中，他认定：“贫穷的日本需要更为廉价的汽车。生产廉价汽车是我的责任。”

图 3.92　丰田喜一郎

1935 年，丰田喜一郎参考德国产的 DKW 前轮驱动汽车，造出了第一辆“丰田 GI”牌汽车。

丰田喜一郎自一开始组织汽车生产就注意到了从基础工业入手着眼于整体素质的提高，使材料工业、机械制造、汽车零部件业与汽车工业同步发展，为汽车的大批量创造了必要的条件，因此，日本人称他是“日本大批量汽车生产之父”。

同时，丰田喜一郎将传统的整批生产方式改为弹性生产方式。按照他的模式组织生产，工人和工厂都可得到好处：工人“每天只做必要的工作量”即可，早做完者早下班，做不完者可加班；工厂无需设置存货仓库，无需占用大量周转资金，许多外购零部件在付款之前就已被装车卖出了。这一方式经后来的公司副总裁大野耐一进一步发展之后，成为完善的“丰田生产方式”。

（二）本田宗一郎

本田宗一郎（见图 3.93）是日本汽车另一位重要人物，他是日本本田汽车创始人，是继亨利 • 福特后，世界上第二个荣获美国机械工程师学会颁发的荷利奖章的汽车工程师。

图 3.93　本田宗一郎

本田宗一郎创立的第一个企业是“东海精机公司”，因三河地震，导致工厂破产，以致不得不转让给丰田自动纺织机公司。

1947 年，本田宗一郎亲自动手成功研制出本田 A 型摩托并开始批量生产，获得了巨大成功。为了在激烈的市场竞争中永远立于不败之地，本田宗一郎在 1962 年开启了多元化产品战略路线，开始涉足汽车生产。本田宗一郎利用在摩托车开发、经营中获得的丰富经验及大量资金，不顾一切地投入汽车开发，结果获得极大成功，被现代工业界誉为“亨利 • 福特以来唯一的最杰出最成功的机械工程企业家”。1989 年，本田宗一郎成为首个进入美国汽车名人堂的日本人。

日本汽车工业如此的发达，得益于一批批日本汽车人不断努力，日本汽车从军用向民用发展，虽然受到重重阻碍，但发展的信念未受到打击和放弃。正是如此，日本汽车工业直追英国、德国等工业强国。

思考与训练

一、判断题

1. 美国汽车企业撤出日本的主要目的是美国政府给予日本经济援助之一。（　　）
2. 日本侵华期间，汽车工业重心是轿车制造。（　　）
3. 日本车展文化起源于 1954 年举办的第一届东京国际车展。（　　）
4. 雷克萨斯是丰田汽车的豪华品牌。（　　）
5. “丰田生产方式”的创始人是丰田喜一郎。（　　）
6. 日本汽车人造车与很多国家汽车人一样，也是从“临摹”开始。（　　）
7. 丰田喜一郎造车之初是拆装、研究、分析、测绘“雪佛莱”汽车发动机。（　　）
8. 本田宗一郎被现代工业界誉为“亨利 · 福特以来唯一的最杰出最成功的机械工程企业家”。（　　）

二、单选题

1. 日本历史上最早的本土汽车是由（　　）制造的。

A. 丰田喜一郎　　B. 吉田真太郎

C. 内山三郎　　D. 本田太一郎

2. 日系车在勒芒 24 小时拉力赛取得的唯一一次冠军殊荣是哪个车企（　　）。

A. 丰田　　B. 日产　　C. 马自达　　D. 本田

3. 丰田车标大椭圆代表（　　）。

A. 天空　　B. 地球　　C. 河流　　D. 海洋

4. 下列哪一个是讴歌汽车车标（　　）。

A.　　B.　　C.　　D.

5. 下列哪一个是英菲迪尼汽车车标（　　）。

A.　　B.　　C.　　D.

6. 首个进入美国汽车名人堂的日本人是（　　）。

A. 丰田喜一郎　　B. 大野耐一

C. 内山三郎　　D. 本田宗一郎

技术与构造

1886年，德国科学家卡尔·本茨发明了世界上第一辆汽车，人类从此驶向汽车时代。一代代汽车人一直在向设法改进汽车行驶、转向和停车三个方面艰难探索着。进入20世纪之后，亨利·福特改变了汽车的生产方式，从此汽车从少数人的猎奇品变为寻常百姓的交通工具。此时，舒适性和安全性成为不可或缺的两大要素。

纵观百年汽车技术发展史，人类一直围绕行驶、转向、停车、舒适和安全五大元素进行技术创新，创新让我们享受着美好的汽车生活。这一主题包括雄霸整车的动力、游刃有余的操控、悠然自得的舒适、守护生命的安全、革故鼎新的力量5个话题。

话题一　雄霸整车的动力

发动机是汽车的心脏，是汽车的动力之源。它吸入空气、燃烧燃油，转化动力，吐纳之间，汽车“箭步如飞”。正是由于蒸汽机、内燃机的伟大发明，才诞生了“无马之车”——汽车。在百年汽车发展史上，发动机一直独领风骚。

一、“独领风骚”发动机

现今的汽车大部分都是采用四冲程燃油发动机。在燃油发动机中，气缸是汽车产生动力的原点。而这个原点的中心就是燃烧室；与其说是燃烧室，不如说是爆炸室，因为汽油或柴油在燃烧室中并不是“燃烧”，而是爆炸。在汽油发动机燃烧室中，当汽油和氧气混合在一起并被压缩到一个封闭狭小的空间时，用火花塞上的高压电火花突然点燃混合气，高速的化学反应并伴随着巨大能量的释放，就形成了爆炸，而且在每秒内产生数百次的微爆炸（图4.1）。其实我们听到的汽车发动机声音，基本就是气缸内发生的爆炸声。正是这

种强烈的爆炸产生的力量推动活塞上下运动，然后通过一系列的动力传递，最终推动车轮旋转。

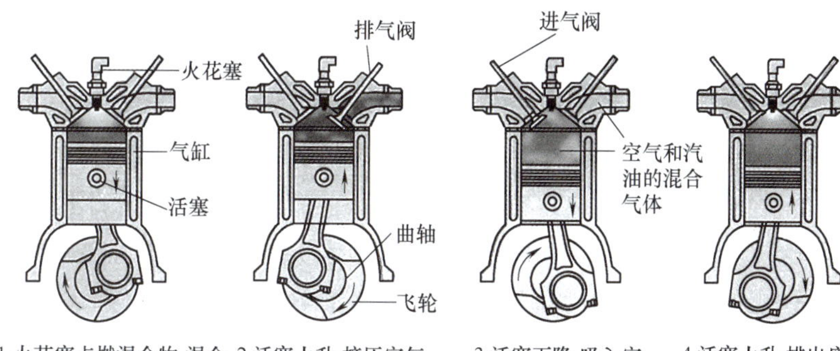

图 4.1 发动机工作原理

最开始的发动机并不是今天我们所见到的那样，它是一代代汽车人历经千辛万苦，反复研究，试验而来的。

最早的汽车动力来源不是现在看到的发动机，而是蒸汽机，这个在当时作为最新兴的技术，被广泛应用在工厂、矿山开采中（图 4.2）。将其应用于汽车上的是法国陆军军官——居纽。

图 4.2 蒸汽机用于矿山开采中

在 18 世纪的战争中，火炮的威力十分巨大。但是火炮的重量却让炮兵们大伤脑筋。于是，居纽想制造一种自动行驶的车辆，使火炮能够轻松运动起来。就这样，居纽开始关注蒸汽机这一新兴的技术。

他仔细研究蒸汽机的原理，历经 6 年的艰辛，终于完成了历史上第一辆的“自动之车”（图 4.3）。长 7.2m、宽 2.3m 的木板上，悬挂着 50L 的大锅炉。以今天的眼光来看，这辆蒸汽车只能用丑陋来形容。

在人们的欢呼声中，这辆“自动之车”真的自己开始前进。但是最终因为转弯和制动的原因，撞在了城墙上。这也是人类历史上的第一起车祸。

在当时，人们对于这个庞然大物充满着嘲讽和敌意，大多数人还是会毫不犹豫地选择传统的马车。虽然居纽的蒸汽车最终被弃置一旁，但把汽车梦想引入发明家们的视野，无数人开始了对汽车漫长的探索之路。

1858 年，法国人雷诺尔利用煤气做燃料，制造了超越蒸汽机的煤气发动机，抛弃了蒸汽机的工作原理，将外部燃烧改为气缸内部燃烧，能够更有效地利用热能。然而，这台两冲程的内燃发动机必须连接在煤气管道上，使得实用性几乎为零。虽然，两冲程煤气发动机并无实用性，但它仍然为后人的发明奠定了基础。

1859 年，美国宾夕法尼亚州钻出世界上第一口油井，石油成为另一种重要的能源，成为发明家们的新宠儿，从此掀起了新一轮的动力革命。

图 4.3　第一辆“自动之车”

图 4.4　尼古拉斯·奥托

德国发明家——尼古拉斯·奥托（图 4.4），因其大受启发，由此确定了自己的工作方向：超越前人，设计制造一台全新的四冲程内燃发动机。

两冲程内燃发动机的工作原理在当时而言已经是发明家们能够创造的极限。在奥托自己创办的工厂中，他苦思冥想，反复试验，把纸上的原理变成实实在在的机器的过程持续了十几年，试验屡遭失败，耗尽了他的资产。一次次的挫折和失败并没有减退奥托对内燃机的执着。成功的机会，最终会留给那些有准备的人。

1876 年，历经 14 年的不懈努力，奥托终于制造了由进气、压缩、膨胀、排气四个过程组成的四冲程煤气发动机（图 4.5），其发动机的原理被称为“奥托循环”。直至今天，约有 99% 的汽车是使用根据“奥托循环”原理制成的发动机。

图 4.5　奥托四冲程煤气发动机

就在大家为新发明欣喜若狂的时候，奥托工作团队中的成员戴姆勒和迈巴赫（图 4.6），就这款发动机未来的发展方向与奥托产生了严重的分歧。

戴姆勒认为，四冲程发动机应该与新型交通工具的开发联系起来，它会为一种全新的车辆提供动力，尽管这一种车辆还只是存在他的想象之中。怀着这样的梦想，他和迈巴赫离开了奥托团队，创建了自己的实验室。

距离戴姆勒两百公里外的曼海姆，卡尔·本茨怀着同样的梦想（图 4.7）。1879 年，在曼海姆发生了一起由汽油清洗剂引起的爆炸事件。在当时，人们很少了解汽油会有如此高的可燃性。卡尔·本茨突然意识到，发动机最理想的燃料不是煤气，而是汽油。

几乎在同时，戴姆勒和迈巴赫也认识到汽油的可贵。他们在清贫、艰苦和一次次失败中不断前行。终于在 1883 年，戴姆勒和迈巴赫设计的世界上第一台四冲程汽油发动机飞速的转动。两人相拥而泣，用沾满油渍的双手为对方擦拭兴奋的泪水。为了实现这个梦想，他们一起度过了多少个不眠的日日夜夜。今天，终于梦想成真。

图 4.6　戴姆勒（左）和迈巴赫（右）

图 4.7　卡尔·本茨

两年后，他们将自己的发明装在了一辆木制的两轮车上，世界上出现了第一辆摩托车（图 4.8）。在同一年，卡尔·本茨研制的装备汽油发动机的三轮车在曼海姆试验成功，它是世界上第一辆真正的汽车（图 4.9）。

图 4.8　世界上第一辆摩托车

图 4.9　世界上第一辆真正的汽车

正是因为汽油发动机，真正的汽车才成功出现在人们的视野中。这是一部可以改变

世界的机器，因为它的出现，人类的视野从此更加开阔，思维更加自由。历史翻开了新的一页。

【超速汽车被骑自行车的警察追捕】

在19世纪末，汽车还十分稀罕。当时美国著名的巴纳姆-贝利马戏团在广告栏上赫然将“怪物”汽车列在巨人、大象和奇异侏儒模特之上。

早期的汽车虽然跑得不快，但响声却不小，吵得厉害。那时候，狗见了汽车开过就狂吠。有一段时间，执法人员追捕这种扰乱环境的汽车，抓住就予以处罚。

图4.10　超速汽车被骑自行车的警察追捕

1875年美国议会做出决议，认为汽车是危险车辆，“含有一种与我们任何常识性的概念都不符合的、极其危险的自然力”。对汽车的使用和制造进行了干预。那时候，有些城镇制定了一些异乎寻常的法律。1899年，加利福尼亚州圣拉菲镇颁布法令，要求汽车司机必须在任何过路马匹的90m以外停车让行。1900年，佛蒙特州立法规定，每一名开车人必须雇佣一位成年人在距汽车200m处手执红旗开道（如英国《红旗条例》）。1902年，旧金山市规定市内车速不得超过每小时13km。如图4.10所示为超速汽车被骑自行车的警察追捕。

到了20世纪初，随着资本主义工商业的发展，欧美各国政府深感马车远远不能适应时代的需要，于是又开始大力倡导动力机车。在此号召下，各国的内燃机汽车事业如“久旱逢甘露”，又迅速地发展起来。

二、“无名大侠”传动系

作为汽车媒体或者车迷，每当讲起发动机的时候大家都是热血澎湃，V8、V12、双涡轮增压、600匹马力，都是让人兴奋的字眼。实际上一款好的发动机背后需要有一套优秀的传动系统与其匹配，发动机迸发动力，才能传递到汽车的“腿脚”。然而，传动系统的名气一直不如发动机那么大。

根据发动机动力所达到的轮胎不同以及发动机的位置，驱动分为前置前驱、前置后驱、中置后驱和四轮驱动等几种不同的方式。

【科普小知识——汽车驱动方式】

所谓驱动方式是指汽车发动机布置的位置以及驱动轮的数量、位置的方式。现在乘用车的驱动方式有前置前驱（FF）、前置后驱（FR）、前置四驱、中置后驱（MR）、中置四驱、后置后驱（RR）、后置四驱等。

前置前驱——发动机前置、前轮驱动（Front engine Front drive，简称FF）（图4.11），这是绝大多数轿车上比较盛行的驱动形式，但货车和大客车基本上不采用该形式。这种布置形式目前主要在发动机排量为2.5L以下的乘用车上得到广泛应用。

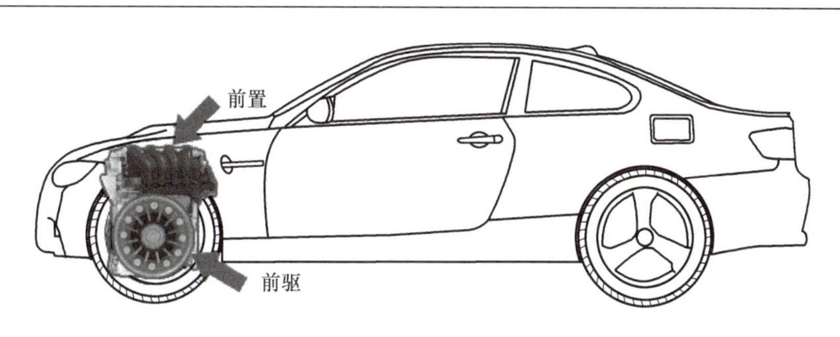

图 4.11 前置前驱示意图

前置后驱——发动机前置、后轮驱动（Front engine Rear-drive，简称 FR）（图 4.12），这是一种最传统的驱动形式。国内外大多数货车、部分轿车（尤其是高级轿车）和部分客车都采用这种驱动形式，但采用该形式的小型车则很少。

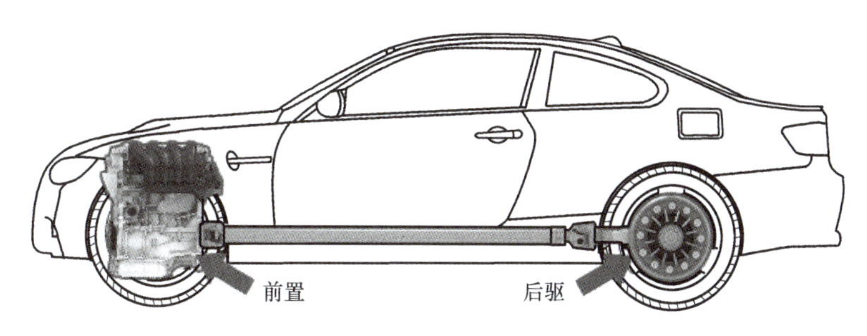

图 4.12 前置后驱示意图

前置四驱——汽车发动机前置，并且是四轮驱动（图 4.13），多用于高性能轿车或者 SUV，用在轿车上的优点就是操控性高，而用在越野车上则是通过性更强。

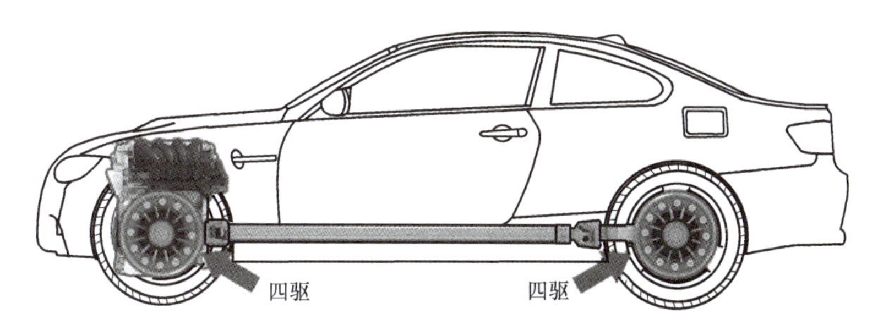

图 4.13 前置四驱示意图

中置后驱——发动机中置、后轮驱动（Middle-engine Rear-drive，简称 MR）（图 4.14），发动机置于座椅之后、后轴之前，大多数高性能跑车和超级跑车都采用这种形式。

中置四驱——发动机中置、四轮驱动，与中置后驱一样，高性能跑车和超级跑车都采用这种形式。不过相比中置后驱，中置四驱的操控性以及过弯极限要更强。

后置后驱——发动机后置、后轮驱动（Rear-engine Rear-drive，简称 RR）（图 4.15），是目前大、中型客车流行的布置形式，现代乘用车采用后置发动机的有保时捷 911 系列和 Smart Fortwo。

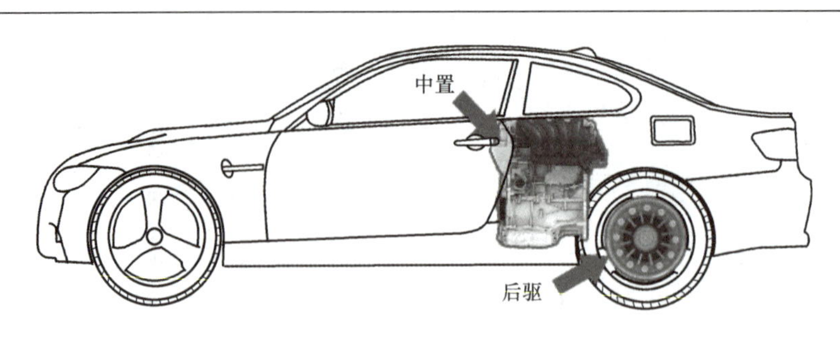

图 4.14　中置后驱示意图

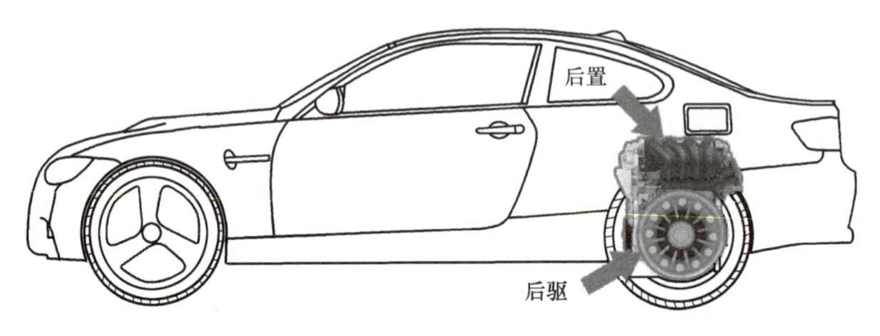

图 4.15　后置后驱示意图

后置四驱——发动机后置、四轮驱动，目前采用后置四驱的乘用车有保时捷 911 Carrera 4/4S。

以发动机安装在车前、动力传递到后轮生成驱动力的前置后驱为例（图 4.16），发动机产生的动力途经一系列的装置传递到驱动轮上，这就是动力传动系。具体来说，发动机启动之后，输出的动力经由离合器（液力变矩器）传递到变速器实现变速后，将动力通过万向传动装置传递到差速器，再由传动轴将动力传递到驱动轮，驱动汽车的行驶。

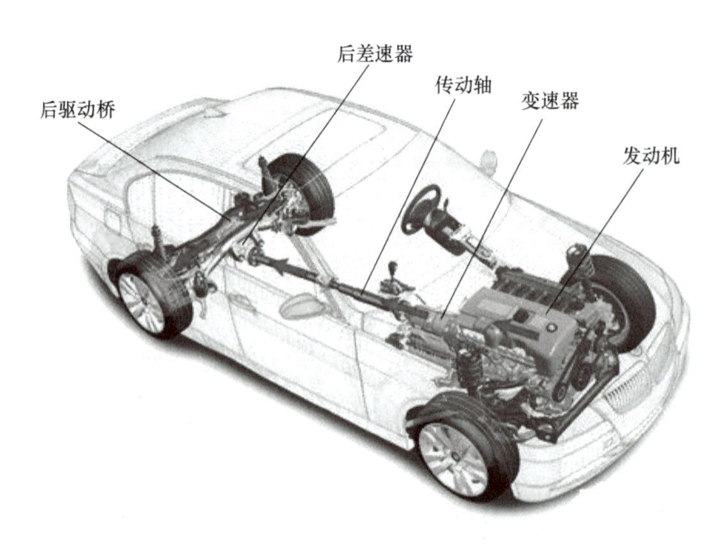

图 4.16　汽车动力传递路径

世界上第一辆汽车“奔驰 1 号”是没有变速器和离合器的，所以不能挂倒挡后退，也不

能换挡变速，不管路况如何，都只能硬着头皮往前跑。

变速器不是一开始就有的，它也不可能永远存在，听起来很可悲，因为它的存在只不过是补充发动机的不完善。

1889年法国人标致研制成功了最早的有级变速器——手动挡（MT）。这一款变速器十分粗糙，不但操作烦琐，而且还需要发动机转速配合换挡，对于消费者而言是个高难度的技术活。因此，汽车工程师想到了自动换挡。手动变速器出现19年后，也就是1908年，亨利·福特为福特T型车装备了2速自动变速器（图4.17）。

图4.17　2速自动变速器

虽然需要驾驶者清楚在变速器换挡之际，需要油门的配合才能实现换挡，算不上真正的“自动”，但仍然属于划时代的产物。自动变速器最重要的改进是在二战期间，别克公司为坦克开发了液力变矩器，到1948年，这种液力变矩器与其他部件结合成为液力变速器而定型成为现在通用的自动变速器。自此，自动变速器才算正式踏入正规。

随着手动变速器的诞生，离合器开始出现在人们的视野之中。1886年，卡尔·本茨的夫人贝莎·本茨所驾驶的汽车并没有现代意义的离合器，而是采用离合装置，目的就是能够启动汽车，并在转速较低的时候输出扭矩。虽然这样的离合装置效率低下，且不能满足变速要求，但是在当时那个年代，已经属于极其先进的发明，也为后来工程师们不断地探索奠定了基础。

若干年来，发明家们发明了各种各样的离合器，其中最为耀眼的就是戴姆勒在1889年发明的基于摩擦原理的锥形斜面摩擦离合器和铝制锥盘的开放式摩擦离合器，由于其结构简单，被誉为现代离合器的先驱。

随着发动机转速的不断增加，离合器变得越来越重，并且磨损也越来越严重。为了解决这些问题，1936年在通用汽车研究室中诞生了现如今大部分轿车都采用的膜片弹簧离合器。并在美国大批量生产。到20世纪60年代末，几乎所有的汽车制造商都采用了膜片弹簧离合器。

或许，在不久的将来，汽车人完美解决了汽车发动机的缺陷，传统传动系将不复存在。但是，我们不能否认一代代汽车先驱们的艰辛和努力，正是有了他们，才有了我们今天和未来美好的汽车生活。

【被爱驱动的女人——贝莎·本茨】

女性看似柔弱的身躯究竟蕴藏着多少坚毅和刚强，那要看她心中的爱有多深。

汽车从诞生到普及的过程是个关于爱的传奇，而书写这个传奇的是个女人。她，就是卡尔·本茨（Karl Benz）的妻子贝莎·本茨（Berta Benz）。世界上第一位汽车司机。

1886年，历经多年努力，致力于“机动车”研究的卡尔·本茨终于赢得了成功，在1886年1月29日获得专利。同年10月，卡尔·本茨的三轮机动车获得了德意志专利权（专利号：37435a），这就是公认的世界上第一辆汽车。

今天看来，卡尔·本茨这辆专利汽车不仅造就了他汽车之父的地位，其具有绝对独创性的总体设计理念，更为汽车工业这130年来的发展带来了深远影响，成为所有汽车设计所遵循的“金科玉律”。

但在当时，尽管卡尔·本茨已制造了三辆汽车，但却始终没有勇气把这个“怪物”开到街上。

此时，始终默默支持丈夫的贝莎·本茨（卡尔·本茨的夫人），在一个清晨勇敢地驾驶着一辆汽车，与两个儿子从曼海姆到普福尔茨海姆去探望孩子的祖母（图4.18）。汽车离开曼海姆不久东方就渐渐亮了，马路两旁早起的人们一听到其怪异的响声都从窗口伸出头看这个“飞奔”的怪物，甚至有人还壮着胆子走近它。

图4.18 贝莎与第一辆汽车

行驶14km，燃料没了，到药房购买粗汽油；行驶70km，被一个陡坡拦住，由小儿子驾车，贝莎和大儿子在车后推过陡坡；发动机油路堵塞，就用发针把它修好；电气设备发生短路，用袜带作绝缘垫。

日落西山，在行驶了190km之后，母子三人奇迹般到达目的地。孩子的祖母惊叹不已，小城的人也都跑出来围观这个“怪物”。

随后，在慕尼黑工业博览会上，凝聚着本茨夫妇智慧光芒与勇敢精神的汽车，大放异彩，吸引了大批客户。

自此，“马车时代”终于告别了历史的舞台，一个属于“汽车”的新时代真正来临了。而贝莎·本茨，一个凭借对自己丈夫坚定不移的爱，曾变卖嫁妆和首饰，并勇敢驾驶汽车完成第一次旅行的女性，也以伟大的形象成就了汽车发展史上光辉的一页。

思考与训练

一、单选题

1. 1858 年，法国人（　　）利用煤气做燃料，制造了超越蒸汽机的发明，这台煤气发动机完全抛弃蒸汽机的工作原理，将外部燃烧改为气缸内部燃烧，能够更有效地利用热能。

A. 居纽　　B. 雷诺尔　　C. 奥托　　D. 卡尔·本茨

2. 将蒸汽机应用于汽车上的是（　　）。

A. 雷诺尔　　B. 尼古拉斯·奥托　　C. 居纽　　D. 戴姆勒

3. 1876 年，历经 14 年的不懈努力，（　　）终于制造了四冲程煤气发动机。

A. 雷诺尔　　B. 尼古拉斯·奥托　　C. 居纽　　D. 戴姆勒

4. 1886 年，（　　）完成了世界汽车历史上的第一次长途旅行：从曼海姆到普福尔茨海姆。

A. 卡尔·本茨　　B. 戴姆勒　　C. 亨利·福特　　D. 贝莎·本茨

5.（　　）年在通用汽车研究室中诞生了现如今大部分轿车都采用的膜片弹簧离合器。

A. 1935　　B. 1936　　C. 1937　　D. 1938

6. 现今的汽车大部分都是采用（　　）的燃油发动机。

A. 四冲程　　B. 二冲程　　C. 三冲程　　D. 六冲程

7. 最早的动力来源是（　　）。

A. 汽油机　　B. 蒸汽机　　C. 柴油机

8. 历史上第一辆“自动之车”的发明者是（　　）。

A. 卡尔·本茨　　B. 戴姆勒　　C. 居纽

9. 发生人类历史上第一起车祸的车辆是（　　）。

A. 奔驰　　B. 戴姆勒　　C. 自动之车　　D. 标致

二、讨论

汽车发动机技术发展日新月异，技术也越来越先进。请谈一谈你认为性能最好的一款发动机。并说出它的性能特点。

话题二　游刃有余的操控

最早的汽车是使用操纵费力的转向杆、转向手柄，简单粗糙的转向装置，常常使得最初的汽车车毁人亡。现在使用轻松炫酷的方向盘，复杂精准的转向装置，让人们轻松驾驭汽车这个奔跑的机器。那么，操控系统是如何进化的呢？

“操控自如”
转向系

一、“操控自如”转向系

“转动方向盘，汽车转向”这一个简单动作，其实有多个装置在起作用。主要有转向盘、转向轴、转向齿轮、横拉杆、转向节臂和轮毂等（图 4.19）。驾驶员转动方向盘时，这一转向力会传递到转向轴，转向轴转动会带动小齿轮旋转，小齿轮的锯齿传递到齿条，齿条开始左右横向运动，连接在齿条前端的横拉杆也开始横向移动。横拉杆的横向移动带动轮毂上的转向节臂运动，轮毂随转向节臂的运动开始转动，从而改变前轮的方向。

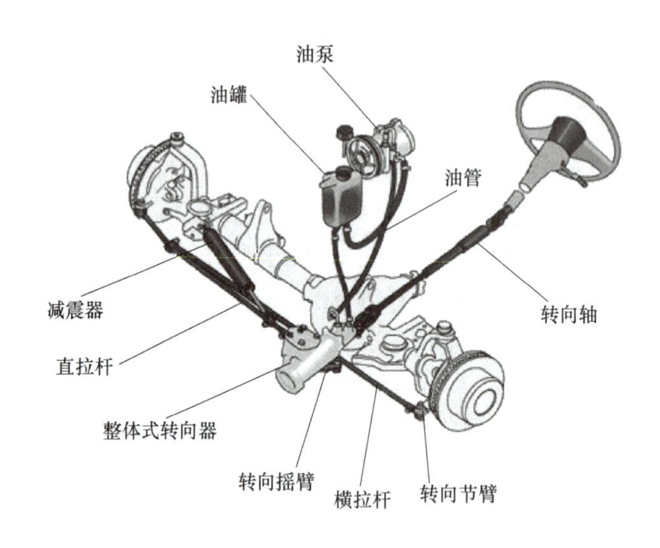

图 4.19　液压助力转向系统

在很长一段时间，汽车转向是仿照马车和自行车的转向方式，即用一个操纵杆或手柄来使前轮偏转以实现转向。由于操纵费力且不可靠，以致时常发生车毁人亡的事故。

德雷克是一个英国汽车制造商，因为车主对于汽车转向问题的抱怨，一直寝食难安。有一天捡到了一只船舵，突然产生灵感，将其安装在汽车上，1896 年便诞生了操作灵活、省力方便的汽车转向系。但这种垂直的转向盘，使驾驶者无法注意力集中地朝前看，操作时还需要把身体直立起来，感觉很累。随后，发生的一个意外，彻底改变了方向盘的命运。

1897 年，英国考文垂的戴姆勒工厂。维修工人们正在为一辆“费顿”牌汽车进行大检修，就在吊装工人准备把车身吊起进行装配时，吊环忽然滑脱，沉重的车身在空中坠落了下来，砸在了车子的方向盘和转向柱上，结果已经装好的方向盘、转向柱被压弯了，正好向驾驶座倾斜（图 4.20）。

让修理工人感到意外的是，不但没有被惩罚，还获得了奖励。因为戴姆勒的汽车工程师发现，这样倾斜的转向柱使得方向盘变得更加有利于操作，汽车方向盘从此由垂直变成倾斜。

最早的齿轮齿条转向器是 1885 年卡尔·本茨发明的，但它只是一个十分简单的机件，不仅齿轮制造粗糙，而且齿轮齿条的配合条件很差，装在奔驰汽车上转向不是不准确，就是失效。尽管如此，齿轮齿条转向器仍然没有被人们抛弃。

1905 年通用汽车公司凯迪拉克部的工程师将齿轮齿条转向器的设计理论化，并加工出精度很高、操纵灵活的齿轮齿条转向器。装上这种性能较好的转向器的凯迪拉克新车，由于装箱省力方便，十分受用户青睐，使凯迪拉克汽车当年的销量大增。

图 4.20　美丽的意外

1928 年，美国的戴维斯研制并首次应用液压动力辅助转向器，但 26 年后才被凯迪拉克汽车公司应用于汽车上。

1986 年 10 月 8 日，日本本田汽车公司研制出一种被称为 4WS 的四轮转向汽车。方向盘转动的角度首先使前轮转向，同时经输出轴带动后轮转向，使后轮与前轮同向或反向转动。

随着现代汽车技术的迅速发展，汽车转向系统已从纯机械式转向系统、液压助力转向系统、电控液压助力转向系统，发展到利用现代电子和控制技术的电动助力转向系统及线控转向系统。

【为啥方向盘是圆的?】

汽车刚面世之时，“方向盘”的概念并未随之而来，原因不是那个年代的汽车不需要转向，而是最初的汽车发明者只是将发动机与传动系统拼凑至没有马的马车之上，使用的是马车的转向系统。

以奔驰一号为例（图 4.21），控制前方导向轮的装置是一根可摆动的杆，俗称为方向杆。方向杆的力臂短小，在快速过弯之际，必定很费力，好在当时的奔驰一号只能跑到 15km/h，短短的转向杆在当年已经足够用了。

图 4.21　奔驰一号的方向杆

汽车诞生不久后，为提高车辆安全与操控性能，人们将发动机放置于车辆前方，汽车重心前移，短小的方向杠让转向操作变得极其艰难。

于是，汽车工程师才将操控汽车方向的部件制成圆形（图 4.22），并且引入减速齿轮结构，通过力矩放大作用，使汽车的转向操作变简单。

20 世纪前 30 年处于统治地位的方向盘是福特 T 型车那圆圆的“方向杆”（图 4.23）。

图 4.22　最早的圆形方向盘

图 4.23　福特 T 型车实木方向盘

或许千篇一律的木质四辐方向盘让人们的审美逐渐产生疲劳，此时拥有美学功底的汽车设计师开始为简单的方向盘带来设计的美。

1935 年出厂的梅赛德斯 - 奔驰 540K，采用的方向盘是四辐双环设计。

1936 年，菲亚特 500 这款一度被誉为最成功的微型车，安装了圆圈加两条细长的塑料方向盘。

“静若处子”制动系

二、“静若处子”制动系

最初的汽车每小时只有 18 公里，人们将其形容为“令人窒息的速度”，如今一部超级跑车仅用 2.5 秒就能从静止达到 100 公里的时速，发动机积蓄的力量得到了自由的释放。但是汽车越来越快的时候，人们不得不开始思考停车的问题。

当红灯亮起时，驾驶员先松开加速踏板，然后踩下制动踏板，制动踏板的移动会传递到安装在发动机室内部的制动器主缸中。制动器主缸中的活塞在受力后通过运动挤出主缸中的制动液。下压被挤出的制动液的力，经由制动器主缸前端的制动管道传递到四个轮胎。轮胎的内侧安装了制动装置，由制动卡钳、制动片和制动盘构成，负责传递制动液下压的力。当制动管道中的制动液受压时，卡钳内的活塞就会下压，使制动片与制动盘摩擦实施制动（图 4.24）。

早期的汽车是使用马车的停车方式，但这种方法显然控制不住汽车巨大的惯性。那时的制动器不仅非常容易磨损失控，斜坡停车也极不方便，汽车需要依靠三脚垫木才能停稳。制动性能，已然是汽车战胜马车的又一障碍。

任何东西只要移动起来就会有危险性，一部好汽车要动如脱兔，静若处子，就是既要有好的动力性，又要说停就能停住。为此，汽车工程师们经历了艰辛的探索之路。

1900 年，威廉 • 迈巴赫设计出了最早的汽车鼓式制动器（图 4.25），很快就成了汽车的标配。

1902 年，英国工程师兰切斯特设计出了汽车盘式制动器，并申请了专利。兰切斯特汽

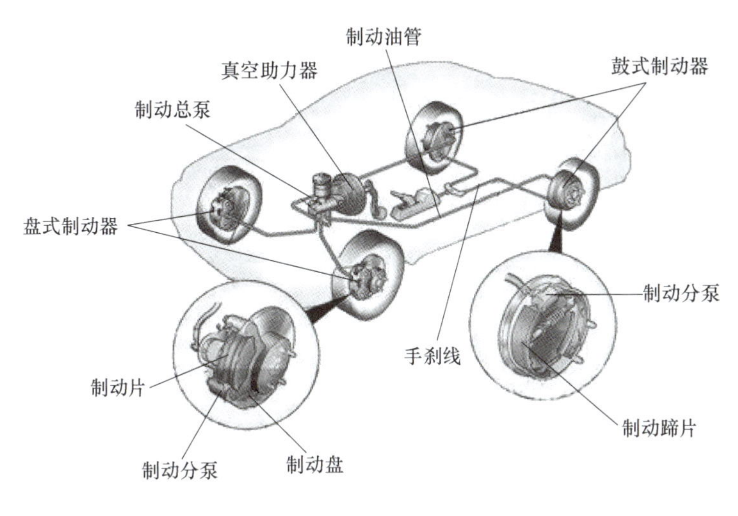

图 4.24　制动系统结构示意

图 4.25　最早的汽车鼓式制动器

车是最早装备盘式制动器的轿车（图 4.26）。当时的盘式制动器中的刹车片由铜制造，再加上恶劣的路况，使得铜制的刹车片很快磨损，所以那时短命的盘式制动器并没有广泛应用。

图 4.26　最早装备盘式制动器的轿车

早期的汽车由于没有解决好前后轮制动力分配的问题，只有后轮有制动器。

1909 年，阿罗 • 约翰逊发明了四轮刹车系统，并在 20 世纪 20 年代得到普及。虽然采用了四轮制动系统，但是制动效果不是非常理想，问题出在鼓式制动器上。鼓式制动器的造价虽然便宜，但是制动力稳定性差，在不同路况下制动力变化很大，驾驶者不易掌控。且由于散热性能差，在制动过程中会聚集大量的热量，容易产生热衰竭现象，引起制动效率下降。随着金属加工制造工艺的进步，制造出寿命更长、制动效果更好的盘式制动器成为可能。

克莱斯勒汽车公司在汽车设计和新技术应用上非常大胆，一辆 1939 年的普利茅斯试验车成为第一辆装备四轮盘式制动器的轿车。第二次世界大战结束后，克莱斯勒继续完善盘式制动系统，1950 年款的克莱斯勒 Crown Imperial 成为第一款装备四轮盘式制动器的量产车型（图 4.27），当时克莱斯勒的盘式制动器和今天的卡钳盘式制动器结构不同，是采用双盘式结

图 4.27　装备四轮盘式制动器的克莱斯勒 Crown Imperial

构，制动时两个盘合并在一起摩擦产生制动力。

此后，盘式制动器进入快速发展的阶段，1953 年，捷豹赛车装备了英国邓禄普公司设计的卡钳盘式制动器。1955 年，法国雪铁龙 DS 成为第一辆装备现代概念盘式制动器的量产车型。20 世纪 60 年代，新问世的轿车都开始采用盘式制动器。

【科普小知识——两种制动器类型，了解一下】

制动系统的作用是让行驶中的汽车能减速或停车。其工作原理就是将动能通过摩擦转换成热能。汽车制动系统主要由供能装置、控制装置、传动装置和制动器等部分组成，常见的制动器主要有鼓式制动器和盘式制动器。

鼓式制动器主要包括制动轮缸、制动蹄、制动鼓、摩擦片、回位弹簧等部分（图 4.28），是通过液压装置使摩擦片与随车轮转动的制动鼓内侧面发生摩擦，起到制动的效果。

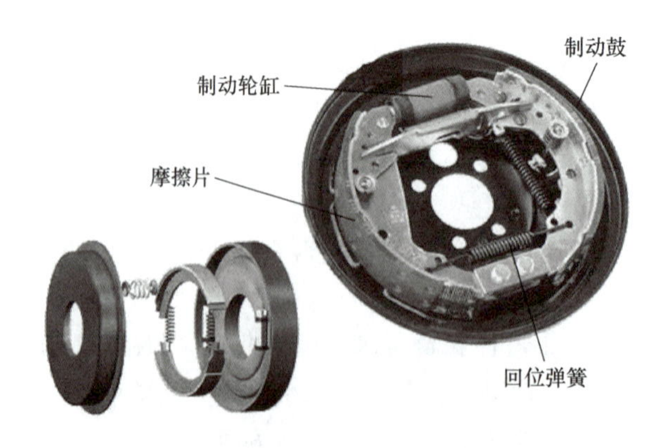

图 4.28　鼓式制动器结构

踩下刹车踏板时，推动刹车总泵的活塞运动，在油路中产生压力，制动液将压力传递到车轮的制动分泵推动活塞，活塞推动制动蹄向外运动，进而使得摩擦衬片与制动鼓发生摩擦，从而产生制动力（图 4.29）。

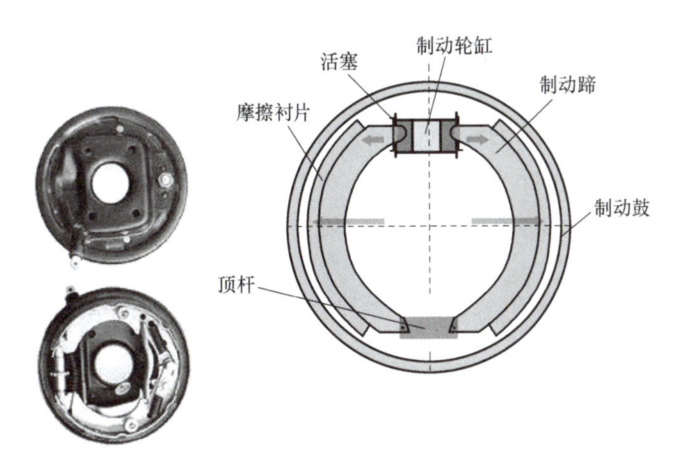

图 4.29 鼓式制动器工作原理示意

可以看出，鼓式制动器是在相对封闭的环境中工作，制动过程中产生的热量不易散出，容易影响制动效果。但是，鼓式制动器可提供很强的制动力，广泛应用于重型车上。

盘式制动器也叫碟式制动器，主要由制动盘、制动钳、摩擦片、分泵、油管等部分构成（图 4.30）。盘式制动器通过液压系统把压力施加到制动钳上，使制动摩擦片与随车轮转动的制动盘发生摩擦，从而达到制动的目的。

与封闭式的鼓式制动器不同的是，盘式制动器是敞开式的，制动过程中产生的热量可以很快散去，其有很好的制动效能，已广泛应用于轿车上。

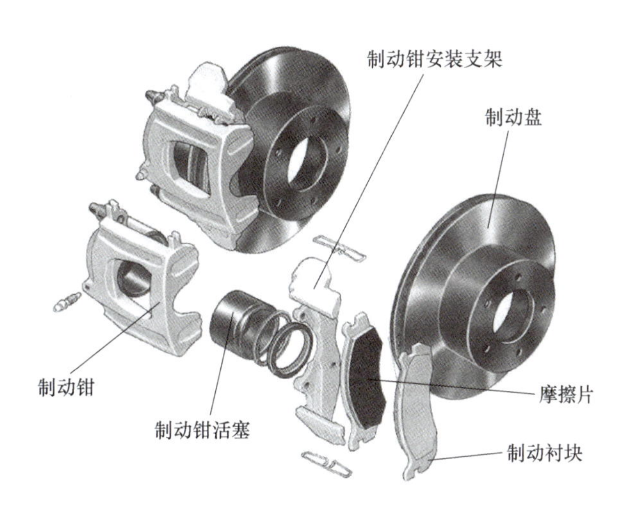

图 4.30 盘式制动器结构

思考与训练

一、单选题

1. 1896 年，操作灵活、省力方便的（　　）转向舵，被安在了新生产的汽车上。

A. 自行车　　B. 轮船　　C. 飞机　　D. 马车

2. 最早的齿轮齿条转向器是 1885 年（　　）发明的。

A. 雷诺尔　　B. 德雷克　　C. 卡尔 • 本茨　　D. 戴姆勒

3. 在（　　）年，英国工程师兰切斯特设计出了汽车盘式制动器，并申请了专利。

A. 1901　　B. 1902　　C. 1903　　D. 1904

4. 1900 年，（　　）设计出了最早的汽车鼓式刹车器，很快制动系统就成为了汽车的标配。

A. 威廉 • 迈巴赫　　B. 卡尔 • 本茨　　C. 兰切斯特　　D. 阿罗 • 约翰逊

5. 在 1902 年，英国工程师（　　）设计出了汽车盘式制动器，并申请了专利。

A. 威廉 • 迈巴赫　　B. 卡尔 • 本茨　　C. 兰切斯特　　D. 阿罗 • 约翰逊

6.（　　）汽车公司在汽车设计和新技术应用上非常大胆，一辆 1939 年的普利茅斯试验车成为第一辆装备四轮盘式制动器的轿车。

A. 奔驰　　B. 戴姆勒　　C. 克莱斯勒　　D. 雪铁龙

7. 1905 年通用汽车公司（　　）部的工程师将齿轮齿条转向器的设计理论化，并加工出精度很高、操纵灵活的齿轮齿条转向器。

A. 奔驰　　B. 戴姆勒　　C. 克莱斯勒　　D. 凯迪拉克

8. 1909 年（　　）发明了四轮刹车系统。

A. 威廉 • 迈巴赫　　B. 卡尔 • 本茨　　C. 兰切斯特　　D. 阿罗 • 约翰逊

9. 1986 年 10 月 8 日，日本（　　）汽车公司宣布，已研制出一种被称为 4WS 的四轮转向汽车。

A. 丰田　　B. 本田　　C. 日产　　D. 马自达

10. 1928 年，美国的（　　）研制并首次应用液压动力辅助转向器。

A. 德雷克　　B. 戴维斯　　C. 兰切斯特　　D. 阿罗 • 约翰逊

二、讨论

请说出限制现今汽车最高车速的原因。

话题三　悠然自得的舒适

“这是我初次尝试不用马拉的陆地交通工具。我乘坐铁轮的戴姆勒牌汽车在高低不平的花岗石路上行驶，车子的剧烈颠簸使我联想到药水瓶上的说明——服前摇匀。”一位美国海军少校曾经这样回忆乘坐早期汽车的感受。无论是古代的木制车轮还是近代的铁轮，人类一直是在颠簸中搭乘各种轮式交通工具。随着速度的提升，颠簸变得更加突显，乘车的舒适度大打折扣。车轮在这样的情境中不断进化。

一、远离颠簸的“鞋子”

远离颠簸的“鞋子”

1845 年，苏格兰土木技师罗伯特·汤姆逊发明世界上第一条充气轮胎，被 1847 年《科学·美国》杂志称为划时代的产品。但是，由于当时愚昧的尊重绅士传统，推崇马车的尊贵而限制配充气轮胎的发展，充气轮胎无用武之地。

汽车诞生后的第三年，也就是 1888 年，约翰·邓禄普（图 4.31），将车轮的进化推向了一个革命性的阶段。有一天，他在花园里浇花，看到儿子骑着三轮车，突然灵光闪现，觉得要是把这个浇水的橡胶管子贴到车轮上，骑起来应该会舒服很多。约翰·邓禄普把这个不经意间蹦出来的点子付诸实践。他把橡胶做成管状，包在木质车轮边，然后充入气体。这种轮胎的弹性不但能充分吸收震动，也让车体的机械得到更好的保护（图 4.32）。这个发明一开始受到人们的嘲笑，但他的儿子骑着这台车参加比赛却获得了第一。邓禄普为此放弃了他的兽医职业，申请了专利，建立了世界上第一家轮胎制造厂，开始生产橡胶轮胎。

真正在汽车上使用充气轮胎的是法国米其林兄弟（图 4.33），他们认为，即便是汽车轮胎，也要像舞女的脚，在洁净的道路上留下美的痕迹。

图 4.31　英国兽医约翰·邓禄普

图 4.32　装载充气轮胎的自行车

图 4.33　米其林兄弟

一天，有人扛着坏了轮胎的自行车走进了米其林的车间寻求帮助。当时自行车使用的是刚刚获得专利的邓禄普充气轮胎，修补工艺十分复杂。米其林意识到，未来市场需要的一定是易于修理的轮胎，因此，他们研制出了可拆换的自行车轮胎。米其林的研究成果取得成功是在两年后的环法自行车赛上。

1894 年，一位使用了米其林制造的可拆换轮胎的选手轻而易举地摘得桂冠，随后法国《费加罗报》在报道中援引冠军的说法，把这次的胜利归功于自行车轮胎。因为更换可拆卸轮胎只需要几分钟，而以往的轮胎修补则需要 3 个小时，之后还要等待大约一夜才能使胶水变干。自此，米其林轮胎供不应求。

在那个年代，汽车产业开始发展起来了，米其林兄弟觉得，如果可拆卸轮胎在自行车上好用的话，在汽车上也应该行得通。可是当时这个点子没有一个人相信，人们觉得汽车太重了。

1895 年，米其林兄弟参加了巴黎汽车比赛。46 名参赛选手中，只有他们的汽车配备了充气轮胎（图 4.34）。最后只有 10 辆汽车坚持到了终点，大部分选手不得不放弃比赛，因为他们的汽车都在中途散架了。

米其林兄弟出色的表现，在赛后引起了很大轰动。很多好奇的车手甚至想要切开轮胎，寻找其中的奥秘。米其林兄弟用比赛验证了充气轮胎在汽车上的适用性，也将轮胎汽车正式推上了历史的舞台。汽车终于找到了现代化的“鞋子”。

充气轮胎缓和了汽车行驶时所受到的冲击，并衰减由此而产生的振动，以保证汽车有良好的乘坐舒适性，称其“为汽车穿上了耐克鞋”一点不为过。

图 4.34　装有新式充气轮胎的汽车

【“囚犯”改变世界】

图 4.35　查尔斯 • 固特异

作为一种古老的材料，橡胶很早便被东方的先民所使用。可塑性、防水、耐用等优秀的特性让越来越多的人开始喜欢这种神秘的物质。然而，温度过高就会融化，温度一低就会变脆变硬。这个致命的弱点使橡胶工业陷入了危机。

1834 年，做五金生意刚刚破产的查尔斯 • 固特异（图 4.35），从费城来到纽约，在参观一家橡胶公司时他被迷住了。各式各样的生橡胶制品让他觉得橡胶似乎具有无穷无尽的用途。虽然橡胶的缺点让它毫无市场，但固特异相信橡胶将成为运用最为广泛的材料，他将成为橡胶的拯救者。

贫困的生活激发了固特异的欲望，他不是化学家，

也不是科学家，却做着各种实验，盐、糖、胡椒、硝酸等，数不清往橡胶里加入多少东西。欠债被捕后，他把实验室也搬进了牢房。1839 年的冬天，正当固特异还在为如何改良橡胶思索的时候，一块与硫混合过的橡胶不小心掉进了炉子，高温使这种混合物发生剧烈反应，同时散发出大量臭气，当橡胶冷却下来，固特异惊讶地发现它已不像平时那么坚硬，而具有了更好的弹性和韧性。这一天，他永久地改变了世界橡胶业，从家具到地毯，从纽扣到梳子，利用硫化橡胶技术，固特异开发了数百种橡胶产品。但有一样他从未想过，日后却又和他的名字紧紧相连，那就是汽车轮胎。如今世界上 65% 的橡胶被运用于汽车工业，固特异不会料到，他的一个偶然发现给车轮的进化带来了如此重要的原料，他对橡胶的执着，引发了后来交通行业的巨大变革。

二、静谧舒适的“房子”

静谧舒适的“房子”

没有空间的束缚，没有钢铁、狭小玻璃窗的隔绝，可以毫无遮挡地接受日光与风的洗礼，体验所见即所得的快感——前方的路，远处的山，空气中花草的味道，阳光晒到身上的温暖或热辣。仰头就是天，伸手就是风，发动机的轰鸣，这就是 100 多年前的汽车。那时，驾驶汽车并不是享受这种自由，而是迎面的树叶、昆虫和尘土，以及时不时出现狂风暴雨。

在早期的汽车设计中，轿车的车厢不是采用封闭结构（图 4.36），基本上是四轮马车的车厢样式，当时的生产工艺决定了车厢只能采用这样的结构。但是，这样的车厢结构并不能完全地遮风挡雨，对于早期的驾驶者是一种挑战。

图 4.36　早期敞开式设计的汽车

后来，众多的汽车公司开始尝试生产封闭式车身的轿车，第一个成功的汽车生产商是凯迪拉克。1910 年，凯迪拉克 30 成为第一款采用封闭式车身的轿车（图 4.37），这是汽车制造史上又一次巨大的飞跃，为驾乘者提供了更加舒适的乘车环境。

封闭的车身为驾乘者提供了遮风挡雨的环境，但是也使得汽车内部变得闷热无比，驾乘汽车的舒适感又迎来了新挑战。

因为难以忍受闷热，早期在车地板上挖几个洞带来一点凉爽的空气，但也带来了大量的

图 4.37　1910 年全球第一辆量产化的封闭式凯迪拉克 30

尘土。此后，人们将一桶水放在通风孔旁边，利用水的蒸发带走空气中的热量。这种方法虽然效果并不明显，却是后来汽车空调的技术基础。

1927 年，美国纽约市场上出现了汽车空调装置，吸引了世界各国汽车制造商的注意力（图 4.38）。实际上，这种装置是一种“加热器”，在欧洲寒冷的季节里，能起到一定的保暖作用，只能算是车载空调的先驱。

First Air-Conditioned Auto

With all windows sealed, and a stream of fresh, filtered air at just the right temperature entering through a special duct, the world's first air-conditioned automobile recently made its debut in a successful test run on New York City streets. It demonstrated a remarkable new system that promises all-the-year-round driving comfort, regardless of summer heat or winter cold. Air is drawn into this system through a concealed inlet, filtered to remove dirt and dust, blown over coils that chill or warm it as required, and admitted through grills to the car's interior. Cooling is effected by a refrigerating compressor beneath the floor boards, resembling that of an electric refrigerator, which takes its power from the car's generator or may be run from a special battery. To heat the air, hot water is circulated through the coils from the car's radiator. The air-conditioning equipment may be turned on or off at will from the instrument board or rear seat. Since the windows of the car are kept closed, outside noise is excluded. Any closed car, new or old, may have the air-conditioning system installed, according to the New York concern sponsoring the invention, which expects to manufacture it in the near future at a sufficiently moderate cost to permit its use even in low-priced cars. The makers foresee the car of the future provided with air conditioning as standard equipment. In that event many of the inconveniences encountered at present will be removed, along with a decrease in the danger of suffering carbon-monoxide poisoning.

Through the grills seen above, fresh air enters and old air is expelled in the first air-conditioned car seen at right

Beneath the floor boards in the auto's rear compartment is placed this refrigerating compressor to chill the air drawn into the car

图 4.38　第一台汽车空调装置整版报道

通常所说的汽车空调直到 1938 年才出现。美国人帕尔德根据电冰箱“冷气”的原理发明了汽车空调，林肯 V12 成为了第一辆安装冷气空调的车（图 4.39）。1940 年，美国 Packard 公司第一次将机械制冷用于车用空调，为世界汽车空调市场开辟了发展之路。但这种空调体积庞大又不便控制，到 1941 年，厂家就不再提供这种安装。

图 4.39　第一辆安装冷气空调的林肯 V12

汽车空调技术刚起步，第二次世界大战突然爆发了，致使汽车空调的发展被迫中断。第二次世界大战结束后，凯迪拉克推出过一种“全新”的空调装置，主要表现在空调控制系统上。

1953 年，制冷空调在普通的轿车上得到使用。

1954 年，纳什汽车公司推出了名为“气候之眼”的自动空调（图 4.40）。这种空调将控制开关放在了前排的控制面板上，并采用了电控开关和出风口，给人们有更多温度选择。同时，这款车上配备的空调是第一款体积紧凑，集加热和制冷于一身的空调系统。

图 4.40　装备“气候之眼”自动空调的纳什汽车

1964 年，第一台自动控温的汽车空调装置在美国通用公司的凯迪拉克豪华型轿车上。1971 年，丰田、劳斯莱斯、奔驰等的高级轿车中都安装了自动汽车空调设备装置。

【凯迪拉克建立首个封闭式车身标准】

1909 年，通用公司以 475 万美元将凯迪拉克收购。虽然凯迪拉克的所有权变了，但经营权还在利兰父子手中。从董事长调职为 CEO 的亨利·利兰是个颇具契约精神和信托责任感的企业家，收归通用公司之后，他积极配合母公司进行内部资源整合，并在技术研发上不断推陈出新。在这对父子的细心经营下，凯迪拉克的又一项技术专利载入汽车业史册：凯迪拉克建立了首个封闭式车身标准（图 4.41）。

图 4.41　凯迪拉克建立首个封闭式车身标准

在木质车架的外侧采用了金属包裹，车门全改用铁门，车顶由帆布式折叠车顶改为硬顶封闭式车顶。全面的包裹，保证了乘客不会因车辆碾过泥泞路面而溅出一身泥水，也不会被冬天的冰雹砸伤，一定程度上还能保温。

当然，并非凯迪拉克的全部车型都采用了这一设计，Model 30 的双排豪华车和双座跑车是第一批穿上盔甲的量产车型。封闭式 Model 30 跑车拥有 30 马力的四缸发动机，标配了乙炔气前灯、侧面油灯、气泵、补胎工具箱、气体发生器等。还有一项试验性的技术被应用在部分车型上，即电子点火装置，当然这项技术正式量产化应用是两年后的事情。1910 年，Model 30 的明星车型“Gentleman's Roadster”双座跑车售价 1600 美元，比 1909 年涨了 200 美元，五座豪华车价格则为 2200 美元。

先进的技术、国际标准的品质、过硬的口碑，令凯迪拉克不但在民用市场上颇受欢迎，在军方眼中，它同样是安全、高效的保证。1910 年美军购置凯迪拉克作为军队用车（图 4.42）。

图 4.42　1910 年美军购置凯迪拉克作为军队用车

思考与训练

一、单选项

1. 1845 年，苏格兰土木技师（ ）发明世界上第一条充气轮胎。

A. 罗伯特 • 汤姆逊 B. 邓禄普 C. 米其林 D. 玛吉斯

2. 1964 年，第一台自动控温的汽车空调装置在美国通用公司的（ ）豪华型轿车上。

A. 奔驰 B. 戴姆勒 C. 凯迪拉克 D. 雪铁龙

3. 真正在汽车上使用充气轮胎的是法国的（ ）。

A. 罗伯特 • 汤姆逊 B. 约翰 • 邓禄普 C. 米其林兄弟 D. 玛吉斯

4. 众多的汽车公司开始尝试生产封闭式车身的轿车。而第一个成功的汽车生产商就是（ ）。

A. 奔驰 B. 丰田 C. 凯迪拉克 D. 雪铁龙

5. 汽车空调实际上到 1938 年才出现，美国人（ ）根据电冰箱“冷气”的原理发明了汽车空调。

A. 威廉 • 迈巴赫 B. 卡尔 • 本茨 C. 兰切斯特 D. 帕尔德

6. 建立了世界上第一家轮胎制造厂的建立者是（ ）。

A. 罗伯特 • 汤姆逊 B. 约翰 • 邓禄普 C. 米其林兄弟 D. 玛吉斯

7. 1910 年，（ ）成为第一款采用封闭式车身的轿车。

A. 凯迪拉克 30 B. 雪铁龙 C4 C. 丰田卡罗拉 D. 奔驰 E200

8.（ ）年在美国纽约市场上出现了第一台汽车空调装置。

A. 1926 B. 1927 C. 1928 D. 1929

9.（ ）有幸成为了第一辆安装冷气空调的车。

A. 凯迪拉克 30 B. 雪铁龙 C4 C. 林肯 V12 D. 奔驰 E200

10. 1954 年，（ ）汽车公司趁热打铁推出了真正意义上的名为“气候之眼”的自动空调。

A. 纳什 B. 丰田 C. 凯迪拉克 D. 雪铁龙

二、讨论

现今概念轮胎越来越先进，功能也越来越强。请谈一谈你认为最时尚、最动感、最先进的一款概念轮胎。并描述它的功能特点。

话题四 守护生命的安全

随着全球汽车保有量日益增长，汽车交通事故的数目也在触目惊心地增长，汽车安全逐渐被重视。

“亡羊补牢”的被动安全

一、“亡羊补牢”的被动安全

所谓被动安全，即在事故发生之后，减轻人员伤害和汽车损害的安全装置。最普遍的是汽车安全带和安全气囊。

1902 年 5 月 20 日美国纽约的汽车赛场，沃尔特 • 贝克尔正在对车辆进行赛前检查。细心的贝克尔发现，他的鱼雷牌汽车座椅有些松动，但是由于时间关系，已经来不及修理了。他找来皮带和绳子钉在了赛车座椅两侧的底板上，然后把自己和同伴连同座椅一道紧紧地系好（图 4.43）。

图 4.43　汽车安全带的首次使用

竞赛开始了，高速飞驰的赛车突然遇到了一根从地面翘起的钢轨。赛车失去控制，冲入了人群，当场压死 2 人，压伤 10 人。然而贝克尔和同伴却因为绳带的固定和保护作用死里逃生。遗憾的是，当时的报纸只是对车祸带来的惨重伤亡进行了报道，却忽视了车内没有伤亡的原因。所以，尽管人类在汽车上第一次使用安全带就得到了非常好的效果，安全带的推广和被重视却是 20 年之后。

20 世纪 50 年代，沃尔沃已将双点式安全带安装在其汽车的前排座椅上，但这种对角线式的安全带达不到公司所制定的安全标准。事实上，这种被交叉绑在人体上的安全带固定在座椅后面，并在腹部用搭口锁定，不仅在高速撞击下无法阻止人体活动，而且搭口所在的位置也十分别扭，会造成对人体器官的伤害。

图 4.44　尼尔斯 • 博霍林与其发明的安全带

1958 年，尼尔斯 • 博霍林加盟沃尔沃汽车公司后，着手研制汽车安全带。因此，博霍林设计的汽车安全带能同时跨过腹部以下部位并横跨在肩部，处于从生理角度衡量是正确的位置，即横跨在骨盆和胸腔之上，且通过一个位于座椅一侧的低位固定点协调其所发挥的作用，形成水平放置的 V 字，并可在张力作用下保持其位置不变，三点式安全带由此诞生（图 4.44）。并申请了专利。1959 年，沃尔沃在其 P120 型和 PV544 型汽车上配置了三点式安全带（图 4.45）。40 年之后，沃尔沃的交通事故研究小组发现，推出三点式安全带以来，共挽救了 100 万人的生命。

不过在当时，安全带应用并不广泛。1967 年，博霍林在美国发表了《28000 宗意外报告》，其中记录了

1966 年瑞典国内所有涉及沃尔沃汽车的交通意外，数据显示：三点式安全带能够保住性命，在超过半数的个案中，能降低或避免乘客受伤的机会。

图 4.45　第一辆标配三点式安全带的沃尔沃汽车

这份报告成为世界各地有关汽车安全带立法的重要依据，特别是在美国。当时，美国国家高速公路安全局的赫顿，已积极争取在车厢内安装安全带，博霍林的报告发布，美国第一条关于安全带的规定终于在 1968 年出现。

约翰 • 赫特里，美国宾夕法尼亚州工程师，汽车安全气囊的先驱者。

1952 年的一天，他开车载着妻子和孩子到郊外野炊。汽车行至山路的一个转弯时，赫特里驾驶的车辆为了躲避障碍物紧急制动，险些发生车祸。这一瞬间惊出了他一身冷汗。回到家里后，他仍然心有余悸。妻子谈起这件事，依然吓得浑身发抖，她对赫特里说：“亲爱的，你是工程师，也搞过发明，能发明个东西来保护乘车人的安全吗？”赫特里把这句话记在了心上，他开始着手研究。

一天，他走到了一栋楼下，看到楼下围着一群人。原来，楼顶上一个女孩想要跳楼。这时，消防救援队来了，他们下了车，第一件事就是展开充气垫，然后才架起消防梯。这本是一个救援的正常程序，可赫特里却从中受到了启发。

赫特里就像发现了新大陆一样，激动地跑回了家。此后，他循着这个思路开始设计样稿。两周后，他绘好了图纸，交给了制造商，这份图纸就是安全气囊的雏形（图 4.46）。

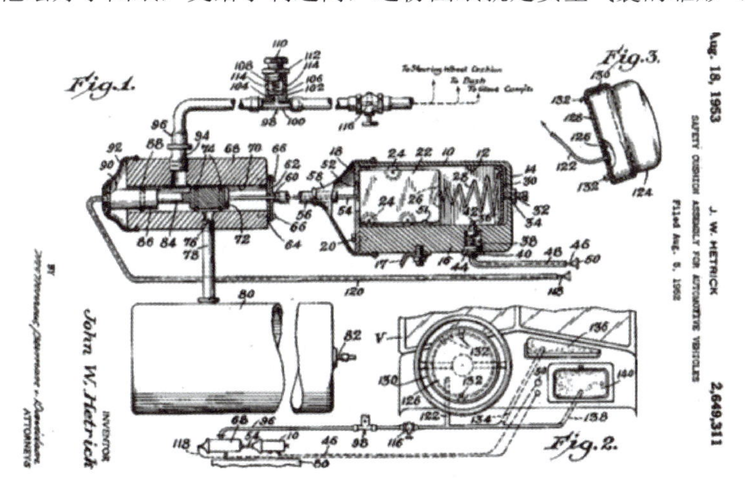

图 4.46　安全气囊雏形

1953 年 8 月 18 日，赫特里为这款“汽车缓冲安全装置”申请了专利。然而，这款发明的推广应用却很慢，经历了许多波折，大多汽车制造商以成本理由拒绝安装安全气囊。最后，由美国参议院通过公路死伤减少条例，才确认了安全气囊的作用，规定从 1995 年 9 月 1 日以后制造的轿车，前排座前均应装备安全气囊，还要求 1998 年以后生产的轿车都要装备驾驶者和乘客用的安全气囊。

【千奇百怪的安全气囊】

到现在的 21 世纪，汽车安全气囊的应用已经非常广泛，车企也开始推出千奇百怪的安全气囊。

第一种是从车顶向下打开的副驾驶安全气囊（图 4.47）。这种安全气囊收放在车顶，从上面沿着前挡风玻璃弹出，把气囊收纳在天花板可以充分利用车顶空间，减小对仪表板内空间的使用。

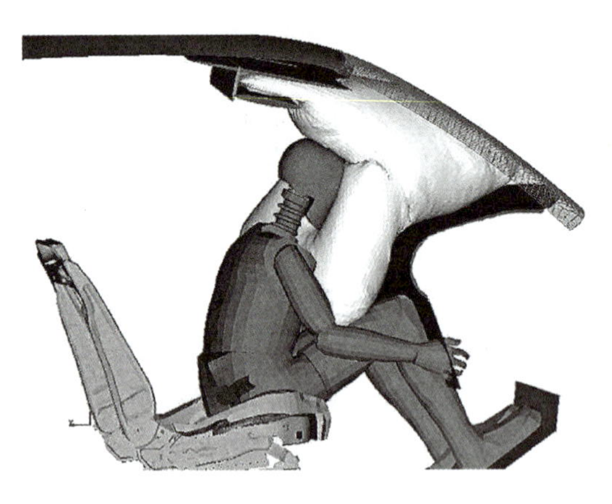

图 4.47　车顶向下打开的副驾驶安全气囊

第二种是膝部安全气囊（图 4.48）。福特汽车研发出的置于手套箱盖板内的膝部安全气囊，重量相比普通膝部气囊也减轻了 65%，充气发生器比传统版缩小 75%，如果车辆发生碰撞事故，手套箱盖板内的气体发生器在短短 20ms 内便能使气囊发生膨胀，并将手套箱盖板推开，以提供腿部保护。

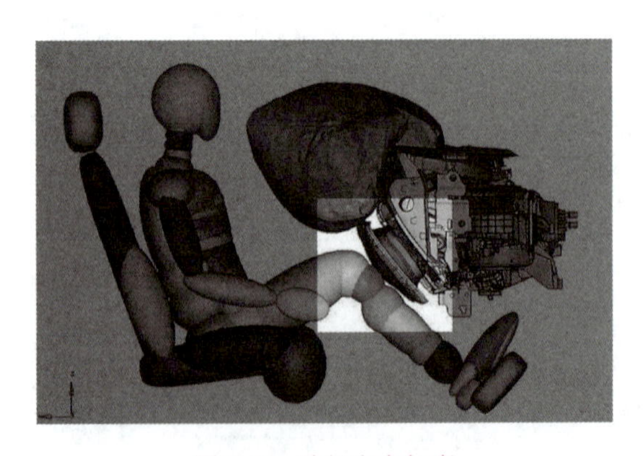

图 4.48　膝部安全气囊

第三种是后排头枕包裹气囊（图 4.49）。丰田汽车在 2009 年就开发了这种后排头枕安全气囊，它的展开方式是从后排玻璃上方的天花板处向前展开，包裹住后排头枕，当车辆发生碰撞时，阻挡厚玻璃以及其他因为惯性向前冲时对乘客的划伤，保护后排乘客的安全。

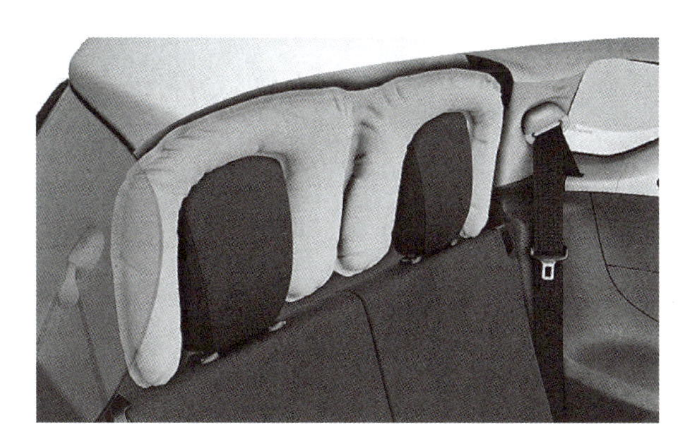

图 4.49 后排头枕包裹气囊

第四种是行人安全气囊（图 4.50）。沃尔沃 V40 配备的行人安全气囊，由 7 个位于前保险杆位置的传感器、可弹起的发动机盖以及挡风玻璃前的气囊组成，在车速 20 ～ 50km/h 的范围内，当传感器检测到车辆与行人发生碰撞后，会将气囊弹出，为行人提供良好的碰撞缓冲保障，相信在未来，类似功能的气囊会更多，对于行人的保护也是气囊研发的重要方向。

图 4.50 行人安全气囊

第五种是全方位安全气囊（图 4.51）。2013 年，沃尔沃发布了一个名为 EnVelop 的全方位安全气囊技术。直接用安全气囊将整台车包裹到只剩下前格栅。用我们目前对气囊的理解看效果图的话，气囊包裹程度相当恐怖。

EnVelop 是像传统安全气囊那样，通过碰撞传感器后知后觉地防止二次撞击，还是通过摄像头先知先觉地进行防护，目前还不得而知。不过，从当前汽车技术水平来看，该系统量产可能性很低，或许只是沃尔沃的一种安全思维。

图 4.51　全方位安全气囊

“未雨绸缪”
的主动安全

二、“未雨绸缪”的主动安全

安全是汽车领域绕不开的一个话题，从驾校开始，到车水马龙的街道，再到激情洋溢的赛车场，安全永远是第一位。随着科技的进步，车辆的安全性越来越高，各种主动安全配置降低了不少行车危险。

所谓主动安全，指一切能够使汽车主动采取措施，避免事故发生的安全技术。应用最普遍的是 ABS 防抱死制动系统和 ESP 电子车身稳定系统。

1928 年，有人提出防抱死制动理论。20 世纪 30 年代，机械式防抱死制动系统应用于飞机上。飞机对制动时的方向稳定性要求高，而 ABS 的价格占飞机总价格比例较小；同时机场的场面条件简单，尾部导轮可以精确测量机速，可获得正确的滑动率，实现精确控制。因此，ABS 在飞机上的应用取得成功，普及率很快上升。

20 世纪 50 年代，汽车防抱死制动系统受到广泛关注。1954 年福特公司将飞机的制动系统移植到林肯轿车上；1957 年凯尔塞 • 海伊斯公司对防抱死制动系统进行了试验研究，研究结果表明防抱死制动系统确实可以在制动过程中防止汽车失去方向控制，并且能够缩短制动距离（图 4.52）。克莱斯勒公司在这一时期也对防抱死制动系统进行了试验研究。

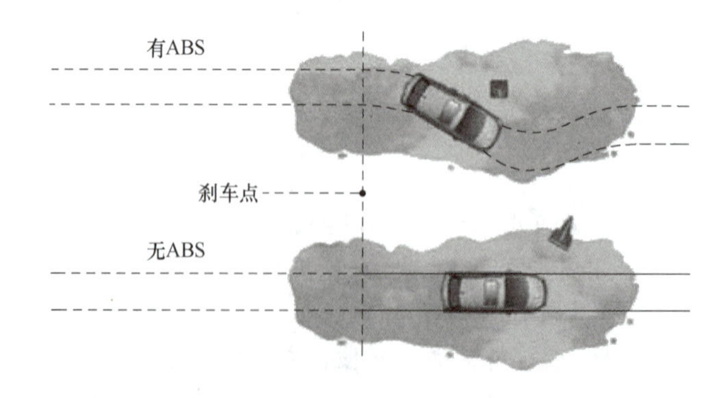

图 4.52　ABS 防抱死制动系统示意图

然而，这一时期的各种防抱死制动系统采用的都是机械式车轮转速传感器和机械式制动压力调节装置，获取的车轮转速信号不够精确，制动压力调节的适时性和精确性也难于保证，控制效果并不理想。同时，装用 ABS 的轿车在光滑路面制动时虽然提高了其稳定性，但在不好的路面上制动时，制动距离较一般制动系的汽车长，加上体积大、价格高、销路有限，制动厂家后来停止了这种 ABS 的生产。

20 世纪 70 年代后期，数字式电子技术和大规模集成电路的迅速发展，为 ABS 系统向实用化发展奠定了技术基础。1978 年博世公司首先推出了采用数字式电子控制装置的防抱死制动系统——博世 ABS2，并且装置在奔驰轿车上，由此揭开了现代 ABS 系统发展的序幕。

20 世纪 90 年代，ABS 发展越来越快，1995 年，轿车中装有 ABS 的比例，美国、德国、日本分别高达 55%、50% 和 35%；货车装有 ABS 的比例分别为 50%、50% 和 45%。

博世 ESP 始于 1983 年，博世通过优化 ABS 控制，增进车辆在全力制动时的稳定性。接下来的几年，这个增强型的 ABS 系统不断地改进，并在 1987 年获得相关的专利。1991 年，博世与戴姆勒 - 克莱斯勒合作，建立了联合项目基地，开发和完善 ESP 系统。1995 年，ESP 开始批量生产，并首次装备于奔驰 S 级轿车。随后，ESP 系统得到不断改进，1998 年推出了 5.7 代的 ESP。人们熟知的第 8 代 ESP 是在 2002 年投入市场的，最新的博世 ESP 已经发展到第 9 代，除了在原有车身稳定控制上精益求精，还为车辆增添众多实用的功能。随着机电一体化技术的发展，很多厂商也开始生产与博世 ESP 有相同功能的汽车零部件，但由于博世注册了“ESP”这个名称的专利商标，其他厂商不能把它们的电子车身稳定系统叫作 ESP。

最理想的汽车安全就是没有交通事故，汽车主动安全技术正是为了实现这一目标。如今，不少车企相继在自动驾驶领域发力，正是这些主动安全技术的扩展与融合。当前，汽车离零事故的理想状态还很遥远，汽车安全的发展任重而道远。

【智能化的主动安全】

主动刹车功能——绝大多数交通事故，都是因为驾驶者注意力不集中或判断失误造成的。当车辆可能发生碰撞时，主动刹车功能会对驾驶者进行提醒，如果驾驶者还没有做出反应，车辆则会自动进行刹车，防止碰撞发生或减少碰撞冲击力。

NCAP（欧洲新车安全评鉴协会）在 2014 年已经把主动刹车功能列入评分体系中。2016 年美国 NHTSA 和 IIHS 协会也宣布，在 2022 年美国上市销售的新车都将标配自动刹车系统。

车道保持与偏离预警功能——在一定速度范围内，车道保持功能开启之后，汽车会识别道路上的车道线，如果在没有打转向灯的情况下车辆偏离车道，车辆会向驾驶员发出警报，驾驶员如果没有做出反应，车辆会自行纠正。车道偏离预警功能则只是发出警报提醒，并不能自行纠正车辆行驶方向（图 4.53）。

车道偏离预警最早应用在奔驰的 Actros 货车上，从 2000 年到现在，目前欧洲的绝大多数卡车都配备了该功能。

2001 年，日产为旗下的 Cima 车型配备了车道偏离预警功能（图 4.54）。这也是首款配备车道偏离预警功能的民用轿车。

图 4.53　通过车辆上的摄像头来识别车道线

图 4.54　日产 Cima 车型

相比车道偏离预警，车道保持功能普及得晚一些，直到 2010 年后，车道保持功能才大面积出现在中级车市场。

盲区监测功能——车辆盲区是众多并线车祸的元凶，盲区监测功能通过雷达或摄像头可以探测到车辆盲区内是否存在其他车辆。当其他车辆进入到探测范围时，汽车会通过警示图像提醒驾驶者，为驾驶者变道并线提供依据（图 4.55）。

首款配备盲区监测功能的车型就是第二代沃尔沃 S80（图 4.56），作为当时沃尔沃的旗舰车型，S80 的安全性可谓是首屈一指。其不仅配备了盲区监测，还配备有自适应巡航、主动刹车和车道保持功能。

自适应巡航功能——自适应巡航功能是车辆自行控制车速，并自动与前车保持一定安全距离的辅助驾驶功能。在车辆行驶过程中，车辆前部的车距传感器会持续扫描车辆前方道路，同时轮速传感器采集车速信号。当与前车之间的距离过小时，车辆会自动减速，以使车辆与前方车辆始终保持安全距离。

图 4.55 装载警示灯的后视镜位置

图 4.56 沃尔沃 S80

思考与训练

一、单选题

1. 1958 年（　　）加盟沃尔沃汽车公司后，着手研制汽车安全带。

A. 尼尔斯 • 博霍林　　B. 约翰 • 赫特里　　C. 沃尔特 • 贝克尔　　D. 卡尔 • 本茨

2. 所谓被动安全，即在事故发生（　　），减轻人员伤害和汽车损害的安全装置。

A. 之前　　B. 之后

3. 汽车安全气囊的先驱者是美国宾夕法尼亚州工程师（　　）。

A. 尼尔斯 • 博霍林　　B. 约翰 • 赫特里　　C. 沃尔特 • 贝克尔　　D. 卡尔 • 本茨

4. 早在（　　）年，就有人提出防抱死制动理论。20 世纪 30 年代，机械式防抱死制动系统开始在飞机上获得应用。

A. 1927　　B. 1928　　C.1929　　D.1930

5. 由于（　　）注册了“ESP”这个名称的专利商标，因而其他厂商不能把它们的电子车身稳定系统叫做 ESP。

A. 奔驰　　B. 福特　　C. 博世　　D. 雪铁龙

6. 20 世纪 30 年代，机械式防抱死制动系统开始在（　　）上获得应用。

A. 汽车　　B. 火车　　C. 飞机　　D. 轮船

7. 福特公司曾于（　　）年将飞机的制动系统移植到林肯轿车上。

A. 1953　　B. 1954　　C. 1955　　D. 1956

8. 凯尔塞 • 海伊斯公司在（　　）年时对防抱死制动系统进行了试验研究，研究结果表明防抱死制动系统确实可以在制动过程中防止汽车失去方向控制，并且能够缩短制动距离。

A. 1955　　B. 1956　　C. 1957　　D. 1958

9. 博世公司在 1978 年首先推出了采用数字式电子控制装置的制动防抱系统（　　）。

A. 博世 ABS1　　B. 博世 ABS2　　C. 博世 ABS3　　D. 博世 ABS4

10. 1995 年 3 月，ESP 开始批量生产，并首次装备于奔驰（　　）轿车。

A. B 级　　B. C 级　　C. E 级　　D. S 级

二、讨论

请说出 4 个汽车的主动安全装置与 4 个被动安全的装置。

话题五　革故鼎新的力量

近年来，温室效应、雾霾等环境问题日益凸显，传统汽车成为人们口诛笔伐的对象。新能源汽车的出现让原有的基于内燃机的技术壁垒变得毫无意义。改革、创新成为传统汽车的救命稻草，正是一个又一个的技术创新，犹如诺亚方舟，让传统汽车从危机中看到无限希望。

一、“革故鼎新”燃油车

“革故鼎新”燃油车

首先介绍可变气门正时技术，英文缩写为 VVT（Variable Valve Timing），是汽油发动机技术发展的一个里程碑，其主要设计思路是根据发动机的运行情况，调整进排气量和气门开闭时间、角度，使进入的空气量达到最佳，在大幅度提升发动机性能的同时，在节能和环保方面也有其独特的优势，达到减小燃料消耗和降低废气排放的目的。

1960 年起，汽车工程师们开始致力于这项技术的研究。直到 1982 年，菲亚特公司推出第一台带有可变气门正时技术的汽车发动机，阿尔法 • 罗密欧的 Spider2.0 是最早采用 VVT 技术的量产车型（图 4.57）。1993 年，丰田公司开始将该技术在行业内大面积推广。对于这项技术，现今许多厂家都已经掌握，其原理万变不离其宗，不过名称和具体实施细节略有不同。

在众多具有划时代意义的技术中值得浓墨重彩的创新技术是缸内直喷。缸内直喷发动机和一般发动机的主要区别在于汽油喷射的位置，目前一般汽油发动机上所用的汽油电控喷射系统，是将汽油喷入进气歧管或进气管道里，与空气混合成混合气后再通过进气门进入气缸燃烧室内被点燃做功；而缸内直喷汽油发动机是在气缸燃烧室内喷射汽油，空气则通过进气门进入燃烧室与汽油混合成混合气被点燃做功（图 4.58）。缸内直喷技术不仅提高了燃油的利用效率和发动机的动力输出，而且改善了排放。

图 4.57　采用 VVT 技术的阿尔法•罗密欧发动机

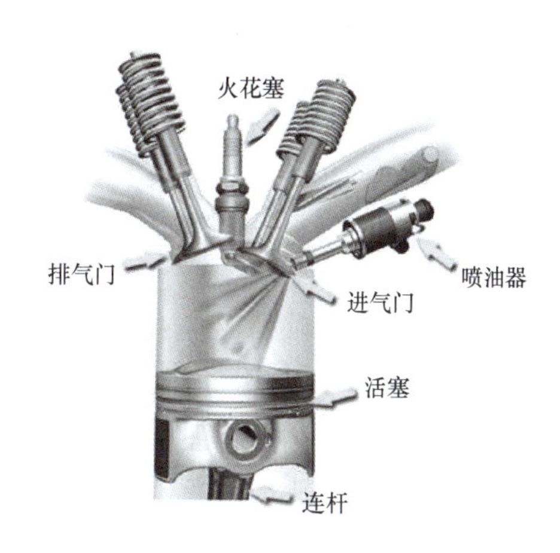

图 4.58　缸内直喷技术示意

1955 年，世界上第一款搭载缸内直喷技术的是奔驰 300SL（图 4.59）。在当时，这款车型的动力输出整整高出一倍，并且油耗也降低了约 10%。之后的几十年内，车用汽油直喷技术并没有得到进一步的推广，但其间依然有一些厂商曾致力于此项技术的研究，其中包括美国汽车公司和福特。直到 1996 年，三菱汽车在当时现有型号为 4G93 的 1.8L 发动机基础上首次加入了电控汽油缸内直喷系统，率先发布了世界首款具有现代技术的缸内直喷式汽油机。三菱也被誉为现代缸内直喷的先行者。而后，各大汽车生产厂家都发布了自己的缸内直喷技术。

图 4.59　搭载缸内直喷技术的奔驰 300SL 车型

图 4.60 涡轮增压发动机

随着科技的发展，近年来涡轮增压技术在汽车市场上拥有了相当高的热度，全球的汽车企业无论大小几乎都在不遗余力地开发自己的涡轮增压技术。涡轮增压的主要作用就是提高发动机进气量，从而提高发动机的功率和扭矩，其作用很有意义，比如现在常见的 1.8L 排量发动机，经过增压后，输出的功率可以与 2.4L 发动机水平相当，但是耗油量却与普通 1.8L 发动机相当。正是涡轮增压发动机（见图 4.60）实现了小排量大功率输出，所以越来越多的汽油发动机开始搭载涡轮增压技术，Turbo 也逐渐成了民用高性能的代名词，和小排量发动机搭配后提供了不错的动力表现以及较低的燃油消耗，从而又成了节能高效的代名词。

涡轮增压技术最早是在船用柴油发动机上使用。第一次世界大战让涡轮增压技术开始走向前台，而第二次世界大战则让涡轮增压技术得到完善。奥兹莫比尔是在 1962 年将涡轮增压技术运用在汽油车上，但是试水汽车市场的举动却因为技术原因完全失败了。随后雪弗兰推出了第二款涡轮增压发动机，但依旧没有唤起消费者对于涡轮增压的热情。直到 20 世纪 70 年代，因为石油危机涡轮增压技术才迎来了大发展，并且在赛车运动中开始运用，涡轮增压技术也推动了其发展。此后，涡轮增压技术开始逐渐普及，越来越多地出现在民用车中，其易用性、出色的性能以及较低的功耗受到大家的欢迎。

【我们不一样——缸内直喷类型】

TSI——在国外大众的 1.4T 发动机上以及进口尚酷 1.4T，TSI 代表的是 Twincharger Fuel Stratified Injection 这几个单词首字母的缩写，通过字母表面意思可以理解为“双增压 + 分层燃烧 + 喷射”（图 4.61）。TSI 发动机是在 FSI（缺内直喷）技术的基础之上，安装了涡轮增压器和机械增压器。鉴于涡轮增压和机械增压的特性，机械增压可以从怠速开始为发动机提供增压效果，弥补了涡轮增压系统的延时缺点，所以 TSI 是一种极高效率的发动机形式，会是动力性与燃油经济性的完美统一。

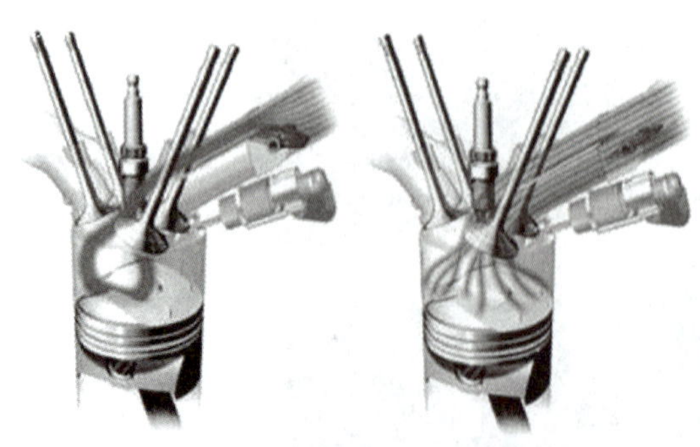

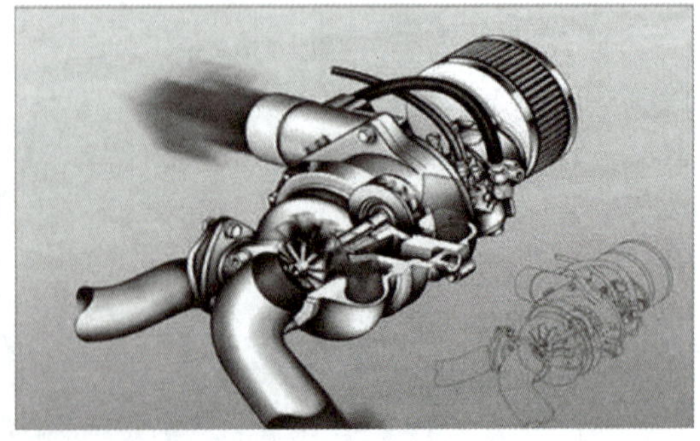

图 4.61 TSI 示意图

不过，国内生产的1.4T发动机则取消了机械增压和分层燃烧，仅保留了涡轮增压和缸内直喷。大众1.8/2.0TSI中的“TSI”则代表着Turbo Fuel Stratified Injection，通过字母表面意思可以理解为涡轮增压＋分层燃烧＋缸内直喷的意思，不过国内则省掉了分层燃烧。

FSI——它所代表的单词直译为燃油分层喷射，它是大众汽车直喷发动机的标志代码（图4.62）。与那些把汽油喷入进气歧管的发动机相比，FSI发动机的主要优势有：动态响应好、功率和扭矩可以同时提升、燃油消耗降低。

图4.62 FSI发动机

分层燃烧的好处在于热效率高、节流损失少，有限的燃料尽可能多地转化成工作能量。分层燃烧模式下节气门不完全打开，保证进气管内有一定真空度（可以控制废气再循环和碳罐等装置）。

SIDI——通用汽车燃油直喷技术的代号为SIDI，SIDI是Spark Ignition Direct Injection的缩写，直译为火花点燃直接喷射技术（图4.63）。

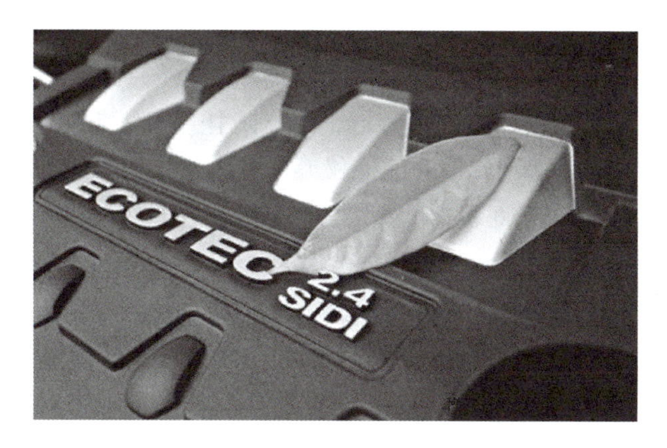

图4.63 通用SIDI发动机

其实现的原理和一般的直喷发动机并无二致：凸轮轴驱动的燃油泵为供油系统提供高压燃油，共轨喷油嘴将高压燃油直接注入气缸，点火时间就可以得到精确地控制，而

且高压喷射和极细的喷嘴设计则保证了喷油量的精确计算。缸内直喷技术代替了传统MPFI（多点电喷）技术之后，发动机在低转速下燃烧效率被进一步提升。

由于国内油品的限制，引入国内的直喷发动机均不使用分层燃烧，通用的SIDI也没有例外。

二、“历经曲折”电动车

“历经曲折”电动车

如今说起电动车总是会挂上“新能源”的称号，但很少有人提到，电动车诞生的历史远早于内燃机汽车。在19世纪，出现了一大批设计古怪且天马行空的电动汽车，有些电动汽车的设计像是马车，有些又像是月球车，但正是因为这些设计，为现在的电动汽车发展铺平了道路。

电动汽车的工作过程：当驾驶员踩下加速踏板时，安装在踏板上的传感器将移动量的数据传递到电脑，电脑向变频器发出指示，决定要将多少蓄电池发出的电传递到电动机。电动汽车将电流从变频器输送到电动机，从而产生旋转力。电动机根据蓄电池送来的电量加减转速，随后旋转力被传递到轮胎驱动汽车（图4.64）。

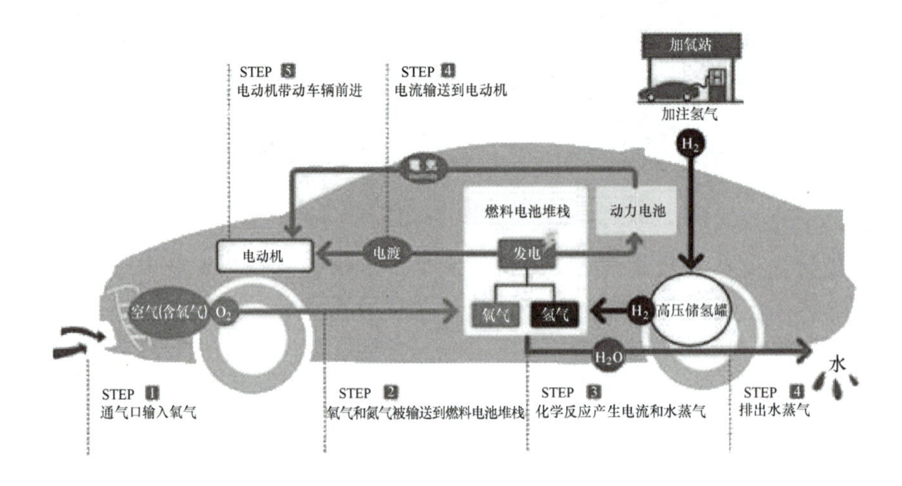

图4.64　电动汽车工作过程

电动汽车的历史并不比内燃机汽车短，甚至比奥托循环发动机和奔驰发动机还要早。1832—1839年间有个叫罗伯特·安德森的神秘苏格兰男子发明了第一辆电动车（图4.65）。但是受制于当时的电池技术这辆车采用的蓄电池比较简单而且不可再充。

随着英法两国的科学家在电池性能、容量等技术方面的突破，到1881年法国发明家在巴黎举行的国际电力博览会上演示了三轮电动车（图4.66）。

在1884年，英国发明家托马斯·帕克制造了可充电电动车（图4.67），并将电动车实现量产。在当时他的公司也几乎垄断英国电动汽车及有轨电车市场。电动车也逐渐成为上流社会喜好的城市用车，在早期的汽车消费市场上电动车比内燃机驱动的车辆有着更多优势：无气味、无震荡、无噪声、不用换挡和价格低廉等。因此，电动汽车在当时的汽车发展中占据着重要位置。

据统计，到1890年在全世界4200辆汽车中，有38%为电动汽车，40%为蒸汽车，22%为内燃机汽车。

图 4.65　罗伯特 • 安德森

图 4.66　三轮电动车

图 4.67　可充电电动车

随着美国得克萨斯州石油的开发、内燃机技术提高和福特流水线生产理念的普及，汽油车迎来了快速发展。电动车自身存在的续航里程有限、充电时间过长等客观瓶颈始终没有取得实质性的进展。并且随着公路的快速发展，人们开始向往更加遥远的旅行。在这种背景之下，电动车在 1920 年之后渐渐地失去了优势。汽车市场逐步被内燃机驱动的汽车所占据。在 1940 年左右电动车基本上就从欧美汽车市场中消失了，从此电动车就成了汽车舞台上的配角。

尽管人们对电动汽车的兴趣有所减退，但是之后的几十年里依然有很多汽车制造商在继续构建自己的电动汽车梦。

随着传统汽车保有量在不断地呈现上升趋势，石油等资源却捉襟见肘，吞下大量汽油的车辆还不断排放着有害气体和污染物质。提倡清洁能源使用，构建低碳绿色未来成为世界各国关注的重点。特斯拉等电动汽车的横空出世，预示着电动汽车又开始登上了历史的舞台。

【电动汽车发展故事】

伟大的电动汽车竞赛产生了第一辆横跨美国的纯电汽车。

第一辆横跨美国的纯电汽车，是由一群学生制造。20 世纪 60 年代洛杉矶被雾霾多年笼罩，想打败雾霾，加州理工学院大四学生阿里•里佩尔已经尝试了 3 年多的个人反复电动汽车制造试验，最终他意识到这场消灭雾霾的斗争需要大量人才的共同参与。他想到了举办一个足够新颖、大胆的、有影响力的竞赛，使年轻的科学家们也专注于解决电池的许多问题。

里佩尔向“对手”麻省理工学院发出了挑战，两校展开了一场横跨美国大陆的电动汽车比赛。比赛中，最先到达对方校园的赛车获得胜利。最终，残缺不全的加州理工的大众改装电动汽车，以微弱的半小时优势获胜。

这场竞赛引起了公众的兴趣，参赛的两辆赛车后来也被运到华盛顿的史密森尼博物馆中进行展出。尽管比赛和展览都获得了美国全国的广泛关注，但并没有使电动汽车复苏。不过，里佩尔团队的大众改装电动车，成为历史上第一辆仅使用电力横跨美国的汽车，总耗时 8 天 19 小时 46 分钟。

电动汽车复苏的真正推手是汉斯•托尔司楚普。大冒险家汉斯·托尔司楚普因阿拉伯石油禁运一直感受到危机。一天，他受到美国人保罗·麦克格雷迪 1981 年设计太阳能飞机飞跃了英吉利海峡的灵感启发，先设计了一辆轻型的太阳能汽车，并驾驶它横跨了澳大利亚。之后，他起草了一份太阳能电动汽车比赛的规则，命名为“世界太阳能挑战赛”，定比赛日期为 1987 年 12 月，并邀请了全世界所能想到可能愿意参加比赛的人。

正在寻找展示在冷战时期开发出的先进太阳能电池科技的通用发现了这个机会，赞助并参与了这项赛事，并以一辆名为 Sunraycer 的昂贵的、科幻的赛车打败了所有的参赛者。这是通用汽车在纯电动汽车上的投入的起点。如今的电动汽车的动力总成解决方案，都能在 1987 年的这场比赛找到雏形。托尔司楚普举办的“世界太阳能挑战赛”也被公认为电动汽车兴起、衰落后，复苏的真正推手。

“三足鼎立”创未来

三、“三足鼎立”创未来

近年来，能源危机、环境污染、汽车转型等是全世界汽车行业面对的挑战。随着科学发展，各国政府及产业界积极应对，以节能、环保、安全为最终目标的纯电动、混合动力及燃料电池为主体的新能源汽车的研究和利用已逐步成为国际汽车工业成长的重心。所有人都开始承认，汽车行业的未来属于新能源汽车。

特斯拉电动汽车（图 4.68），是汽车行业名副其实的头条王，街头巷尾，随便找个人，都能说道几句。不过，纯电动汽车在国内的发展应该算是叫好不叫座，特斯拉销量非常一般。

归根到底，还是纯电动汽车的三大瓶颈问题：售价高，里程短，充电难。不过，尽管如此，政府为了推广纯电动汽车也出台了各种优惠政策。免摇号，不限行，给补贴，合称纯电动汽车大礼包。其背后的深意是，希望中国车企可以绕开内燃机车发动机和变速箱这两座技术大山，在电动汽车行业实现弯道超车。

图 4.68 特斯拉电动汽车

纯电动车的未来最终还是取决于电池续航能力和充电基站建设。一旦取得突破，未来蓝天挂白云，喧嚣化宁静，清风过街道。

燃料电池汽车是指以氢气、甲醇等为燃料，通过化学反应产生电流，依靠电机驱动的汽车。其电池的能量是通过氢气和氧气的化学作用直接变成电能。不会产生和排出有害物质，非常利于环境保护，被称为“终极环保车”。与纯电动车相比，有着不可比拟的优势。不仅清洁，而且分量轻、加气快速。如一辆车蓄时里程 400km，仅需 50kW 的燃料电池堆，大约加 5kg 的氢气就可以，而同样一辆纯电动汽车跑 400km，所需锂电池的质量大约为 700kg。

但是，相对于纯电动汽车，燃料电池汽车没有规模推广优势。大面积的推广需要大范围的配套设施建设辅助，而大范围的配套设施建设又以大面积的推广为前提。私人投资者很少会在未来技术路线不明确的情况下，贸然一掷千金。只有政府才能够不计成本，迅速推动充电站，或加氢站的建设。

纯电动汽车和燃料电池汽车的未来很光明，但目前仍未广泛普及到取代传统汽车的程度。它们所存在的问题需要很长一段时间才能解决，而在这一过程中，混合动力汽车迅速发展起来。

混合动力汽车同时拥有发动机和电动机，发动时使用能产生很大力量的电动机，发动后再使用发动机（图 4.69）。

混合动力拥有很多优势。首先是没有如同纯电动汽车的里程焦虑。当需要给车载的启动电动机的蓄电池充电时，可以使用发动机的动力，或者利用汽车减速时产生的能量。然后就是混合动力汽车能够根据汽车行驶状况的变化区别使用，大大降低了油耗。因为使用了不排放二氧化碳和有害物质的电动机，混合动力汽车有利于环境保护。

混合动力汽车具有发动机和电动机的优缺点，因此成为这一过渡过程中最佳选择。其实，历史总是极其相似。关于汽车行业的未来技术路线之争从未停息过。一百年前，汽车行业也曾群雄并起，百家争鸣。蒸汽机汽车，内燃机汽车，电动汽车，那时也是三分天下。最终，内燃机汽车在技术进步方面抢先取得突破，最终赢得先机，独占市场。纯电动汽车，

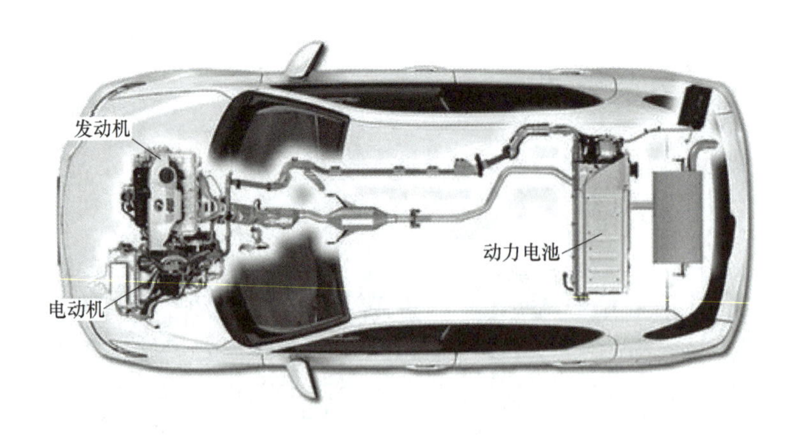

图 4.69　混合动力汽车图解

燃料电池汽车，混合动力汽车这三种新能源汽车技术，到底哪一个会成为未来的主流，绝不是仅仅寻求市场政府的政策和配套设施的建设。关键在于新能源汽车三雄创新的力量有多大。

【现实版变形金刚——埃隆·马斯克】

看过电影钢铁侠都对小罗伯特·唐尼饰演的富可敌国的科技狂人托尼·斯塔克印象深刻。在托尼·斯塔克身上可以贴上这些标签——富可敌国、科技狂人、改变世界的英雄。读者可能觉得这些标签从漫威挪到现实太过于理想化，其实不然，这些标签贴在特斯拉创始人埃隆·马斯克身上也十分贴切（图 4.70）。

图 4.70　硅谷钢铁侠——埃隆·马斯克

1971 年 6 月 28 日，马斯克出生于一个南非的中产阶级家庭，父亲是一名南非的工程师，母亲是加拿大人，从事营养师和模特工作。父亲的工程工作让年仅 10 岁的马斯克就拥有了自己的第一台电脑，并且学会了软件编程。

12 岁的时候，马斯克就成功设计出一个名叫“Blastar”的游戏，并为这款商业软件开出了 500 美元的价格。1988 年，17 岁的他去了加拿大，而他的最终梦想地则是美国。1992 年，他靠奖学金顺利进入了宾夕法尼亚大学。加拿大其实只是他的跳板，终极目的地是美国。后来马斯克回忆时，解释为：“我觉得美国是一切皆有可能的地方。”青少年时期的马斯克如图 4.71 所示。

图 4.71　青少年时期的埃隆·马斯克（左）

1995 年，马斯克开始了他的第一次创业。他成立了 Zip2，做媒体电子业务，帮助全国性的网络媒体与地方化的商家合作。在 2000 年第一次互联网泡沫前期的世纪末，康柏的 AltaVista 部门用 3.07 亿美元现金和 3400 万股票收购了 Zip2，马斯克成功地书写了一夜暴富神话。

马斯克没有用过多的精力享受第一次成功带来的喜悦，他几乎马不停蹄地创立了电子支付公司 X.com。2000 年，X.com 收购了 Confinity，更名为 PayPal，实现了安全的网上支付，马斯克是它的最大股东，拥有 11.7% 的股份。2002 年 10 月，eBay 用 15 亿的股票收购了 PayPal，PayPal 正式确立了马斯克在硅谷的地位。

到了这一个阶段，马斯克已经完成了原始积累，可以追逐自己改变世界的梦想了。而改变世界他首先要飞到太空去。2002 年 6 月埃隆·马斯克建立的美国太空运输公司，随后更名为美国太空探索技术公司（SPACEX）（图 4.72）。

图 4.72　美国太空探索技术公司（SPACEX）

2015 年，据外媒报道，当地时间 3 月 1 日，美国 SPACEX 公司的猎鹰 9 号火箭从卡纳维拉尔角空军基地发射升空，将世界上第一批全电动通信卫星送入预定轨道（图 4.73）。

图 4.73　美国 SPACEX 公司的猎鹰 9 号火箭

就在马斯克将一只脚迈向太空的同时，另一只脚也开始了脚踏实地地改变地球能源问题。2004 年 2 月，埃隆•马斯克向电动汽车公司特斯拉投资 630 万美元，并出任公司董事长、拥有所有事务的最终决定权。然而，特斯拉之路一开始却没有想象中顺利，首款车型特斯拉 Roadster 的研发工作就遭遇了瓶颈（图 4.74）。

图 4.74　特斯拉 Roadster

2008 年 10 月，第一批特斯拉 Roadster 下线并开始交付。但是，原计划售价 10 万的 Roadster 实际成本却高达 12 万，和既定的 7 万成本相距甚远，马斯克不得不将售价提升至 11 万。这一举动引来预定客户的极大不满，在洛杉矶举行的客户见面会上，愤怒的购买者差点把马斯克围攻晕倒。不过，即使将售价提高 1 万，特斯拉依旧面临赔钱卖车的窘境。

就在危急时刻，马斯克再次小宇宙爆发，用先进的技术打动了全球最大的商用车制造商戴姆勒股份公司。后者最终投资 5000 万美元收购特斯拉 10% 的股份，两家公司也进入更紧密的战略合作阶段。不久后，特斯拉又与丰田签订合作协议，为丰田提供电池组

以及电动发动机。为了维持现金流，马斯克又拿出了自己仅存的6000万美元，用于生产和工程的流动资金。转机由此到来。

2013年5月初，特斯拉宣布其2013年第一季度首次盈利后，一时成为全球瞩目的焦点。近一个月内，它的股价涨了约80%，正在向100美元冲刺，市值突破100亿美元。

无可否认的是，商业正在推动着新一轮的科技创新革命，正是有无数像埃隆•马斯克这样的怀着雄心改变世界的创业者才不断推动着人类的进步。这其中蕴含的道理就是：创业就要钢铁侠一样——兼具永不言败的意志和仰望星空的博大胸怀。创业者们，你们是否已经准备好了？

思考与训练

一、单选题

1. 直到1982年，（　　）公司推出第一台带有可变气门正时技术的汽车发动机，阿尔法•罗密欧的spider2.0是最早采用VVT技术的量产车型。

A. 丰田　B. 奔驰　C. 菲亚特　D. 通用

2. （　　）年，世界上第一款搭载缸内直喷技术的奔驰300SL车型诞生。在当时，这款车型的动力输出整整高出一倍，并且油耗也降低了约10%。

A. 1954　B. 1955　C. 1956　D. 1957

3. 1832年—1839年间有个叫罗伯特•安德森的神秘苏格兰男子发明了第一辆（　　）。

A. 电动车　B. 柴油车　C. 汽油车　D. 无人汽车

4. 在1884年，英国发明家（　　）制造了可充电电动车，并将电动车实现量产。

A. 罗伯特•安德森　B. 托马斯•帕克　C. 奥托　D. 卡尔•本茨

5. 纯电动汽车的三大瓶颈问题不包括（　　）。

A. 售价高　B. 里程短　C. 充电难　D. 不环保

6. 被称为“终极环保车”的是（　　）。

A. 传统燃油车　B. 纯电动汽车　C. 混合动力汽车　D. 燃料电池汽车

7. VVT（Variable Valve Timing）技术是（　　）的简称。

A. 缸内直喷　B. 可变气门正时　C. 涡轮增压　D. 多点喷射

8. 涡轮增压技术最早是在船用（　　）发动机上使用。

A. 汽油　B. 柴油　C. 氢燃料　D. 煤油

9. 1881年法国发明家在（　　）举行的国际电力博览会上演示了三轮电动车。

A. 巴黎　B. 纽约　C. 东京　D. 北京

10. Turbo是（　　）的简称。

A. 缸内直喷　B. 可变气门正时　C. 涡轮增压　D. 多点喷射

二、讨论

你认为未来汽车的发展方向是什么？请说出理由。

研发与制造

研发与制造

当你驾驭爱车驰骋街道时，是否想过哪些环节会决定它的DNA、性能以及安全。一款新车型的诞生，都要经过两个阶段，即研发与制造，研发阶段包括了设计与试验。

汽车的研发和制造其实属于不同层次的两个阶段，研发阶段主要偏向于设计与定型，即“孕育”时期，经过一系列论证与试验，一旦设计方案确定下来，几乎所有的DNA将得到确认，而制造阶段则是把构想付诸实施，将它的每一处细节体现为最终的每一个产品特征，在量产过程中将其大量“复制”出来，即它的“襁褓”时期。研发与制造，前者侧重于“意”，后者侧重于“形”，承前启后，互为促进。

研发与制造主题分为千锤百炼的新车诞生、魅力无限的设计艺术、鲜为人知的性能试验、精益求精的高效制造4个话题。

话题一　千锤百炼的新车诞生

拥有一辆自己的汽车，是很多人梦寐以求的目标。汽车融入了美学、功能以及对未来的愿景。那么汽车是如何研发出来的呢？

一、立意研发

立意研发

汽车研发的第一步是市场调研，这一步非常重要，是决定新车型成败的关键，是指导后面设计工作的方向和原则，直接决定所设计车型的样式和定位。

市场调研阶段确定新车型的市场定位及初步工艺、成本等基本信息之后，

便进入概念设计阶段。概念设计的主要任务包括总体布置草图设计和造型设计两个部分。总体布置草图内容包括车厢及驾驶室，发动机与离合器及变速器、传动轴、车架和承载式车身底板、前后悬架、制动系、油箱、备胎和行李箱等的布置以及空调装置的布置（图 5.1）。

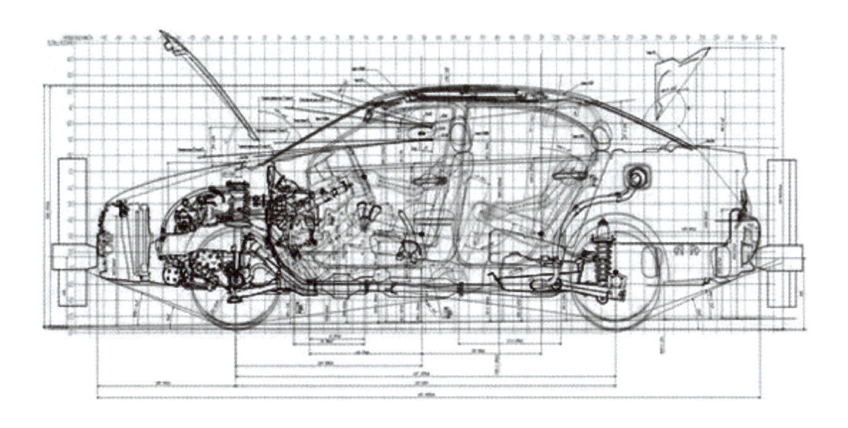

图 5.1 汽车总体布置（草图）

然后就是造型设计，包括外形设计和内饰设计两部分，这是汽车设计的重要环节之一。设计师为了快速捕捉创意和灵感设计草图（图 5.2），最初的设计草图也许只有几根线条，但是能够勾勒出造型的神韵，通过大量的设计草图来尽可能多地提出新的创意。这个车到底是简洁还是稳重，是复古还是动感，都在此阶段一目了然。

图 5.2 汽车设计草图

草图绘制完成后，就是制作油泥模型（图 5.3）。虽然现在电脑技术发达，但电脑上的效果图并不能完全替代传统的油泥模型设计。油泥模型仍是现代汽车设计过程中一个不可或缺的过程。传统汽车油泥模型的制作比较麻烦，要全部由手工操作，制作一个油泥模型大概需要 3 个月的时间。现在各大汽车厂家的全尺寸整车模型基本上都是由五轴铣削机铣削出来，再由油泥模型师根据设计师的要求对其进行局部修改。按照这种方法，制作一个模型只需要 1 个月甚至更短。当造型方案得以最终确定，项目即进入工程设计阶段。

工程设计是一个对整车进行细化设计的过程（图 5.4），各个总成分发到相关部门分别进行设计开发。具体包括总布置设计、车身造型数据生成、发动机工程设计、白车身工程设计、底盘工程设计、内外饰工程设计和电器工程设计，最终确认整车的设计方案。

图 5.3　汽车油泥模型

图 5.4　汽车工程设计

工程设计阶段完成以后便是样车试制阶段和试验阶段。样车的试验包括两个方面：性能试验和可靠性试验。性能试验是为了验证设计阶段中各个总成以及零部件经过装配后的整体性能能否达到设计要求，并根据发现的问题及时做出设计修改。可靠性试验是为了验证汽车的强度以及耐久性，试验形式主要有风洞试验、试验场测试、道路测试、碰撞试验等。

试验阶段关乎新车的最终品质，如果在这个阶段未能及时发现问题便匆匆投产，将导致产品的先天不足以及新车的问题成堆。其中，风洞试验主要是为了测试汽车的空气动力学性能，获取风阻系数并积累空气动力学数据。碰撞试验通常主要包括正面碰撞、侧面碰撞

和追尾碰撞，目的是发现汽车在安全上的问题，以便有针对性地对车身结构进行加强设计（图 5.5）。

图 5.5　风洞试验（左）碰撞试验（右）

试验阶段完成以后，新车型的性能得到确认，产品最终定型。在确保小批量生产的产品 3 个月无重大问题的情况下，将正式启动量产。至此，研发阶段宣告结束。

【汽车史上伟大的概念车作品】

汽车设计师如何将天马行空的蓝图变成三次元的可触之物呢？那就是概念车（Concept Car）。以下罗列往日时光中值得记住的 12 台概念车作品，无论是致敬经典还是已经变成量产车行驶在路上，概念车一直都是汽车设计领域最奔放的一片自由天空。

凯迪拉克 CadillacCien（图 5.6），其实应该是中置发动机雪佛兰克尔维特的原型车，但通用还是将其挂上了凯迪拉克车标。它拥有一颗 7.5L 排量的 V12 心脏，可以产生 750 匹马力。

图 5.6　凯迪拉克 CadillacCien

福特 Ford GT90 是在 2005 年福特推出 Ford GT 之前发布的概念车（图 5.7）。车身多棱角的未来感设计理念中，还是能看到对于经典 GT40 的致敬。该车搭载的 720 匹马力 4 涡轮 V12 发动机可惜没能用在量产车上。

图 5.7　福特 Ford GT90

蓝旗亚 Lancia Stratos Zero（图 5.8），如果没有四个车轮简直就是台宇宙飞船！有很多人认为这是楔形汽车设计中的最美之物，也有人评价其是世界上最美的概念车作品。

图 5.8　蓝旗亚 Lancia Stratos Zero

玛莎拉蒂 Maserati Birdcage 75th 是 2005 年发布的（图 5.9），是为了致敬 20 世纪 60 年代的 Maserati Birdcage“鸟笼”赛车，同时也是为了纪念 Pininfarina 宾尼法利纳 75 周年。

图 5.9　玛莎拉蒂 Maserati Birdcage 75th

前盖一体式车门就像战斗机座舱一样，令人过目不忘。

马自达 Mazda Furai 是马自达在 2008 年底特律车展上推出的概念车（图 5.10）。不过，这台炫酷的 3 转子 450 匹马力马自达在 *Top Gear* 杂志为其“测评”时烧的只剩下了壳子。

图 5.10　马自达 Mazda Furai

福特 Ford Indigo 是福特在 1996 年发布的（图 5.11），这台设计风格激进的开放式座舱跑车，外观造型颇像普利茅斯猎兽。不过猎兽概念车早在 1993 年就亮相于底特律车展。后者在 1997 年实现量产，而 Ford Indigo 仅制造了两台。

图 5.11　福特 Ford Indigo

二、匠心制造

匠心制造

一款汽车的品质，主要由其制造质量来决定。凡是昂贵的超级豪华汽车，无不重点宣传它是怎样打造的，采用了什么先进的制造工艺和材质。一款汽车的制造质量，主要是由生产工艺水平和管理水平决定的。应用先进的生产工艺和严谨的检测技术，可以防止和杜绝制造中出现瑕疵，而管理水平更是整个制造流程的灵魂。从生产工艺和管理水平上，就能大概判断汽车品质的高低。

投产启动阶段中，生产流程链、各种生产设备及生产线铺设等均已准备完毕（图 5.12），为新车的正式量产做好了准备。汽车在制造过程中主要分为四大工艺，分别为冲压工艺、焊装工艺、涂装工艺和总装工艺。

图 5.12　汽车生产线

汽车冲压一般为冷冲压（图 5.13），是所有工序的第一步，是使金属板料在冲模中承受压力而被切离或成形的加工方法。先把钢板切割出合适的大小，一般只进行冲孔、切边之类的动作，然后才进入真正的冲压成形工序。每个工件都有一个特定的模具，只要把各种各样的模具装到冲压机床上就可以冲出各种各样的工件。模具的质量直接决定着工件的质量，采用冷冲压加工的汽车零件有：发动机油底壳、汽车车架以及大多数车身零件。冲压加工的生产率很高，并可制造形状复杂而且精度较高的零件。

图 5.13　汽车冲压

焊接是给冲压好的车身板件局部加热或同时加热、加压而接合在一起形成车身总成（图 5.14）。现代轿车一般采用承载式车身结构，也就是没有“大梁”，因此要求车身必须具有较高的强度，以支撑发动机、变速器等。但一个完整的白车身，必须将许多冲压件焊接在一起，才能组成一个结构复杂的白车身。在汽车车身制造中，焊接工艺包括电阻焊、点焊、激光焊等。应用最广的是点焊、激光焊。传统的点焊被比喻为“系纽扣”，是以点的形式来连接两块钢板；激光焊被比喻为“拉锁”，是以线的形式将两块钢板进行无缝连接。相比较而言，用激光焊接的车身更不容易被撕裂，更安全。所以很多厂家在介绍车身结构的时候会特别强调是采用“激光焊接”。

图 5.14　汽车焊接

涂装有两个重要作用：防腐蚀和增加美观度（图 5.15）。涂装工艺过程比较复杂，技术要求高，主要分为漆前预处理和底漆、喷漆工艺、烘干工艺等。整个过程需要大量的化学试剂处理和精细的工艺参数控制等工序，对油漆材料以及各项加工设备的要求都很高。

图 5.15　汽车涂装

总装是按照一定的要求，用连接零件（螺栓、螺母、销或卡扣等）把各种零件相互连接组合成部件，再把各种部件组合成整车（图 5.16）。装配工艺的水平直接影响到整车的性能。

图 5.16　汽车总装

无论是把零件组合成部件，或是把部件组合成整车，都必须满足设计图纸规定的相互配合关系，以使部件或整车达到预定的性能。有些汽车钣金的接缝比较均匀，而有些汽车钣金接缝不均匀，这与装配工艺水平关系很大。经过各模块装配和各零部件的安装后再经过车轮定位、车灯视野检测等检验调整后，整辆车就可以下线了。

【汽车产业的幕后英雄——工业机器人】

人类历史上很多生产方式革命，都是从汽车制造业开始，比如20世纪的福特流水线、丰田精益生产方式。

工业机器人应用也不例外，能够代替人工发挥自主性，在如今的汽车制造生产过程中占据着不可替代的重要作用，越来越受到制造商的重视。

工业机器人能适应不同的生产环境及工艺的要求，可代替人工完成焊接、搬运、喷涂、装配、检测等繁重、有毒、高低温等环境下的操作，保证了人员的生产安全，同时也提高了生产效率。

焊接是汽车制造过程中的重要步骤，工业机器人可以根据不同的程序安装不同的焊枪，从而对汽车的各个部位进行焊接，具有较高的焊接精度（图 5.17）。

图 5.17　工业机器人应用于汽车焊接

工业机器人能够快速从指定位置抓取零部件并且将其搬运至指定工位，搬运过程中不会对零部件造成损坏（图 5.18）。对于不同形状以及不同状态的工件，机器人的末端可以根据要求安装不同的执行器。

汽车喷涂主要可以分为涂胶和喷涂。工业机器人的涂胶系统主要包括涂胶枪等装置，可以快速地对车身部位进行不同厚度、不同形状的喷涂（图 5.19）。

工业机器人是一种自动化的设备，主要由传感器和末端执行器等结构组成，而末端执行器就可以针对不同的装配工件进行不同结构的组装，如汽车发动机总成、仪表盘、车门等部件的安装（图 5.20）。

汽车在制造完毕后，都需要进行检测试验。工业机器人检测系统可以对汽车进行部件检测，从而反馈出误差信息，具有速度快、精度高等特点，可以提高汽车的整体合格率、减小生产误差等（图 5.21）。

图 5.18　工业机器人搬运

图 5.19　工业机器人喷涂

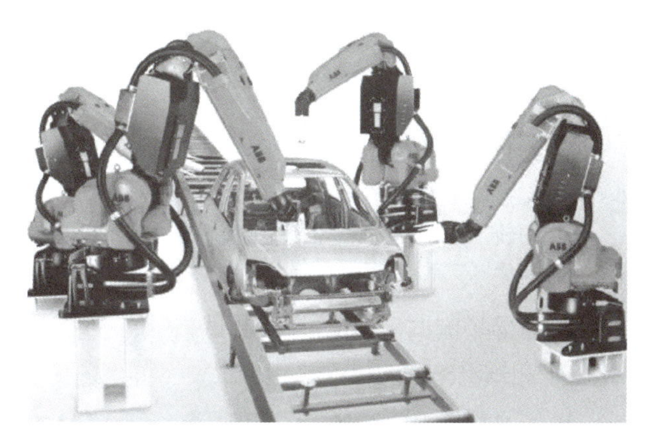

图 5.20　工业机器人装配

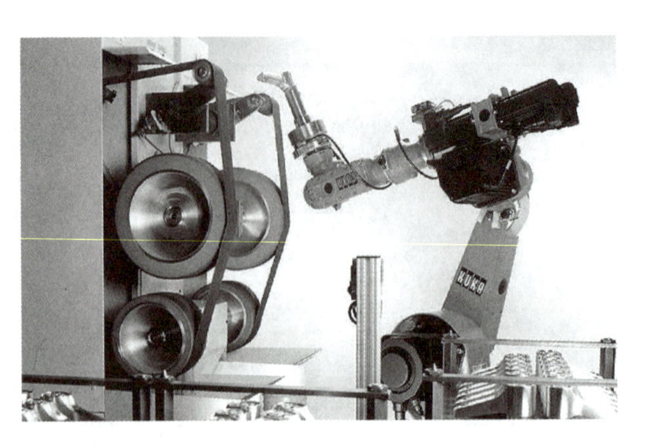

图 5.21　工业机器人检测

思考与训练

一、单选题

1. 汽车研发的第一步是（　　）。

A. 造型设计　B. 市场调研　C. 制作油泥模型　D. 工程设计

2. 草图绘制完成后，接下来的步骤是（　　）。

A. 外形设计　B. 内饰设计　C. 制作油泥模型　D. 草图设计

3. 样车的试验包括性能试验和（　　）。

A. 试车场试验　B. 道路试验　C. 可靠性试验

4. 汽车制造工艺中的第一步是（　　）。

A. 冲压工艺　B. 焊接工艺　C. 制造工艺　D. 总装工艺

5. 涂装有两个重要作用，即（　　）和增加美观度。

A. 防腐蚀　B. 防碰撞　C. 防翻转　D. 防倾覆

6. 造型设计包括外形设计和（　　）。

A. 内饰设计　B. 工程设计　C. 草图设计

7. 汽车制造的四大工艺不包括（　　）。

A. 冲压工艺　B. 焊接工艺　C. 制造工艺　D. 总装工艺

8. 工程设计阶段完成后是（　　）阶段。

A. 外形设计　B. 内饰设计　C. 制作油泥模型　D. 试验阶段

9. 可靠性试验形式不包括（　　）。

A. 风洞试验　B. 试验场测试　C. 道路测试　D. 材料测试

10. 风洞试验主要是为了测试汽车的（　　）性能。

A. 空气动力学　B. 发动机　C. 变速箱　D. 车轮

二、讨论

请谈一谈你认为中国汽车制造工业现阶段的制造质量和品质到达怎样的水平。

话题二　魅力无限的设计艺术

把汽车带进艺术殿堂的是美国的哈利·厄尔。在以智慧为穹顶、以创新为支柱的汽车殿堂里，它常被后人称为“汽车设计之父”。美国老电影或者“猫王”埃尔维斯·普雷斯利发旧的录像带中，那些招摇过市的大尾鳍敞篷车，抑或是“火箭”式的尾灯的想象之作，都是哈利·厄尔献给一个时代的杰作。

哈利·厄尔

一、哈利·厄尔

从二战结束到20世纪60年代，美国跃居为世界最富裕的国家，一个新的群体变得重要了——美国的青少年。随着艾伦·金斯堡的一声“嚎叫”，20世纪60年代的美国是思想开放的年轻人的世界，他们需要能够与先锋的思想行为擦出火花的座驾。哈利·厄尔凭借直觉敏锐，带领通用设计团队出品了一批现今看来极为浮夸的车型。在通用汽车任职期间，哈利·厄尔设计的车型销售量约达3500万辆。从某种层面上来说，是他，真正让通用占据世界第一多年的位置。

图5.22　哈利·厄尔

哈利·厄尔（图5.22），1893年11月22日出生在洛杉矶的好莱坞，早年的他极富运动细胞，在南加州大学读书期间曾在马术项目中创下校纪录。

后来，老厄尔把哈利·厄尔送到斯坦福大学学习，希望他将注意力转移到法律领域。由于哈利·厄尔在运动时受伤，被迫暂时回家修养。用现在的眼光来看，这是父愿不可违，如果不是那场意外，现在，写在史册上的不会是名垂汽车史的“汽车设计之父”了。哈利·厄尔在家中休养，暂时替老厄尔在汽车厂工作，并逐渐喜欢上汽车这个“会跑”的钢铁机器。

老厄尔晚年时将厄尔汽车厂卖给凯迪拉克经销商唐·李，在唐·李买下了他的工厂作为合伙人加入定制车厂的20多年内，工厂一直处于赢利的状态。因为在当时，哈利·厄尔以其独特的展示方式，用黏土做成车身模型，视车型效果而决定是否制造这款车型，用黏土制作车模再生产这个新奇的做法引起了凯迪拉克总裁佛列得·费舍尔（Fred Fisher）的注意。通过唐·李、佛列得·费舍尔结识了厄尔，在看过他在汽车设计方面的才华后，费舍尔决定专程到加利福尼亚邀请厄尔为通用汽车的凯迪拉克做设计工作。

哈利·厄尔进入通用汽车之后的第一项工作是为凯迪拉克设计一款入门级车型，用以填补凯迪拉克与别克品牌之间的市场空白。厄尔与另一位汽车工程师合作，仅用3个月的时间就完成凯迪拉克LaSalle的原型车设计（图5.23）。

今天的凯迪拉克CTS车型，其设计理念就是来自LaSalle。1928年，哈利·厄尔首次在改款的凯迪拉克LaSalle中引入了镀铬设计（图5.24），解决了镍金属装饰的褪色问题。

与费舍尔一样，时任通用汽车总裁阿尔弗雷德·斯隆（Alfred P. Sloan）也非常欣赏哈

图 5.23　哈利・厄尔与 LaSalle

图 5.24　改款的凯迪拉克 LaSalle

利・厄尔的才华。当时，福特凭借"T"型车，成为全球第一大汽车制造商，斯隆迫切希望通用能赶超福特。1927 年末，斯隆在通用成立了艺术与色彩工作部（图 5.25），哈利・厄尔被邀请到底特律，担任新部门的主管。

图 5.25　通用公司艺术与色彩工作部

哈利·厄尔开始面向全美招募人才，到1928年1月，艺术与色彩部已经拥有50位员工。哈利·厄尔的艺术与色彩部门在20世纪30年代对通用汽车产生了意义深远的影响，首创了汽车工业中专门从事车身造型和内饰设计的部门。通用汽车的规模此时也急剧扩张，并逐渐成为最为强大的汽车帝国。

1938年，别克Y-Job车型（图5.26），被誉为世界上第一款概念车型，将哈利·厄尔的事业推向一个极致。当哈利·厄尔在车展上为人们演示这款车的时候，他称之为梦想之车。

图5.26　哈利·厄尔与别克Y-Job车型

除此以外，Y-Job车型对汽车设计行业最大的贡献还在于哈利·厄尔惯用的黏土模型技术的使用，这使得汽车的外形设计更加灵活多样，这项技术直至今日仍被广泛采用。

继1937年别克Y-Job成功之后，哈利·厄尔和他的造型部有了更多的自由来制造第二辆概念车。1951年，充满了凌厉气势的别克LeSabre顺势而生（图5.27），其灵感来自军刀战斗机。凹陷的椭圆形水箱格栅与喷气式飞机的进气口极为相似，LeSabre同样拥有漂亮的尾鳍，这也是20世纪50年代汽车设计的一大特色。

图5.27　哈利·厄尔与别克LeSabre

其后，哈利·厄尔继续为庞蒂亚克相继设计Firebird系列车型（图5.28），设计灵感同样来自喷气式战斗机。1959年，凯迪拉克推出了有着夸张尾鳍的车型，两盏“火箭”式尾灯摄人心魂，这是哈利·厄尔为通用公司主导设计的最后一款车型。

图 5.28　Firebird 系列车型

哈利·厄尔，一位在美国人心中有着不可磨灭影响的设计师。他一生都在追寻新颖的创造。他给汽车设计领域带来的影响至今还存在着。同时，他将一生都献给通用汽车，正是他的存在，通用汽车长期占据着世界产销量第一的位置。

二、魅力无限的造型艺术

汽车外形演变的每一个时期，都让汽车性能得以提升，同时也是汽车美学的发展。汽车发展了 100 多年，汽车外观造型也变迁了一百多年，将来也许还会有更多奇特的车型出现。未来的汽车生活将更加精彩。

魅力无限的造型艺术

1915 年，福特 T 型车首次将简陋的布篷换成木制的箱型车身（图 5.29），是车身外形设计的开端。木质的箱型车身可以遮风挡雨，乘坐舒适性大大提高。箱型车在第一次世界大战中也发挥了不小的作用，方正的车身和充足的车内空间有利于运输军需物品和官兵乘坐。

图 5.29　布篷 T 型车（左）和木制箱型 T 型车（右）

从 20 世纪 20 年代末到 50 年代流线型风格风靡整个设计领域。从口红、水瓶、电冰箱、吸尘器到汽车、火车、飞机，流线型风格随处可见。设计师将飞机设计中的空气动力学概念引入汽车，以降低风阻提高速度。钢板冲压工艺的出现为流线型汽车的大批量生产提供了条件。

流线型汽车的代表是德国波尔舍博士设计的大众汽车。1937 年，大众甲壳虫轿车推出（图 5.30），由于其廉价耐用、造型可爱而得到人们的喜爱，成为唯一能与福特 T 型车媲美的车型。其他厂家也陆续推出了自己的甲壳虫型汽车，甲壳虫造型的汽车极大地降低了风阻、提高了车速，最高时速超过了 100km/h。

1949 年的福特 V8 是世界上首辆船型车（图 5.31），它改变了以往的汽车造型，乘客舱、发动机舱和行李舱分三段，也称为“三厢车”，看起来就像一只小船，所以人们把这类车叫作“船型汽车”。

图 5.30 1937 年大众甲壳虫

图 5.31 1949 年福特 V8

船型车在 20 世纪 50 年代最为盛行，车身宽敞华丽，然而油耗较高，功能也不完善。船型车优化了甲壳虫车型的后排舒适性与行驶稳定性，如 1953 年克莱斯勒 New Yorker 等，由于各种性能的改良和优化，成为多年来经久不衰的车型。

随着生活节奏的加快，人们对车速的要求也越来越高。楔形汽车的造型符合空气动力学，行驶起来既高速又安全。其车身整体向前下方倾斜，前低后高，头尖如楔，因此被称为“楔形汽车”。

1963 年司蒂倍克·阿本提设计了第一辆楔型轿车（图 5.32）。

图 5.32 第一辆楔型轿车“阿本提”

福特公司项目主管艾柯卡看准了楔形车这个潜力巨大的市场，积极推动野马项目的实施，1962 年，福特开始研发了野马的第一辆概念车——野马 I 型车（图 5.33），取名自在二战中富有传奇色彩的北美 P57 型野马战斗机。

图 5.33　野马 I 型车

然而 20 世纪 60 年代是船型车的盛行时代，因此楔形车未能得到大规模应用，直到 1966 年才被奥兹莫比尔·托罗纳多所继承。楔型汽车在 20 世纪 60 年代以后广泛应用于赛车领域，如 20 世纪 80 年代的意大利法拉利跑车和日本丰田汽车公司的 MR2 型中置发动机跑车（图 5.34）。

图 5.34　丰田 MR2 型中置发动机跑车

接连发生的两次石油危机使得造型夸张、油耗大的美国车受到重创。

美国现代企业管理的代表人物阿尔弗雷德·斯隆极力主张拉开汽车档次，以满足不同群体的消费需要。经济的不景气和石油危机使得汽车造型回归 T 型车时代的朴实简约，以两厢掀背型车为代表。

社会环境的影响使车身设计又回归原点，更多地考虑消费者的需求和实用性，提升车辆

的燃油经济性。小巧灵便的日本车因其经济实用、油耗低的特点，占领了大片市场，日本因此跻身世界汽车生产大国之列。

【世纪汽车设计大师——乔治亚罗】

1938 年，第二次世界大战初露战火，意大利西北部小城 Garessio 一户普通的艺术世家，诞生了一位叫作乔盖托·乔治亚罗（Giorgetto Giugiaro）的新生儿。如果说《浮生若梦》是 20 世纪 30 年代美国经济不景气的缩影，那么，乔治亚罗就是一部 20 世纪汽车设计的简史。

1938 年，乔治亚罗出生于意大利西北部小城 Garessio，这是一个与设计之都都灵相距不到 40km 远的地方。巧合的是，乔治亚罗后来的导师吉奥瓦尼·博通也是来自这座小城。家里祖辈都是从事与艺术相关的工作，祖父为教堂绘制壁画，父亲则是一名宗教画家，母亲对音乐亦有着颇深的造诣。或许，乔治亚罗日后过人的成绩离不开艺术世家的出身，从小就显现出艺术上的天赋。

乔治亚罗在 14 岁时入学都灵艺术学院（图 5.35），1955 年，在都灵艺术学院毕业作品展览上，他的几张汽车设计图被当时菲亚特的灵魂人物 Dante Giacosa（菲亚特 500 设计者）慧眼识中，成为菲亚特设计团队一员。

图 5.35　乔治亚罗就学的都灵艺术学院

那一年，乔治亚罗年仅 17 岁。如果换作现在，17 岁进入菲亚特这样的大厂做设计师，完全是件不可思议的事情。在菲亚特的四年里，乔治亚罗更多的时候是在学习，像任劳任怨的学徒那样，他目睹了前辈们如何将菲亚特 600 设计出来。

然而，四年的设计生涯并没有为他提供过多施展才华的机会。因为，这种大的设计公司往往是受到品牌历史的禁锢，好的想法难于被付诸生产，这也让乔治亚罗萌生去意。

直至 1959 年，乔治亚罗委托朋友将自己的设计图纸呈给博通（Bertone）设计公司，吉奥瓦尼·博通看了这些作品，认为这些设计图纸不可能出自这样一个毛头小伙之手。于是，在博通刁难之前，乔治亚罗主动承接一个设计项目以证明自己的实力。在博通的帮助下，令人震惊的 1963 年雪佛兰 Corvair Testudo 概念车设计就此诞生（图 5.36）。

雪佛兰 Corvair Testudo 是当时美国极为流行的运动车型，虽然最终没有量产，但其造型影响深远，相信后来许多设计师都曾在这款车上找到灵感。

图 5.36 雪佛兰 Corvair Testudo 概念车

雪佛兰 Corvair Testudo 概念车让他的才华得到博通赏识，所以博通将他纳为弟子并将改款阿尔法·罗密欧 2000 项目交付给乔治亚罗。后来，这款车型同样在当时市场上引起广泛的轰动，出色的工作让博通决定重用他。

1965 年，由于种种原因，乔治亚罗离开了博通工作室，来到设计风格更适合自己的 GHIA 出任设计中心主管。20 世纪 60 年代世界经济开始复苏，为普通民众造车成为汽车行业的主题。

在 GHIA 颇短的任期内，乔治亚罗同样也有精彩的作品问世，像 Isuzu 117（1968 年起量产 13 年）、菲亚特 850 Vanessa、玛莎拉蒂 Ghibli、Mazda Familia，其中 1966 年设计的 Mangusta，一改六十年代的柔滑造型，首创棱角分明的叠纸车型，在设计个性化还未到来的 20 世纪 70 年代，1966 年的 Mangusta 堪称 60 年代过渡至 70 年代的转折之作。

在有了菲亚特、博通工作室、GHIA 三个成功工作经验之后，时年 30 岁的乔治亚罗于 1968 年自立门户，与擅长机械与商业运作的 Aldo Mantovani（同时也是出色的工程师：曼托瓦尼）一起成立了 Italdesign 设计工作室，规模又上了一个新台阶。二人将顶尖的汽车设计能力与商业运作体系紧密结合，开启一条从设计工业产品到汽车的革命之路，共同见证了 Italdesign 在商业上的巨大成功。

在成立 Italdesign 设计工作室后，大众第一代高尔夫等车型相继出炉（图 5.37），Italdesign 设计工作室也从开始单纯的造型转型为兼顾整车工程开发和生产的全方位解决方案提供商。

20 世纪 80 年代至今，乔治亚罗从奋争一线的设计师慢慢过渡到 Italdesign 设计室幕后主脑，设计工作更多地交由儿子 Fabrizio Giugiaro 担当。虽然退居幕后，乔治亚罗

在这段时间带领着 Italdesign 设计室奔向另一个高峰。20 世纪 80 年代，乔治亚罗及其 Italdesign 设计室为我们带来了 De Lorean DMC-12、菲亚特 Panda、现代 Sonata 等经典作品。

图 5.37 第一代高尔夫 GTI

意大利是汽车设计的圣地，这里荟萃了世界上大部分专业设计室，是全世界设计师膜拜的神圣殿堂，世界上许多名车也都是出自意大利设计师的灵感。在这么多出众的设计室和设计师中脱颖而出，凭借的是乔治亚罗及其 Italdesign 公司出色的设计整合能力。"世纪汽车设计大师"是乔治亚罗当之无愧的称号。

思考与训练

一、单选题

1. 哈利 • 厄尔进入通用汽车之后的第一项工作是为凯迪拉克设计一款入门级车型——(　　)。

A. 别克 Y-Job　　B. 别克 LeSabre　　C.Firebird　　D. 凯迪拉克 LaSalle

2. 今天的凯迪拉克 CTS 车型，其设计理念就是来自(　　)。

A. Y-Job　　B. LeSabre　　C. Firebird　　D. LaSalle

3. 世界上第一款概念车型是(　　)。

A. 别克 Y-Job　　B. 别克 LeSabre　　C. Firebird　　D. 凯迪拉克 LaSalle

4. 1963 年(　　)设计了第一辆楔型轿车。

A. 艾柯卡　　B. 奥兹莫比尔 • 托罗纳多

C. 司蒂倍克 • 阿本提　　D. 波尔舍

5. 流线型汽车的代表是德国波尔舍博士设计的(　　)汽车。

A. 宝马　　B. 奔驰　　C. 大众　　D. 欧宝

6. 1915 年，(　　)首次将简陋的布篷换成木制的箱型车身，是车身外形设计的开端。

A. 福特 T 型车　　B. 大众甲壳虫轿车　　C. 福特 V8　　D. 克莱斯勒 New Yorker

7. 1949 年的(　　)是世界上首辆船型车，它改变了以往的汽车造型，乘客舱、发动机舱和行李舱分三段，也称为"三厢车"，看起来就像一只小船，所以人们把这类车叫做

"船型汽车"。

A. 福特 T 型车　B. 大众甲壳虫轿车　C. 福特 V8　D. 克莱斯勒 New Yorker

8. 从 1920 年代末到 1950 年代（　）风格风靡整个设计领域。

A. 流线型　B. 箱型　C. 船型　D. 楔型

9. 1962 年，福特开始研发了野马的第一辆概念车——（　）。

A. 野马 I 型车　B. 大众甲壳虫轿车　C. 福特 V8　D. 克莱斯勒 New Yorker

10. 日本车因其（　）、油耗低的特点，占领了大片市场，跻身世界汽车生产大国之列。

A. 动力足　B. 经济实用　C. 外观美　D. 造型夸张

二、讨论

请谈一谈你认为造型最炫酷、最时尚、最受你喜爱的一款汽车。

话题三　鲜为人知的性能试验

无论是被誉为"最高大上"的汽车风洞测试，还是被称为"幕后的生命保护神"的汽车碰撞试验，都是鲜为人知的室内试验。正是因为它们的出现，汽车的性能和安全才得以保证。

鲜为人知的室内试验

一、鲜为人知的室内试验

风洞试验，其实最早是用来研究产品空气动力学性能的，早在 19 世纪就应用在了导弹和飞机上，到了 20 世纪 60 年代，应用在汽车上。

当汽车时速达到 110km 以上的时候，风的阻力占到总行驶阻力的 70%，也就是说大部分燃油消耗在克服风阻上。同时风噪将会明显增加，超越发动机的噪声、路面噪声成为主要的噪声源，影响乘员舒适性。因此需要通过风洞测试，判断汽车的外形设计是否符合空气动力学原理，并做出一定的改良，把感性设计变成理性设计。

汽车风洞试验（图 5.38），被称为汽车工业最高大上的试验，作为一项并非国家强制性的测试，它每分钟耗资高达 400 元，一辆车从最初的设计到改进、验收一般要经过三次测试，大约需要 400 ～ 500h，这就意味着将耗资 1000 万元左右，堪称"最烧钱"的试验。

1886 年，世界上第一辆汽车诞生以来，车祸随之相伴。

1896 年，在英国发生了全球首次致死性交通事故。当时的验尸官说："这是一个恐怖的悲剧，希望这样的悲剧不要再发生"。然而这种美好的愿望却没能实现。

1908 年，福特发布了 T 型汽车，采用大量生产的方式，使汽车开始大规模普及。同时由于汽车车速越来越高，以及对汽车安全技术缺乏系统的研究，道路交通事故也不可避免地频频发生，夺走了无数人的生命。

图 5.38 汽车风洞试验

汽车像钢铁怪兽一样不断蚕食人的生命，引起了公众和政府的担忧。很多人呼吁取消或者限制汽车。如英国曾规定，汽车行驶速度不能超过 20km/h，通过村镇时必须鸣笛等。

汽车工业之所以能够有今天的健康发展，实车碰撞试验居功甚伟（图 5.39）。正是汽车实车碰撞试验的出现，使得汽车安全性的研究开始系统化，规范化，各种有效的汽车安全技术也不断被研发出来。

图 5.39 实车碰撞试验

在 20 世纪 30—40 年代，欧洲的有些汽车厂家就开始对汽车的碰撞安全性进行研究（图 5.40），开展了汽车翻滚和汽车侧面与圆柱碰撞等形式的实车碰撞试验。但这一般都是单个厂家的自发行为，碰撞试验条件比较简陋，测试方法和评价指标等方面也不够成熟、不很规范。

图 5.40　欧洲汽车厂家的汽车碰撞试验

1959 年，奔驰率先决定开始进行定期的和系统性的安全性试验，目的就是及时发现不断出现的汽车安全隐患。在那个年代，将整车用于碰撞试验绝对堪称创举。为了提升测试车的车速，人们甚至使用上了钢丝缆绳和蒸汽火箭。在模拟翻车试验时，技术人员专门设计了“螺旋坡道”。

由于当时还没有试验用的假人，工程师们甚至亲自上阵，冒着生命危险参与碰撞试验（图 5.41）。

图 5.41　工程师亲自上阵参与碰撞试验

后来，橱窗模特取代了工程师参与到测试中，而直到 1968 年，碰撞试验才首次采用了完全仿真的橡胶人（图 5.42）。这些实车碰撞测试的意义也不再仅限于对汽车抗撞击结构的

合理性进行测评，它已经逐渐成了测试安全气囊、安全带、头枕、缓冲部件、儿童座椅、车身材料等相关领域的基础方法。

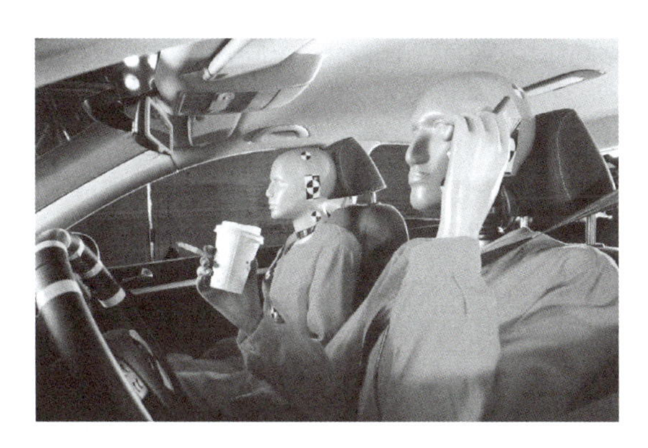

图 5.42　碰撞试验假人

从简单的车撞壁障，到不同角度不同重叠率以及翻滚、车顶静压等碰撞试验，最后到带角度的小重叠率的高速车对车碰撞，难度在提高、技术含量在提高，而带来的结果是汽车安全性的提高。可以说汽车实车碰撞试验是挽救人生命的幕后保护神。

【三大主流汽车碰撞测试组织及测试内容】

汽车碰撞测试的组织有很多，听得最多的自然是 NCAP 体系的组织。NCAP 是 New Car Assessment Program 的缩写，即“新车评价规程”，是对汽车安全性进行评估的一项测试。

比较有名的碰撞测试体系有欧洲的 E-NCAP、美国的 NHTSA-NCAP 和 IIHS 碰撞测试，还有我国的 C-NCAP 等。各大碰撞测试标准也有其侧重点，比如 E-NCAP 更关注主动安全配置的配备情况，IIHS 则更加重视汽车结构的安全性。

（1）E-NCAP：把人放在第一位

E-NCAP 即 Euro-NCAP（欧洲新车安全评鉴协会），始创于 1997 年，由欧洲五个国家的政府倡导而生，是结合欧盟组织、专业学者及高科技之工程技师所成立的专业安全评鉴组织。凡是在欧洲销售的新车，厂商都需将车型送至 E-NCAP 测试中心进行安全测试。

E-NCAP 测试的项目相当全面，主被动安全、车身强度、行人防护等各方面均有涉及，一共达到了 17 项之多。值得注意的是，E-NCAP 拥有一套完善的行人保护评价规则，体现出“以人为本”这一大特色。

（2）IIHS：严苛立世

IIHS（美国公路安全保险协会 Insurance Institute for Highway Safety）是一家来自美国的碰撞测试机构，以严苛出名，以近乎残酷的“25% 小重叠碰撞”闻名业界。

IIHS 由两大项目组成，耐撞性（包含 25% 小重叠碰撞、40% 中度重叠碰撞、侧面碰撞、车顶强度、座椅头枕）及防撞性。

比较特别的一点是 IIHS 测试结果采用的是分级评定而非常见的分值评定，这样的好处是可以使评价结果更加直观简洁，而且碰撞测试评价一共分为四个级别（G 优秀、A 良好、

M 合格、P 较差），预碰撞系统分三个级别（优秀、高级、初级），这样的划分使得测试结果相当严苛，但也存在不够细腻的缺陷。

IIHS 最有名的是其 25% 小重叠碰撞，这个项目在 2012 年正式设立，将车辆的正面碰撞区域缩减为车前部的 25%，在约合 64.4km/h（40mph）的时速下，与不可变形的刚性壁障进行碰撞。由于碰撞面积大大减小，压强会增强很多，因此对车辆的车身结构设计、车身材料的刚性程度、乘员舱保护程度等安全性能要求也更高。

（3）C-NCAP：后起之秀

C-NCAP（中国新车评价规程 China-New Car Assessment Program）在国内目前知名度是最高的。C-NCAP 起步晚，因此它在部分测试项目上很好地学习了国外主流测试机构，就拿 2018 年版的 C-NCAP 评价规则来说，新规则增加了行人保护试验，这也算是紧跟 E-NCAP 的步伐，与国际接轨。

此外，C-NCAP 2018 年新规还首创地将电安全纳入了评分方案，此举要比其他两家机构抢先一步。

环境严苛的室外试验

二、环境严苛的室外试验

汽车在量产前还要经过试车场试验、万里长征的公共道路测试、冷酷无情的历练、历经“烤”验的高温测试，抑或是汽车人艰苦的付出，正是因为如此，汽车才会如此舒适、可靠。

国外汽车工业部门对建设试车场十分重视，甚至称汽车试验场是汽车工业发展的先驱，试车场测试也被誉为“设计师考场”。

早在 1917 年美国就兴建了世界上第一个、占地面积达 304km^2 的阿伯丁试车场（图 5.43），到如今已经历了近百年的风风雨雨。第二次世界大战后，工业发达的西方国家及日本等国的各大汽车公司为了确立自己汽车龙头地位，纷纷建设试车场，而且规模越来越大。

图 5.43　阿伯丁试车场

为满足汽车的实际行驶要求，汽车试验场的主要设施是集中修建的各种各样的试验道路，包括汽车高速行驶的环形跑道、可造成汽车强烈颠簸的凹凸不平的坏路以及动力学广场、坡道、ABS 试验路、噪声试验路等，给汽车提供稳定的路面试验条件。汽车试验场有大有小，试验道路的品种和长短也不尽相同，而且随着汽车技术的发展，不断会提出修筑新的试验设施的要求。因此，汽车试验场也被称为汽车设计师的考场。

公共道路测试就是驾驶样车在公路上行驶，如城市街道、高速公路、国道、山路、乡村路等。一些被称为“谍照”的测试车照片，被涂得花花绿绿，包裹得面目全非，认不出这是什么品牌的车，这是制造厂家为了防止竞争对手过早获取新车型信息而采取的防护措施。这些所谓的“谍照”汽车就是正在进行公共道路测试（图 5.44）。一辆样车在投产前，一般都要进行十万或十几万公里的实际道路测试，以从实践中发现汽车的设计缺陷并进行改进。

图 5.44　汽车谍照

为了确保汽车的广泛适用性，在公共道路测试环节还要对样车进行冷酷无情的低温和历经“烤”验的高温等气候测试。

国内汽车严寒试验规范一般要求试验气温低于 −20℃，还应包括一定比例的气温低于 −30℃的情况。国内汽车厂商一般选择在黑龙江黑河进行严寒测试，那里每年 12 月至第二年 2 月中旬，平均气温在 −30 ～ −20℃之间（图 5.45）。欧洲国家的汽车厂商则往往会选择去芬兰进行严寒测试。

图 5.45　汽车严寒测试

国内汽车厂商一般选择海南试车场进行高温测试（图 5.46），那里每年 5 月下旬到 9 月下旬，气温可达到 35℃以上，而且暴风雨较多，湿度大，比较适合样车进行高温气候测试。海南试车场由一汽集团建造，一些汽车厂商觉得在那里进行试车有所不便，因此越来越多的汽车厂商选择到气温更高的新疆吐鲁番地区进行高温测试。欧洲国家的汽车厂商则往往会选择到纳米比亚等非洲国家进行高温测试。

图 5.46 汽车高温测试

汽车室外试验业务非常广，无论是可靠性还是用户适应性，发动机电喷系统匹配试验还是底盘综合性能测试都离不开道路作为支撑，因此，室外试验几乎涉及了汽车的方方面面，因而这也要求室外试验人员必须具备相当强的驾驶技能、整车评价技能以及问题分析排查能力，同时还需要足够的经验积累。同时做一个试验员不仅是要懂技术，还要有极强的心理素质和身体素质，吃得苦，耐得住寂寞。道路试验工每天除了休息时间，都坐在车上，所以基本每个人都有不同程度的腰椎、肩颈劳损问题。正是因为这群专业、乐于奉献的可爱的人，我们才能驾驶性能好、安全的汽车享受我们的生活。

思考与训练

一、单选题

1. 当汽车时速达到 110km 以上的时候，风的阻力占到总行驶阻力的（　　），也就是说大部分燃油消耗在克服风阻上。

A. 50%　　B. 60%　　C. 70%　　D. 80%

2. 汽车工业最高大上的试验是（　　）。

A. 风洞测试　　B. 碰撞测试　　C. 试车场测试　　D. 高温测试

3. 早在（　　）年美国就兴建了世界上第一个、占地面积达 304 平方公里的阿伯丁试车场，到如今已经历了近百年的风风雨雨。

A. 1917　　B. 1918　　C. 1919　　D. 1920

4. 后来，橱窗模特取代了工程师参与到测试中，而直到（　　）年，碰撞试验才首次采用了完全仿真的橡胶人。

A. 1965　　B. 1966　　C. 1967　　D. 1968

5. 国内汽车严寒试验规范一般要求试验气温低于（　　）℃，还应包括一定比例的气温低于 -30℃的情况。

A. -20　　B. -10　　C. -5　　D. 0

6. 为了确保汽车的广泛适用性，在公共道路测试环节还要对样车进行高温试验和（　　）。

A. 低温试验　　B. 碰撞试验　　C. 颠簸测试

7. 风洞试验，其实最早是用来研究产品空气动力学性能的，早在 19 世纪就应用在了导弹和（　　）上。

A. 飞机　　B. 火车　　C. 汽车

8.1959 年 9 月 10 日，（　　）率先决定开始进行定期的和系统性的安全性试验，目的就是及时发现不断出现的汽车安全隐患。

A. 丰田　　B. 福特　　C. 奔驰　　D. 本田

9. 在 20 世纪 30—40 年代，（　　）的有些汽车厂家就开始对汽车的碰撞安全性进行研究，开展了汽车翻滚和汽车侧面与圆柱碰撞等形式的实车碰撞试验。

A. 美国　　B. 欧洲　　C. 中国　　D. 日本

10.（　　）年，在英国发生了全球首次致死性交通事故。

A. 1895　　B. 1896　　C. 1897　　D. 1898

二、讨论

你认为最安全的汽车品牌是什么，请列出理由。

话题四　精益求精的高效制造

汽车诞生后的 20 多年里，汽车还是一种奢侈品，只有极富裕的人才消费得起。亨利•福特从创办福特汽车公司开始立志要把汽车从有钱人的玩物，变成了一种普通人就可以买得起并能在日常生活中使用的工具。经过几十年的努力，他终于兑现了当初的承诺。

福特流水线生产

一、福特流水线生产

汽车工业迅猛发展的今天，汽车制造已经从机械化转化成智能化，生产工艺和生产效率不断提升。然而，在百年前汽车制造还是手工业的单件生产方式，它能够尽可能地满足客户的要求。但是这样的生产速度和成本，注定了汽车只是少数人的玩物，而不能让它们真正走进普通人的生活。

1903 年，一个有着爱尔兰血统的美国农民成立了自己的汽车公司。从此之后，他将改写历史，不仅改变汽车的生产方式，还改变了所有东西的生产方式。这个人就是亨利 • 福特（图 5.47）。

图 5.47　亨利 • 福特

对于机械，亨利 • 福特的好奇心超乎寻常，几乎是见了钟表就拆。底特律，美国北部的一个湖港，也是一个新兴的工业中心，日夜传来的机器声，好像是在对他发出某种召唤。

1908 年，福特汽车公司在底特律成立了 5 年，在此之前，亨利 • 福特和他的工程师们已经制造了 19 种车型。就在这一年的 10 月 1 日，闻名世界的 T 型车步入了历史的舞台（图 5.48）。

图 5.48　亨利 • 福特和他的 T 型车

T 型车上市之后，由于其低廉的售价，迅速受到消费者的追捧。但大量订单的到来让 45 岁的亨利 • 福特喜出望外的同时也感到苦恼，因为产量始终满足不了消费者的需求。亨利 • 福特想：怎样才能让生产速度更快且成本更低？

福特开始了新的尝试，寻找改进生产的方法。尽管做了很多事情，但产量仍然落后于销量。就在亨利 • 福特考虑如何将汽车做成像“别针或火柴”那样的统一规格时，一份报

告引起了他的注意。报告的内容大致是：在肉类包装的时候，一些人把类似猪肉、猪小腿的东西装到一个传送器上，运到加工人员身旁，将其取下来加工。于是有人就想到，制造汽车时，如果把这个过程反过来会怎样？这个灵感诱发亨利·福特对汽车组装展开了一场革命。

1913 年，亨利·福特不仅制造出了革命性的汽车，还创造了革命性的生产技术——生产线（图 5.49）。每一位工人固定在一个位置，负责一件工作，汽车自动从一个工序转到另一个工序。工作规范化、有效化，产品规格统一，产量迅速提升，成本大幅下降。

图 5.49 福特生产线

流水线获得了空前成功，汽车价格开始急剧下跌。在美国，1913 年购买一辆 T 型车要花两年的收入，1924 年只要 3 个月的收入，平均每 10 秒就造出一辆，每 24 秒就有一辆新的 T 型车卖出。所有与福特厂竞争的厂家都无法打破这项纪录。它成了当时世界最大的汽车公司，亨利·福特本人因此获得了“汽车大王”的称号。

纵观美国汽车工业的发展，福特是贡献最大的推动者，福特 T 型车，流水线生产方式，促使美国成为“车轮上的国家”。

【福特 T 型车的没落】

除了价格之外，福特 T 型车的生产历史中几乎没有重大的变化。在当时福特的眼里，在 1915 年推出的车灯、在 1917 年由黄铜色变成黑色的散热器以及 1919 年的电动启动器成为密闭型车款的选购配备，这些都是福特所认为的重大修改。亨利·福特相信福特 T 型车是每一个人所需要与追求的，并拒绝他人改进的建议，直到 1920 年，亨利·福特才在外界的压力之下，开始改革实验使车子更现代化。

T 型车取得巨大的市场成功以后，亨利·福特不断改进他的生产线，几乎把单一型号大批量生产的潜力发挥到了极致。但是，市场却已经发生了变化。

到了 20 世纪 20 年代中期，由于产量激增，美国汽车市场基本形成了买方市场，道路及交通状况也大为改善。简陋而千篇一律的 T 型车虽然价廉，但已经不能满足消费者的需求。面对福特汽车难以战胜的价格优势，竞争对手通用汽车公司转而在汽车的舒适

化、个性化和多样化等方面大做文章，以产品的特色化来对抗廉价的福特汽车，推出了新式样和颜色的雪佛兰汽车。雪佛兰一上市就受到消费者的欢迎，大大分摊了福特T型车的市场份额。

然而，面对市场的变化，福特仍然顽固地坚持生产中心的观念。他不相信还有比单一品种、大批量、精密分工、流水线生产更加经济、更加有效率的生产方式。他甚至都不愿意生产黑色以外的其他颜色的汽车。亨利·福特宣称："无论你需要什么颜色的汽车，我福特只有黑色的"。

每当通用汽车公司推出一种新产品或者新型号时，福特总是坚持其既定方针，以降低价格来应对。但是，降价策略成功的前提是市场的无限扩张，但是，20世纪20年代以来，市场对于T型车这样简单的代步型汽车的需求已经饱和，消费者需要的是更舒适、更漂亮、更先进的新型汽车。1926年，亨利·福特做了最后一次绝望的努力，宣布T型车大减价。但过去的效果不再有了！这一年，T型车的产量超过了订数。亨利·福特继续坚持大批量生产，结果就是巨大的库存积压。最终，亨利·福特也不得不承认失败。1927年，T型车停止了生产。

停止生产T型车以后，福特公司面临着产品转型的局面。但是，过去几乎长达30年的时间里福特一直只生产这一种型号的汽车，产品转型异常艰难。所有的设备、工艺都只能用于生产T型车，想要转而生产其他车型，就要在全面停产的条件下，花费大量的资金和时间全面更新这些设备和工艺。

1927年开始，福特公司被迫停产，重组生产线，更换1.5万台车床，重新设计制造2.5万台机床。这些庞大的调整工作耗用了福特1亿美元的资金和16个月的时间。等到新车型投产时，福特已经从全美第一大汽车公司降至第二大了。由于新车型是仓促上阵的，许多地方的技术并不成熟，由于随后的更换发动机，福特不得不再一次停产。通用汽车公司等竞争对手趁机抢占市场。终于，1933年，福特的新车才得以重新上市。这时，福特公司不但落在了通用汽车公司的后面，甚至也落到了克莱斯勒汽车公司之后，沦为了美国第三大汽车公司。直到今天，福特公司再也没有能够恢复昔日美国最大汽车公司的地位。

丰田精益生产

二、丰田精益生产

福特流水线生产获得了空前成功，很快就引起了其他汽车制造商的注意。他们意识到这才是汽车应该有的生产方式。于是，在底特律海兰公园的福特工厂，朝拜汽车生产线的人群蜂拥而至，他们中有一位叫丰田喜一郎（图5.50）。

第二次世界大战之后，由于生产过剩，购买力下降，丰田汽车公司已经变成置身于贫民窟里的汽车工厂，公司负债累累，情况极其糟糕。就在此时，一个转机出现了。1950年6月，朝鲜战争爆发。作为侵朝美军的后方基地，日本接到了大批特需订货单。库存一下售空，生产迅速上升。这个"从天而降的大繁荣"把日本的汽车业从濒死状态拯救了过来。

丰田喜一郎，丰田汽车公司创始人。他意识到，朝鲜战争只是暂时将日本汽车业脱离困境，战争总会结束。而单凭日本目前拥有的技术，还很难大规模地制造出世界一流的汽车。要在战后继续生存，必须学习美国的汽车制造技术和管理方法。

图 5.50　丰田喜一郎（左）和丰田英二（右）

丰田英二，工程师，日本丰田汽车公司接班人（图 5.50）。1950 年夏天，这位公司最年轻的董事，对福特的鲁奇厂进行了 3 个月的考察。这是丰田家族的第二次访问。21 年前，丰田英二的叔叔丰田喜一郎就曾访问过福特。回到日本后，丰田喜一郎将父亲经营的纺织机厂变成了丰田汽车公司。而这次考察，丰田英二带着一份更为重要的使命。

鲁奇厂是当时世界上最大、效率最高的制造厂（图 5.51）。丰田英二对这个庞大企业的每一个细微之处都做了审慎的考察。回到日本后，他对公司提交了一份这样的报告："福特的工厂每天能够生产 8000 辆汽车，而丰田的工厂每天只能生产 40 辆。光从规模来讲，这两家公司实在是蚂蚁和大象的对决。我以为，这种大规模的'福特生产线'是值得丰田效法的方面之一。但那里的生产体制还有些改进的可能。"

图 5.51　福特鲁奇厂

日本的工作体系中，工人是终身制的。而生产线生产的原则是需要工人便雇佣更多，不需要时即可开除。这两种雇佣制度大相径庭。因此，丰田英二觉得，大规模生产方式并不适合市场需求多样化的日本，从此之后，一种新的生产方式诞生了。今天它被称为丰田生产方式，也叫精益生产方式。

批量化生产在汽车组装的过程中允许一定量的缺陷存在，然而这是精益化生产所不能接受的。精益化生产要求产品第一次就很完美，所以当装配线上的工人看到有问题时，他们应该停下生产线。缺陷和浪费被及时消灭在每一个岗位，此时的工人不再是机械化操作的机器。用一半的人力资源，一半的开发周期，一半的制造空间，四分之一的库存条件，生产出三倍质量的产品。丰田生产方式开创了制造业的又一个新时代，汽车工业再度改变了世界。

丰田精益生产方式已然成为今天工业界最佳的一种生产组织体系，也重新改写了世界汽车工业的格局。

【丰田汽车的诞生】

图 5.52　丰田佐吉

丰田市原来叫举母市，1938 年丰田举母工厂（现在的总公司工厂）建成投产，举母市因丰田自动工业株式会社而于 1959 年改名为丰田市。城市面积为 289.69 平方千米，人口约 40 万左右。在丰田汽车成立之时，它还只是一个无名小镇，之后因丰田汽车突飞猛进地崛起而享誉海外，房价可比东京。

丰田集团的历史起源于丰田佐吉（图 5.52），出生于木匠家庭的他看到奶奶在纺织时因断线而产生次品时，深受触动和启发。1896 年，丰田佐吉发明了日本有史以来第一台不依靠人力的自动织机，即“丰田式气动织机”，成为日本有名的纺织大王，也是日本鼎鼎有名的“发明狂”。经过研究和改良后，他又于 1923 年发明了 G 型自动织机即“自动换梭丰田自动织机”。自动织机在没线的情况下会自动停止，这就是日后 TPS 两大支柱之一——自动化。

丰田喜一郎是丰田佐吉之子。丰田佐吉临终前，他将儿子叫到跟前对他说：“我搞织布机，你搞汽车，你要和我一样，通过发明创造为国效力。”他还亲手将转让专利所获得的 100 万日元专利费交给儿子，作为汽车研究启动经费。受到父亲的启发，丰田喜一郎越洋来到了当时汽车行业第一品牌——美国福特汽车公司学习，开始了他的汽车人生。

回国后的丰田喜一郎在 1930 年开始研究开发小型发动机。1933 年在丰田自动织机制作所内设立汽车部，正式投入到汽车行业。1936 年，丰田 AA 型轿车问世（图 5.53）。1937 年 8 月 28 日，汽车部宣告从丰田自动织机工厂所独立出来，作为一家拥有 1200 万日元资本的新公司，从此开始了丰田汽车的时代。

图 5.53　丰田 AA 型轿车

思考与训练

一、单选题

1. 福特 T 型车是在（　　）年步入历史的舞台的。

A. 1907　　B. 1908　　C.1909　　D.1910

2. 福特汽车公司成立于（　　）年。

A. 1903　　B. 1904　　C.1905　　D.1906

3. 1913 年，亨利•福特不仅制造出了革命性的汽车，还创造了革命性的生产技术——（　　）。

A. 精益生产　　B. 流水线生产　　C. 沃尔沃生产方式　　D. 单元生产方式

4. 丰田汽车公司的创始人是（　　）。

A. 丰田喜一郎　　B. 丰田佐吉　　C. 丰田英二　　D. 丰田章男

5. 丰田英二觉得，大规模生产方式并不适合市场需求多样化的日本，从此之后，一种新的生产方式诞生了。今天它被称作丰田生产方式，也叫（　　）。

A. 精益生产方式　　B. 流水线生产

C. 沃尔沃生产方式　　D. 单元生产方式

6. 被称为“汽车大王”的是（　　）。

A. 亨利•福特　　B. 卡尔•本茨

C. 戈特利布•戴姆勒　　D. 丰田英二

7. 1950 年夏天，丰田公司最年轻的董事（　　），对福特的鲁奇厂进行了 3 个月的考察。

A. 丰田喜一郎　　B. 丰田佐吉　　C. 丰田英二　　D. 丰田章男

8. 福特（　　），流水线生产方式，促使美国获得“车轮上的国家的称号”。

A. A 型车　　B. T 型车　　C. C 型车　　D. B 型车

9. 1950 年左右，福特的工厂每天能够生产（　　）辆汽车。

A. 700　　B. 800　　C. 8000　　D. 40

二、讨论

众多历史汽车人物，你最佩服的是谁，请列出理由。

买车与用车

买车与用车

丰富的车型、多样的配置，各种方案让人眼花缭乱；交强险、刮擦险、三责险，各种车险让人举棋难定；要省油、要舒适、要安全，各种路况让人提心吊胆；买车用车，一个充满各种陷阱深坑的过程，唯有步步为营、多看多学多想，方能达成放心买车、开心提车、安心开车、省心养车。本主题收集整理的买车与用车经验之谈，能够帮助大家避开陷阱、绕开深坑，做一个开开心心的有车一族。

踏踏实实挑好车

随着生活水平的不断提高，越来越多的人加入到有车一族，在挑选品牌与车型的同时，希望购买到一辆与众不同的个性汽车。然而，丰富的车型，多样的配置，各种购车方案早已让广大消费者们眼花缭乱，无从下手。如何才能避开陷阱，轻轻松松地选到爱车、踏踏实实地买到好车、开开心心地提到新车？下面介绍一些选车买车的宝贵经验。

擦亮眼睛买爱车

一、擦亮眼睛买爱车

适逢《速度与激情 9》上映，电影中有关汽车的酷炫场景刺激着每一位内心对赛道无限向往的车迷们，汽车与生俱来的速度感是每一个渴望飞驰人生的车友所向往的。然而，现实中如何选择一辆符合审美个性、满足日常需求、适合驾驶习惯的座驾，是一个仁者见仁、智者见智的问题；同时，正所谓“大繁若简”，看似简单的购车过程其实也包含了许许多多的细枝末节，稍不注意就会让自己的购车计划陷入被动。最好的解决办法还是多看多听多学，下面就是根据广大车主们分享的购车经历与选车经验整理出来的“实战”要点。

1. 提前拟定备选方案

现在买车，大多数人基本上都是先从汽车网站的海选开始，所以，一般建议汽车网站海选的结果至少要有 5 辆备选车，其中，确定 3 辆主选车。这样才能够在跟汽车 4S 店谈判的过程中占据主动，让汽车 4S 店的销售顾问无法猜透我们的“心思”、摸到我们的“脉门”，从而避免落入销售顾问的“套路”。

2. 切勿签订“定金”合同

根据合同法规定，“定金”是确定合同金，具有法律效力，买家不能申请退回，而一旦卖家违约，则需要支付双倍赔偿；“订金”则为意向金，不具有合同效力，但具备双方协商内容的约束效力，买家可以要求退回，卖家不履行时仅退回订金即可（图 6.1）。也就是说，“定金”只要汽车 4S 店没有违约，在法律上是可以不退的；而“订金”则是可以随时退的，但是，部分不良汽车 4S 店通常是不会跟消费者签订“订金”协议的。

3. 逐项核对合同条款

目前根据合同法来看，给出确定提车日期是汽车 4S 店无法回避的基本责任，所以合同中必须明确写出“预估交车日期”的类似字样。为什么是“预估”？毕竟汽车属于大宗商品，汽车 4S 店对于销售车辆到店前后时间在 1 ～ 5 天的偏差范围之内，一般都是可以接受的；但是，超过一周及其以上的时间偏差，则需要给予客户相应的说明以及适当补偿。同样的道理，车辆型号必须确保“合同确定车型与最终交付车型完全一致”，交易价格必须和合同所注明的最终成交价一致（图 6.2）。

图 6.1　定金不同于订金

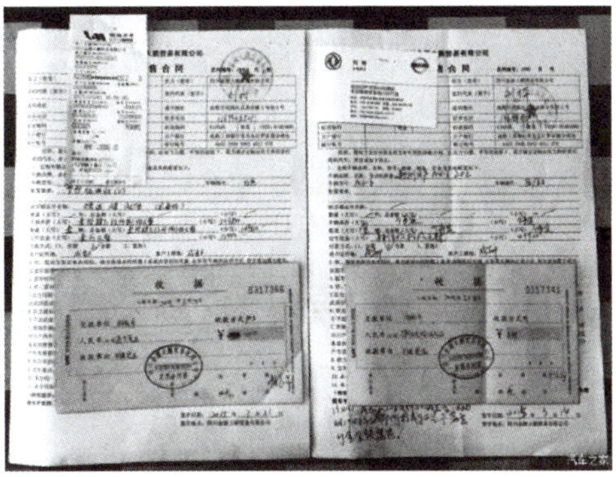

图 6.2　白纸黑字清清楚楚

4. 策略应对加价销售

提车交易阶段，“加价”是无法绕过的最大拉锯战。大幅度优惠的购车活动一般都会附带“加装精品”；卖得特别好的车型一般都会额外要求“贴膜”或是“底盘装甲”等（图 6.3）。

其中，“加装精品”则是最为常见手段之一。不要有任何美好幻想，汽车 4S 店提供的所有所谓“精品配件”都是在汽车配件市场里的廉价普通货。如果实在不可避免，可与汽车 4S 店按如下原则谈判：将加装精品减少一些金额或是加装感兴趣的、实用的配件。

5. 耐心厘清付款事项

首当其冲的就是有关金融的一些问题：因为购置税、保险等相关因素，一辆车的最终成交价格会与前期意向价格有所出入。

无论是否全款购车，都需要商谈是否提供相关金融方案，并列出金融方案相关费用。切记：天下没有免费的午餐——所有的汽车金融方案一定有费用，只不过有的叫“利息”，有的叫“手续费”，有的叫“服务费”而已（图 6.4）。

豪华版 16.78万元	差价2.2万元	旗舰版 18.98万元
人造皮革座椅		真皮座椅
卤素大灯		HID氙气大灯
16寸铝合金轮毂		18寸铝合金轮毂
-		4.2英寸彩色豪华仪表盘
-		驾驶座膝部安全气囊
-		胎压监测
-		内后视镜防炫目
-		前驻车雷达
-		驾驶座10向调节
-		前排座椅加热/通风
-		定速巡航
-		方向盘加热
-		车载USB充电接口
-		豪华金属迎宾踏板
-		行李网

图 6.3　不同版本不同配置

图 6.4　“手续费”不仅仅是手续费

跟汽车销售打交道其实仅需要把握一点：“在没有交钱之前，一切都好谈。”任何条件在交钱之前都可以谈，甚至包括了刷卡的手续费——如果你不谈这些，就是会让对方白白“杀生”，只要你这边的条件不是太过分，无论什么优惠、赠品、杂费、金融费用，汽车 4S 店都是有“弹性”的，都是可以谈的。

6. 有关后提车事宜

正常流程的话，“后提车事宜”需要跑两趟汽车 4S 店，第一次完成汽车检验、尾款缴纳、保险办理等相关工作（图 6.5）。千万注意，保险办理之后，都是第二天生效，故千万不要在保险生效前将汽车开走。第二次则是办理验车、缴纳购置税、选定牌照等工作，注意此环节涉及公务机关业务办理，只可在工作日完成，需要提前安排请假或者要求汽车 4S 店代为处理。

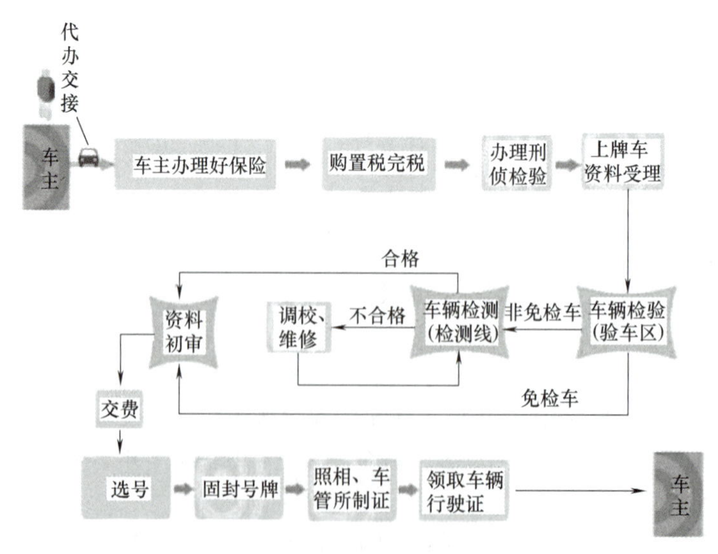

图 6.5　提车基本流程

读到这里，是不是思路清晰了许多。此外，还可以去感兴趣的品牌或是车型对应的百度贴吧或是论坛与广大车友交流一下，这样一来，就可以更为全面地了解买车的过程及其详细情形。

二、全款与贷款，哪个好?

全款与贷款，哪个好

买车钱不够怎么办？贷款！外加 2 年 0 利息的优惠！

手头宽裕的话呢？全款！还有全价立减 2 万元的活动！

那到底是“贷款”划算？还是“全款”靠谱？

对于还在纠结“那些没有全款买车的人，真的都是傻子！”和“傻子才是全款买车！”的车友们，可以一起来算一算，到底贷款多花钱，还是全款花钱多？

首先来算算“贷款买车”。可以通过逆推法估算贷款买车要多付多少钱。一般来说，贷款买车最常见的是首付三成，拿一辆 20 万元的汽车举例，首付三成，贷款一年，不同地方利息略有不同，大致算下来一年需要额外支付 1.16 万元利息。再算上一些手续费，一般情况下贷款一年买车首付三成的情况，要比全款买，多付 1.2 万元。

接下来，算一算，如果手头宽裕的情况下，还选择贷款买车的话，最常听到的选择，就是投资理财。那么，还是 20 万元左右的汽车，来算算投资理财回报。20 万元的汽车首付 30%，6 万元付掉，还剩下 14 万元，去做投资理财能不能赚回刚才多付的 1.2 万元钱？

比如“支付宝”“微信理财”，这些理财产品一般都是每年 4% 左右的年收益率。14 万元存三年大概可以得到 1.6 万元钱的利息。但是，这是理想状态下的情况，14 万元都用作理财产品的情况；实际情况，却是 14 万元每个月要按揭还掉的，所以，真的用于理财的钱是在不断递减，相应的，收入也在不断递减。

看到这里，是不是感觉，贷款买车确实不如全款买车。那么，为什么还有全款买车才是亏钱的说法？其实，这是因为还有一个非常重要的因素：通货膨胀（亦即物价指数上升过大，反之，物价总水平下降意味着通货紧缩）。

全款买车相当于以现在的物价水平一次性支付 20 万元。按照目前每年 3% ~ 5% 的通货膨胀率来算，这笔钱的购买力将会越来越低，简单来讲就是钱越来越不值钱。

那么贷款买车相当于是用未来那笔不太值钱的钱，买了今天特别值钱的车，中间是有一个差额的。今天实实在在的把东西买到了，而还的时候因为通货膨胀的缘故，把这个三年后的 14 万元换算到今年来用的话，很有可能只值 12 万元，甚至只有 10 万元。因为收入一般都是跟着物价在涨，但是购车付的钱是三年前合同定好的。这样一来，通货膨胀的大趋势就促成了贷款买车能够获得最大收益，或者说是以相对低的资金购买力，买到一个相对高的值钱商品。

所以，从这个角度来分析，贷款买车就显得比全款买车划算，全款买车亏的不是利息钱，亏的是通货膨胀的钱。然而，买的不如卖的精，如果真的去到 4S 店贷款买车的时候，还会碰到许多“套路”，比如神秘的手续费、迷离的保险、必交的续保押金、公开透明的公证费，“道高一尺，魔高一丈”，后面会继续介绍各种应对之法。

三、轻松愉快做保养

轻松愉快做保养

养车不仅需要平时的用车有讲究，还要定期做保养。相比有意识的科学驾驶、定期检查，养成良好的保养习惯往往更为重要，不仅省钱，更是省心。

常言道，“既要马儿跑，也要记得给马儿喂好草”。汽车每行驶 5000 公里或是 3 个月时间，一定要及时通过保养来预防车辆零部件的过度劳损与快速老化。

1. 小保养

保养维护第一要关注的就是汽车的“心脏”——发动机。发动机在运行的过程中伴随着高温、摩擦、油泥，真可谓是“第一劳模”。发动机的保养一般分为小保养和大保养，其中，小保养就是更换机油和机油滤芯。比如：正常情况下，自然吸气 1.6L 排量的家用车，都是 5000km 或者 3 个月为一个周期做一次“小保养”，采用“半合成机油”和“机油滤芯”；相对高级的车型，所使用的机油一般选用更高品质的“全合成机油”，可以 1 万公里或者是 6 个月为一个更换周期。

“小保养”的主要项目虽说是换机油，其实要更换的远不只有机油。一定要在和 4S 店售后服务咨询机油更换品牌、型号以及容量之后，还要额外确认配套的机油滤芯是否需要更换。机油滤芯，简称机滤，顾名思义是一个机油的过滤器，每一次发动机里面的机油循环流出的时候，都要过滤一遍，然后重新再使用。机滤不换，仅仅更换机油，由于机滤的过滤能力下降，同时，里面残留之前的废弃机油，新换机油的品质就会受到影响，性能明显下降，所以，小保养时千万不要忘记同步更换配套的机油滤芯。

2. 大保养

通常所说的“大保养”包含了哪些项目？相较于小保养，大保养还需更换空调滤芯和空气滤芯。其中，“空气滤芯”就相当于发动机用的空气净化器，将空气中的各种 PM2.5 杂质，统统隔挡在发动机外面，避免影响燃烧功率、降低动力、增加油耗，有效提升发动机的工作效率、显著延长发动机的使用寿命；“空调滤芯”，顾名思义，用于空调过滤空气，一般安装在副驾驶一侧的中控台下方。如果想要省钱，将空调滤芯价值最大化，可以请技师将空调滤芯取出全面检查未发现异常之后，完成除尘处理之后可以继续使用一段时间，控制总使用里程不超过 2 万公里即可。如果超过规定的里程数额，过滤机能将会完全失效，无法有效去除空气中的有害物质，在车厢的密闭空间内很容易滋生细菌与霉菌，引发呼吸道疾病或是产生其他方面的健康问题。

全面完整的大保养一般每间隔 6 万公里里程安排一次，全车的油、液都要更换，比如发动机机油、变速箱机油、刹车机油、转向助力机油、防冻液等。其实，平时也要密切关注这些油液的使用情况以及它们的工况表现，来判断是否需要及时更换。

3. 小部件

汽车的小部件需要定期检查的同时，行驶过程中也要密切关注，比如：发现变黑灯泡要及时更换。冬季车辆行驶车窗容易起雾结霜、能见度低，追尾事故特别多，所以雾灯、高位刹车灯工作是否正常，也是冬季行车安全的保障。再比如：停车时切不可长时间听收音机或是利用车载音响播放音乐，这样容易导致电瓶亏电；通常情况下，电瓶是靠发动机的带动来充电，停车状态下是无法充电的。

4. 美容与消毒

再有就是洗车与打蜡，定期为汽车全身做一次打蜡“美容”，这样刷洗车辆的次数就会减少，对车漆的损伤也会相应减小。

除了汽车的传动系统、发动机舱、车身，其实，汽车驾驶舱也是需要关注的，尤其是到了春季流感高发季节。车内要定时消毒，及时清理车内杂物，卫生高危区应该重点关注，进行酒精擦拭消毒。

四、火眼金睛识陷阱

火眼金睛识陷阱

想要购买一辆自己中意的汽车，并不是简单的“一手交钱，一手交货”的过程，其中，往往隐藏了许许多多的“套路”。随着市场的发展，汽车销售与服务的规范与管理也在不断完善，绝大多4S店都是规范操作、诚信经营，然而，4S店的汽车保养仍然存在一些的“潜规则”，需要消费者们擦亮双眼识破这些“暗坑”。

第一坑，“配件以次充好”，验货时展示“原厂件”，安装时换成“副厂件”。

第二坑，“维护偷工减料”，“小保养”仅仅更换机油不更换机滤；或是检查机油较新，尤其是提前做保养的情况，仅仅更换机滤，其他环节略去。

第三坑，“保养妙手回春”，“大保养”需要更换空气格或者空气滤清器，直接拿出来“清洗”一下，放回去继续使用。

以上几种情况都属于以次充好，不是诚信经营该有的行为。然而，绝大多数新车主作为“外行人”，对于这些概念以及操作都不甚了解，即使站在旁边也未必看得懂。

第四坑，“作业虚报工时”，比如：有些车主担心汽车4S点的配件有问题，于是，自带配件或者机油。对于自带配件的情况，汽车4S店会适当收取一定的工时费，这里说明一下，如果保养维修采用汽车4S店提供的配件，报价虽然高额但是里面已经包含了工时费。现在汽车4S店的服务越来越好，开辟了专门区域供车主保养期间等候休息，提供了美味咖啡饼干、海量电视电影，让客户可以安心等待，同时，可能也会忘了关注保养维修的作业进度。问题是，喝咖啡、看电影的同时，工时也在同步计算着。最后，很可能存在虚报工时，通过多收工时费来平衡两种情况的利润差额。那么，一个作业项目到底需要几个工时呢？是需要拿他们原来用自己配件做保养的工时来进行对比的。比如：汽车4S店换发动机机油，采用4S店提供的配件需要1个工时，那么，自带机油做保养就有可能变成1.5个工时了。所以，各位消费者可就要稍微留意一下，千万别忘了时刻关注作业进度。

第五坑，“施工缺乏规范”。随着汽车4S店的规范发展，汽车4S店纷纷建起了“透明作业车间”，通过巨幅落地玻璃来与“休息区”分隔，让车主可以在休息区内了解工作人员在后面车间里面的具体作业情况。但是，仍有不少汽车4S店并未采用这种模式，没有适当的监督，缺乏职业自律的工作人员可能就会边聊天边施工，效率低下不说，还可能操作失误；车内作业过程中，并未按照标准作业；在座椅上放置防尘套确保车内保洁；更有甚者，夏季施工全程空调开启不仅增加油耗，还会造成发动机积炭，严重影响汽车的性能与状态。

遇上规范、严格的汽车4S店是最理想的，如果真的遇上不规范的，基本上就只能辛苦点，咖啡不要喝了、电影不要看了，走到作业车间的工位旁，在不干扰正常作业的情况下，适当的时候，向技术人员请教一些疑惑、拍摄几张照片。一方面，多多学习提升一下，另一方面，让技术人员感受到车主的重视，更加认真负责的规范操作。

汽车保养是一个常聊常新的话题，大家需要不断给自己充电，多学一点“技术”，擦亮双眼，清清楚楚做好保养。

思考与训练

一、判断题

1. 跟4S店签“定金合同”与签“订金合同”是一回事，根据合同法规定都具有相同的法律效力。 （　　）

2. 全款买车与贷款买车相比肯定省钱多了。（　）

3. 购车时汽车4S店的加装赠品选用都是高档精品配件。（　）

4. 全款买车不如贷款买车，将完成首付款后剩下来的钱进行投资、炒房可以大赚特赚。（　）

5. 销售顾问都是完全站在消费者的立场进行推荐的，一般尽管放心接受推荐，大胆购买就好了。（　）

6. 前往汽车4S店购车之前，最好在汽车网站海选一下确定3辆主选车之后再前往购车更为合适。（　）

7. 汽车4S店的购车金融方案一般都会存在一定费用，只是以手续费、服务费、利息等不同形式出现而已。（　）

8. 通常所说的汽车“小保养”只需要更换发动机机油。（　）

9. 办理验车、缴纳购置税、选定牌照等工作涉及公务机关，仅工作日可以办理业务。（　）

10. 汽车4S店的保养维护项目严格规定必须采用汽车4S店提供的配件，禁止使用车主自带配件。（　）

二、单选题

1. 汽车保险是购车（　）生效。

A. 当天　B. 第二天　C. 三天之后　D. 七个工作日之后

2. 贷款买车可能比全款买车要省钱，主要是考虑到（　）因素。

A. 大降价　B. 中六合彩　C. 通货膨胀　D. 通货紧缩

3. 汽车4S店购车提车或是保养维护的过程中需要留意（　）。

A. 配件以次充好　B. 认真负责的施工人员

C. 休息区咖啡过期　D. 下班时间

4. 通常所说的汽车“小保养”的周期时长是（　）。

A. 1个月　B. 2个月　C. 6～12个月　D. 2年

5. 通常所说的汽车“大保养”需要更换（　）耗材与配件。

A. 轮胎　B. 雨刷　C. 电池　D. 空调滤芯和空气滤芯

6. 汽车保养里面的更换“三滤”，一般指的是空调滤芯和空气滤芯，还有（　）。

A. 汽油滤芯　B. 油箱滤芯　C. 尾气处理滤芯　D. 冷却液滤芯

三、讨论

1. 如果是你去买车，即使是资金充裕的情况下，请问你会选择“全款买车”，还是进行“贷款买车”呢？请对此谈谈自己的看法。

2. 请任选一个你最了解（或最喜欢）的发动机机油品牌，说一个该品牌的小故事。

话题二　明明白白选保险

汽车，作为一台常年奔波在路上的机器，风吹雨打、日晒雨淋，在它们的身上总会发生许许多多的小毛病、小磕碰。随着科学技术的发展，汽车行驶安全在不断提升的同时，由于

各种原因，其中最主要的是“驾驶者”，总还是会发生各种事故。天有不测风云，人有旦夕祸福，有份保险在车，开车还是更为安心、踏实。学习一下广大车主们的经验之谈，如何兼顾实惠与够用，明明白白地选定适合自己的保险，踏踏实实地开车出门。

一、精打细算购保险

精打细算购保险

买车的时候，品牌多、车型多、配置多、套餐多，真的是货比三家挑花了眼。挑好了汽车，接下来就是购买保险，这个时候忽然发现险种的选择也是如此复杂。交强险是法律规定必须购买的，但是，其他商业险哪些该买哪些不必买、买多少才算是真正的够用呢？

1. 交强险

交强险，全称“机动车交通事故责任强制保险”，是由保险公司对被保险机动车发生道路交通事故造成受害人（不包括本车人员和被保险人）的人身伤亡、财产损失，在责任限额内予以赔偿的强制性责任保险。交强险是中国首个由国家法律规定实行的强制保险制度。其保费是实行全国统一收费标准的，由国家统一规定的，但是不同的汽车型号的交强险价格也不同，主要影响因素是“汽车座位数”。2020 年 9 月 19 日起开始施行中国银保监会研究制定的《关于实施车险综合改革的指导意见》（后简称《车险改革指导意见》），交强险有责总责任限额从 12.2 万元提高到 20 万元，其中死亡伤残赔偿限额从 11 万元提高到 18 万元，医疗费用赔偿限额从 1 万元提高到 1.8 万元，财产损失赔偿限额维持 0.2 万元不变。

遇到严重的交通事故需要多方面高额赔偿的时候，仅仅购买交强险显然是不够的，所以，就需要同时考虑购买商业险，下面介绍一下最常用的商业险。

2. 车损险

排第一的商业险首推车损险，一般指被保险人或其允许的驾驶员在使用保险车辆时发生保险事故而造成保险车辆受损，特别需要注意的是，即使是自然灾害造成的车辆损失保险公司也照赔不误，但是，地震除外。其次需要注意的就是要买足额。举个例子，购车发票的账面开的是 12 万元，那么，车损险的额度最合适的是买到 12 万元，因为至多按照实际价值赔偿 12 万元，所以过高是浪费；如果过低的话，比如，买了 9 万元的保险额度，整个汽车撞报废了，最多赔偿 9 万元，与车身价值 12 万元之间的 3 万元差价，就只能自己承担。

2020 年 9 月 19 日起开始施行中国银保监会研究制定的《关于实施车险综合改革的指导意见》，车损险保险保障范围全面升级，将机动车全车盗抢险、玻璃单独破碎险、发动机涉水险、自燃险、无法找到第三方险、不计免赔率都包括在内。

3. 第三者责任险

第三者责任险，用来赔付他人的损失，既包括物亦包括人，比如，行驶过程中不小心追尾损坏了对方车辆，需要赔偿对方车主维修费用；如果不小心撞倒了电瓶车造成驾驶员受伤，需要承担对方的医疗费用，都是动用第三者责任险来赔付。

第三者责任险的额度，一般情况下有 10 万元、20 万元、50 万元、100 万元等额度，最高可买 1000 万元。建议在经济条件允许的情况下，尽可能选购最高的额度，因为赔偿额度是无法预计的，如果遇上了高级车辆的维修或是人员重伤的治疗，都将是高额的赔偿费用。

4. 不计免赔险

不计免赔险，经特别约定，发生意外事故后，按照对应投保的主险条款规定的免赔率计算的、应当由被保险人自行承担的免赔金额部分，保险公司会在责任限额内负责赔偿。一般来说，投保了这个险种，就能把本应由自己负责的5%～20%的赔偿责任再转加给保险公司。作为一种商业险（车损险或三责险）的附加险，是一个很容易被略掉不买的险种。

保险公司在日常的保险理赔过程，难免遇到骗保的特殊情况。为此，专门设计了一个免赔率，比如：如果是20%的免赔率，出事之后鉴定评估维修费用100元钱，保险公司只承担80元，客户需自己承担另外20元。由于客户同样需要承担一部分费用，存在一定支出成本，这样就不会刻意地去扩大损失，否则，自身也将会承担更多。如果购买了不计免赔险，只要产生了100元钱理赔的费用，保险公司就得掏出100元钱，不打任何的折扣。

《车险改革指导意见》将不计免赔率纳入车损险的保障范围，不再需要单独购买。

5. 座位险

座位险，额度一般都是1万元到5万元，并且是每个座位需要分别购买。因此，建议大家每个座位都要买到。

交强险

二、交强险

交强险，全称是“机动车交通事故责任强制保险”，下面是交强险的发展历程。

2004年5月1日起实施的《道路交通安全法》首次提出“建立机动车第三者责任强制保险制度，设立道路交通事故社会救助基金”。2006年3月28日国务院颁布《机动车交通事故责任强制保险条例》（简称《交强险条例》），机动车第三者责任强制保险从此被交强险代替，条例规定自2006年7月1日起实施。

2006年6月30日，中国保监会发布《机动车交通事故责任强制保险业务单独核算管理暂行办法》，规定自发布之日起实施。

2007年6月27日，中国保监会发布《机动车交通事故责任强制保险费率浮动暂行办法》，规定自7月1日实行。

2007年7月1日随着配套措施的完善，交强险最终普遍实行，期间普遍实行的仍旧为“机动车第三者责任强制保险”（第三者强制保险）。

根据《交强险条例》的规定，在中华人民共和国境内道路上行驶的机动车的所有人或者管理人都应当投保交强险，机动车所有人、管理人未按照规定投保交强险的，公安机关交通管理部门有权扣留机动车，通知机动车所有人、管理人依照规定投保，并处应缴纳的保险费的2倍罚款。

交强险的保险期间为1年，目前六座以下小汽车交强险一年的基础费用为950元，如果第一年没有出险，第二年的交强险将会下浮10%，即855元。第二年如果仍然没有出险，续保时将会继续下浮10%，最大浮动为50%，所以说，文明驾驶、安全行车，就是在省钱。

根据《道路交通安全法》和《交强险条例》的规定，公安机关交通管理部门、管理拖拉机的农业机械管理部门对交强险实施监督制度，在受理机动车注册登记、变更登记、改装和安全技术检验时，对符合要求的机动车辆均需具备有效的交强险保险，否则不能办理相关登记。也就是说，所有在路上跑的机动车都必须办理交强险，所以，一般的农业机械也是需要购买的。

相对于一般的商业险，交强险负有更多的社会管理职能。无论被保险人是否在交通事故中负有责任，保险公司均将按照《交强险条例》以及交强险条款的具体要求在责任限额内予以赔偿。这对于维护道路交通通行者人身财产安全、确保道路安全具有重要的作用，同时可

减少法律纠纷、简化处理程序，确保受害人获得及时有效的赔偿。建立机动车交通事故责任强制保险制度不仅有利于道路交通事故受害人获得及时有效的经济保障和医疗救治，而且有助于减轻交通事故肇事方的经济负担。而商业三责险则属于商业保险，保险公司经营该险种的目的便是盈利，这与交强险“不盈不亏”的经营理念显然相去甚远（目前交强险的全国统计情况表明，保险公司在该险种上暂处亏损状态）。

最后，再来看看交强险与“商业三责险”的区别。

（1）赔偿原则不同：根据《道路交通安全法》的规定，对机动车发生交通事故造成人身伤亡、财产损失的，由保险公司在交强险责任限额范围内予以赔偿。而商业三责险中，保险公司是根据投保人或被保险人在交通事故中应负的责任来确定赔偿责任。

（2）保障范围不同：除了《交强险条例》规定的个别事项外，交强险的赔偿范围几乎涵盖了所有道路交通责任风险。而商业三责险中，保险公司不同程度地规定有免赔额、免赔率或责任免除事项。

（3）具有强制性：根据《交强险条例》规定，机动车的所有人或管理人都应当投保交强险，同时，保险公司不能拒绝承保、不得拖延承保和不得随意解除合同。

（4）根据《交强险条例》规定：交强险实行全国统一的保险条款和基础费率，保监会按照交强险业务总体上“不盈利不亏损”的原则审批费率。

三、第三者责任险买多少才够用

第三者责任险买多少才够用

《车险改革指导意见》结合经济社会发展水平，支持行业将示范产品商业三责险责任限额从 5 万～ 500 万元档次提升到 10 万～ 1000 万元档次，更加有利于满足消费者风险保障需求，更好发挥经济补偿和化解矛盾纠纷的功能作用。第三者责任险选择最低的 10 万元，还是最高的 1000 万元，第三者责任险买多少才够用？

首先，计算第三者责任险投保的基本费用，按照主流保险公司的基准保费政策，根据不同的投保额度划分，投保 10 万元的保费约是 167.68 元；投保 50 万元的保费约是 246.03 元；投保 100 万元的保费约是 300.63 元；投保 500 万元的保费约是 545.50 元。投保额度从 10 万元到 500 万元翻了 50 倍，保费仅仅增加 3 倍，由此可见，投保额度越高性价比越高。

然后，厘清第三者责任险的主要赔偿范围，根据法律规定赔偿交通事故中的第三者伤亡或者财产损失。即在事故定责之后，优先动用交强险赔付，如果造成第三者死亡，最多只赔 18 万；如果撞坏对方的车，最多也只赔 2000 元。交强险的赔付如果不够赔偿额度，则动用第三者责任险进行理赔。比如：交通事故中造成对方车辆损毁，修理费用 10 万元，交强险负责 2000 元，其余的 98000 元由第三者责任险来承担。再比如：交通事故中造成第三者重伤，治疗费用 30 万元，交强险负责 18 万元，其余的 12 万元由第三者责任险来承担。

财产损失，相对易于计算，最复杂的还是第三者伤亡，需要考虑多项因素，其中，交通事故赔偿标准中最为常见的赔偿项目包括医疗费、误工费、交通费、住宿费、残疾赔偿金、死亡赔偿金。为了便于理解，仅演算城镇居民的“残疾赔偿金”。残疾赔偿金主要是根据“上一年度城镇居民人均可支配收入”来计算，比如说，上一年度城镇居民可支配收入是 60000 元，如果是 60 周岁以下，是按照上一年度城镇居民可支配收入乘以赔偿指数乘以 20 年，即 60000×20=1200000。如果按照最高伤残等级计算，赔偿指数是百分之一百，合计

120 万元。如果是最低的伤残等级，赔偿指数就是百分之十，那么城市户口是 12 万元，合计 12 万元。

由此可见，如果是轻微事故，交强险的 18 万元赔偿额度足以应对，但是，如果遇上特大事故，第三者责任险选 100 万元可能都不够。也许，遭遇特大事故的概率不高，每年花费 300 元钱投保 100 万元，十年累计花费 3000 元钱，抵御十年中，哪怕只有一次，付出 80 万元赔付的风险，还是非常划算的、有意义的。

现在，无论是市区还是县城，人多车多、路况复杂，科学选购与自己车况车技以及经济状况相适配的汽车保险，既是行车的必要，也是保险的初衷：抵御和承担风险。正所谓“道路千万条，安全第一条”，出行平安最终还是要靠每一个人，无论是车主还是行人，遵守交通规则，共同努力来实现。

不计免赔险

四、不计免赔险

2020 年 9 月 19 日起开始施行的《车险改革指导意见》，将不计免赔率纳入车损险的保障范围，不再需要单独购买。但是，还是需要来给大家科普一下曾经作为商业险最为常见的附加险之一，被不少车友称为保险公司提供的“福利险”的“不计免赔险”，到底有什么用？

最初，为了防止人为的制造事故骗取保险理赔，保险公司设计出了“免赔额”的概念，比如，驾车发生意外事故造成了 10000 元的损失，保险公司只赔偿 8000 元，2000 元部分就是免赔额。也就是说，保险公司只负责事故赔偿的 80%，另外的 20% 就是“不计免赔率”，车主自身需要承担责任的部分。

保险公司的初衷就是希望通过“免赔额”来适当保障公司利益，但是，随着免赔额的应用不断发展，消费者每次理赔之后都需要自己承担一部分免赔额。保险公司为了稳定客户的忠诚度，增加市场的竞争力，提高市场的占有份额，于是，“不计免赔险”就应运而生，确定了事故理赔过程中不再有免赔部分，一般情况下，损失 10000 元、赔付 10000 元。

准确的说，不计免赔险是一类险种的统称，它其实是和其他的险种分别是挂钩的。比如，第三者责任险、机动车损失险、车上人员责任险、车身划痕险、盗抢险、玻璃险等，都有不计免赔部分，需要购买相应的不计免赔险才能免除相应的免赔额。一般情况下，不计免赔率是 15%，部分险种相对高点，比如：划痕、盗抢是 20%。如果未投保该险，出险时要按责任大小加扣，全责扣 20%，主责扣 15%，同责扣 10%，次责扣 5%。

不计免赔险也不是无条件的“不计免赔”，下列几种情况需要特别注意。

第一种情况是违规驾驶或者频繁出险，比如，酒驾、毒驾、药驾，保险公司就会启动“加扣免赔”。举个例子，交通事故中车辆损坏维修费用 10000 元，仅购买了“车损险”可以获赔 8000 元，加购了不计免赔险，就全额获赔 10000 元；但是，如果是酒驾等危险驾驶或者本年度内多次出险，就只能赔付 9000 元，甚至更低。这个条款在保单上面都会明码标注，各位车主在签订保险合同的时候一定要看清楚。

第二种情况是汽车盗抢险。车辆全车被盗抢，实行 20% 的绝对免赔率。

第三种情况是事故出现之后找不到责任人。发生事故时，应当由第三者负责赔偿且确实找不到第三者的，实行 30% 的绝对免赔率。简单来说，就是即使购买了不计免赔险，责任无法划定的时候，不计免赔是无法生效的。

不计免赔险是保险公司为了应对激烈的市场竞争留住客户的策略，对消费者来说，是一

个实实在在的“福利险”：投入几百块钱，整个理赔额度就直接上升了15%或20%，所以说，在2020年9月车险综合改革之前购买购买保险的时候，都应该考虑“不计免赔”；现在车险综合改革之后，不计免赔率纳入车损险的保障范围，不再需要单独购买，就更是对于广大车友的实惠了。

思考与训练

一、判断题

1.“车损险”购买的额度越高越好，因为买得越多就赔得越多。（　　）

2.“第三者责任险”属于法律规定的必须购买的。（　　）

3. 根据最新的车险改革，“不计免赔”已经并入“车损险”。（　　）

4.“第三者责任险”的购买是没有上限的，想买多少就买多少。（　　）

5. 交强险是中国首个由国家法律规定实行的强制保险制度。其保费是实行全国统一收费标准的，由国家统一规定的。（　　）

6.“第三者责任险”仅仅负责事故车辆的损毁，不负责相关人员的伤害。（　　）

7. 购买车损险之后，遇上地震造成车辆损失的情况，保险公司可以不予以赔付。（　　）

8. 即使购买了车险，一些特定情况下，保险公司是不予以赔付的，比如：酒驾、毒驾。（　　）

二、单选题

1. 在没有出险的情况下，“强制险”购买优惠的最大浮动率是（　　）。

A. 10%　　B. 20%　　C. 30%　　D. 50%

2.“强制险”正式启动实施是2007年（　　）。

A. 5月1日　　B. 6月1日　　C. 7月1日　　D. 8月1日

3. 根据最新的车险改革，交强险有责总责任限额从12.2万元提高到（　　）。

A. 15万元　　B. 20万元　　C. 25万元　　D. 30万元

4. 在没有出险的情况下，“强制险”的每年优惠浮动率递增（　　）。

A. 10%　　B. 20%　　C. 30%　　D. 40%

5. 根据最新的车险改革，第三者责任险上限额度提高到（　　）万元。

A. 100　　B. 200　　C. 500　　D. 1000

三、讨论

大家一起聊一聊汽车保险，简单说一说，除了“强制险”以外，你觉得最有必要购买的“保险”及其理由。

话题三　安安稳稳开好车

俗话说的好，“小心驶得万年船”，驾车何尝又不是如此。随着科技的发展，汽车智能与驾驶性能不断提升与改进的同时，现代汽车技术对于安全方面的追求也在进行着更新换代。但是，最为根本的还是驾驶者本身。

小心谨慎开好车

一、小心谨慎开好车

上班、出差、远游，出门前，最常听到的叮嘱就是：慢点开车，注意安全。其实，汽车开得慢，也未必安全。

不少道路设有最低限速，尤其是高速公路，如果车辆行驶速度低于最低限定值，可能会造成很大的交通风险，不仅可能被开罚单，更有可能造成追尾事故。其次，行驶速度过慢，非常容易引起后排司机的“路怒”，进而导致后方车辆强行超车，这对于双方车辆都存在着极大的安全隐患。

汽车道路驾驶一方面需要关注自身小心谨慎避免事故发生，另一方面，还要小心提防同一道路上的其他车辆。

上了高速公路，公交车的加强版就是大卡车，应对大卡车有如下四点建议。

首先，不要紧跟在大卡车后面，容易追尾。一旦发生追尾，那就是“钻尾”，直接钻到大卡车尾部下面去了。

其次，不要行驶在大卡车前面，尽量保持安全距离。如果大卡车跟在你的车后面，第一感觉就是地面在震，然后，就会发现整个后视镜已经被大卡车“填满”。这种情况下，赶紧一脚油门开快一点拉开距离，与大卡车保持一个安全行车间距。

还有，尽量不要长时间行驶在大卡车两侧。一方面，大卡车上装载的货物可能意外掉落，另一方面，大卡车突然爆胎或是偏向，都是非常危险却又很难躲避的情况。

最后，再补充一点，就是进入收费站的时候，尽可能地不要与大货车“扎堆”。

总之，小心谨慎驾驶，把安全距离留出来，把心思放在开车上面。说一千道一万，行车安全依靠的是小心谨慎，“左顾右盼、瞻前顾后”，及时根据实际路况调整车速方能驶得“万年车”。

怎样开车最安全

二、怎样开车最安全

1. 盲区

“汽车上路无小事”，尤其在高速公路上，一旦出事一般都是大事。然而，现实生活当中的我们，往往缺乏足够的安全意识，行驶过程中转弯或是变道，基本上就是“打个转向灯，反光镜看一眼，没什么问题，就转过去了”。如此操作，其实是非常危险的。因为后视镜存在一定盲区，仅仅通过后视镜观察后方来车情况，肯定无法完全掌握后方完整车况。

那么，以家用六座以下的小轿车为例，汽车的盲区一般情况下有哪些？这里就简单介绍一下最为常见的的六个“盲区”。

首先是前盲区，车头引擎盖正前方往下的区域。在小区里面或是学校附近开车的时候，往往会有婴儿车、小朋友，千万要多多注意前盲区。

其次是后盲区，后门延展 30°后视镜看不见的区域。安装倒车雷达与倒车影像就是为了让驾驶员能够看清这一部分后盲区。

再就是侧后盲区，排气管往后面几十厘米的一小块区域。和前盲区道理相似，汽车驾驶员多数时候，远的地方可以看清楚，近的地方反而没法感知。在行人多、小孩多的地方，倒车的时候，一定要特别留意这块侧后盲区。

还有就是车底盲区，顾名思义，就是汽车底部下方的区域。一般情况下，车辆并未配备车底雷达或者车底倒车影像，然而，小动物可能会钻到汽车底下嬉戏或是打盹休息。所以，

开车前，车底也需多多注意。

再有就是外后视镜盲区，贴近车尾反光镜看不到的车后侧区域。开车上路，尤其是高速，有条件的情况下，还是扭头看一看。

最后就是A、B柱盲区。其中，“A柱”就是夹住前挡风玻璃两边的立柱；“B柱”就是前门和后门中间的立柱。转弯的时候由于A、B柱遮挡，左右视野受阻，尤其是左转弯的时候，中国作为左舵汽车，驾驶位紧挨左“A柱”，往左前方看，视野大部分被左“A柱”遮挡。然而，在左“A柱”后面，很有可能就是一个行人或是一辆电动车，因此，“A柱”是非常关键的一个盲区。解决的办法，就是左边探探，看看左边的侧窗；右边探探，看看前挡风玻璃，尽可能地缩小A柱盲区的范围，同时，减慢车速，把所有你能想到的能做到的，都把控到。

2. 车距

接下来，再来说说如何在行车过程中判断两车距离，确保安全车距。

首先，高速公路行车保持一个安全的车距很重要，否则高速状态下发生碰撞，后果会很严重。简单来说地话，把车速的数值设定为安全车距，比如，80km/h的安全车距是80m，100km/h的安全车距就是100m。

最简单的方式，就是看每隔一段距离就会出现的“车距确认”标识牌，通常设置有0m、50m和100m三块。当车头经过0m牌时的瞬间，观察一下前车，如果前车车尾已过50m牌，则车距保持在50m以上；如果车距不足50m，就要减点速度拉开车距了。

在城市堵车慢速行驶的情况下如何判断安全车距呢？最简单的办法就是通过观察汽车的发动机盖与前车后轮的间距进行判断，如果处于刚刚接触的视觉效果，表明与前方车辆相距5m左右；如果汽车的发动机盖与前车的后保险杠下沿重合时，表明前后车距为3m左右。这是城市拥堵路况下，缓慢行驶最合适的跟车距离。

开车时保持一个安全车距非常重要，但很多新手司机对距离没有概念，那么就可以试试用这些参照物的方法来判断前后车距，帮助自己的安全行车。说了这么多安全行车的经验与常识，归根结底还是“道路千万条，安全第一条”。

三、怎样开车最省油

怎样开车最省油

开车省油的第一要义就是挑选一辆省油的汽车，第二要义就是选择一条较为通畅的路线，第三要义也是往往容易忽略的就是以经济时速稳定行驶。那么，在较为通畅的路面以多少时速行驶才最经济省油？众说纷纭，有说80km/h的，有说100km/h的，甚至有说越快越好的。实际情况到底如何？什么是“经济时速”？开车省油还有哪些需要注意的地方？下面展开详细说明。

汽车厂商的用户手册一般均有说明，“经济时速”指汽车在某一路段行驶，发动机转矩最大而耗油最低时的速度。它随路况、载重、风向、气候及使用情况有所变化。简单来说，经济时速就是汽车在速度、油耗、动力上的最佳平衡点。小轿车的经济时速一般是在60～80km/h之间。在此区间内油耗变化不大，最经济，一旦高于或是低于这个速度区间，油耗均会不同程度上升。不同品牌不同型号的小轿车的经济时速略有不同，可以通过不同挡位的速度试验进行粗略测定：观察汽车在不同挡位下不同行驶速度时仪表盘“瞬间油耗”的实时数据，油耗显示最低时的速度就是汽车的“经济时速”。

为了获得更高速度，需要消耗更多能量，所以“速度越快越耗油”，但是，为什么“速

度越慢越费油”呢？这是因为油耗不仅与发动机的功率成正比，还与发动机的利用率有关系，学名称为发动机负荷。如果车速太低，利用率也就相应的更低，油耗就会相应的增加。汽车燃油的利用率是与速度成正比的，一般情况下，车速越高，燃油的利用率也会更高。但是，由于“风阻”，实际行驶过程中，随着速度的不断提升，车身所承受的空气阻力就会不断增大，风阻与速度成正比。随着速度提升、风阻不断增大，汽车的油耗也在增加，比如，速度 30km/h，克服风阻约占油耗的 20%；当速度增至 200km/h，基本上 85% 的油耗都是用来克服风的阻力了。所以，速度上升到一定的程度，汽车需要额外消耗更多的能量才能够达到所要求的速度，此时，燃油利用率反而开始下降了。由此可见，一般速度仪表盘中段速度是燃油利用率最高的，燃油经济性是最好的，行驶同样里程的油耗是最少的。

汽车排量的大小也会影响汽车的经济速度。一般情况下汽车排量越大经济时速越高，汽车排量越低的，经济时速相对越低。比如：2.0L 排量以下小汽车的经济时速是在 45 ～ 65km/h，2.0L 排量以上的汽车经济时速基本上是 55 ～ 80km/h，甚至会更高一点。由此可见，速度维持在 60 ～ 70km/h，大部分车型都是比较经济的。

为了省油，不管是各路汽车厂家，还是各位司机朋友，都绞尽脑汁想尽了各种办法。甚至连停车也有讲究，比如，车头朝外、车尾向内的停车不仅是为了车辆停放的整齐好看，同时也是为了省油。一般来说，停车的时候，往往是汽车开过一段时间，汽车已经完成“热身”，而等到再次把汽车开走的时候，往往是过一段时间之后了，这时的车身已经“冷却”。汽车处于不同的热、冷状态，相应的油耗也是不一样的：相对而言，热身之后，省油；冷车状态，费油。大多数车型的倒车挡比一挡要低，什么意思呢？专业一点说，倒车挡的齿轮传动比一般大于或等于 1 挡的，所以倒挡的怠速及其加速度一般都比 1 挡的稍快，所以说倒车挡的油耗一般比挂一挡行驶高一点。由此可见，热身状态倒挡开进停车位与冷车状态一挡开出停车位的组合，相对来说燃油经济性最好。

思考与训练

一、判断题

1. 高速上行驶的基本安全原则之一，就是尽量不要与大卡车在同一车道行驶。 (　　)

2. 汽车存在多个盲区，其中在拐弯的时候，最容易挡住视线的是 AB 柱盲区。 (　　)

3. 车子开得慢一点，就一定安全。 (　　)

4. 高速公路行车保持安全的车距最简单的方法就是把车速的数值定为安全车距，比如 80km/h 安全车距 80m，100km/h 安全车距 100m。 (　　)

5. 好的停车习惯：停车时车头朝外，车尾朝内。 (　　)

6. 安装高档后视镜就可以克服盲区，仅仅通过后视镜观察就能够完全掌握后方完整车况。 (　　)

二、单选题

1. 绝大多数的汽车厂家，在手册里面都有说明，一般的小轿车的经济时速是在 (　　) km/h 之间。

A. 40 ～ 50　　B. 50 ～ 60　　C. 60 ～ 80　　D. 80 ～ 100

2. 高速上判断车距最简单的方法就是观察车距确认标识牌，通常设置有三块 0m、50m 和 (　　)。

A.100m　　B. 125m　　C. 150m　　D. 250m

3. 车辆行驶太慢，费油；行驶太快，也会增加油耗，这是由于（　　）。

A. 车重　　B. 风阻　　C. 地面摩擦　　D. 气温

4. 转弯的时候由于 AB 柱遮挡，左右视野受阻，会产生（　　）。

A. 前盲区　　B. 后盲区　　C. 车底盲区　　D. AB 柱盲区

5. 在城市堵车慢速行驶的情况下，汽车的发动机盖与前车后轮的间距如果处于刚刚接触的视觉效果，表明与前方车辆相距（　　）m 左右。

A. 1　　B. 5　　C. 10　　D. 15

6. 出门行车归根结底最最重要的还是“道路千万条，（　　）第一条”。

A. 速度　　B. 礼貌　　C. 文明　　D. 安全

三、讨论

请选取一个你听过的开车省油的小技巧，给大家分享一下。

赏车与玩车

赏车与玩车

汽车，并不是一台单纯的冰冷机器，在它们的身上包含了许许多多的心灵诉求。

随着人们生活水平的不断提高，轿车被赋予了更多的含义，如地位、品位等。越来越多的人希望在汽车的色彩、配置上，能够展现与众不同的个性。同时，汽车作为现代文明的标签，以车会友，理所当然地成为这个属于速度年代不可或缺的交流媒介。随着科技的发展，汽车速度与性能不断提高与改进的同时，现代汽车技术对于安全、舒适、经济等方面的追求也在进行着更新换代：玩车，趣味无穷；赏车，美好情怀；赛车，速度激情。

话题一　玩车，趣味无穷

社交，以车会友

汽车作为现代文明的标签，以车会友，成为这个属于速度年代不可或缺的交流媒介。

一、社交，以车会友

（一）车友俱乐部

随着经济的高速发展，国民收入迅速提升，汽车早已进入寻常百姓家。随着私车时代的来临，应运而生的汽车俱乐部成为一个新生的社会群体。那么，汽车俱乐部到底有哪些形式？

目前，汽车俱乐部的结构和组织形式主要有以下三种。第一类俱乐部是以汽车经销商为主导组织的俱乐部。由于资金雄厚、技术成熟以及组织经验丰富，不少车主买车的同时便

加入其品牌车主俱乐部。第二类是典型的商业俱乐部。其服务专业规范，车主加入后，不仅享受各种优惠服务（比如技术咨询、维修、拯救、美容养护、保险理赔等），还可以通过车会组织的各类活动广交朋友，增长见识。第三类是车主自发成立以沟通交流为主的车主俱乐部。在一些热销车型中，不少车主由于年龄、职业、爱好、经济状况相近，借助互联网走到了一起。

那么，世界上有哪些著名的汽车俱乐部呢？

世界上著名的汽车俱乐部很多，以下介绍一下最具特色的几家。

首先，世界最早的汽车俱乐部是德国汽车俱乐部，于 1899 年 7 月 10 日在柏林成立。该组织的宗旨是发展德国的旅游业和赛车运动。除为车手提供技术支持和服务外，还向其成员和顾客提供 24 小时服务，包括合理化建议、帮助和保护措施。可以说，他的历史就是德国赛车运动的发展史。

世界上最大的汽车俱乐部是美国汽车协会（全称 American Automobile Association，简写为 AAA），其历史可以追溯到 1902 年。俱乐部的建立以汽车救援为主，会员之间通过酒吧的形式加强彼此间的联系与合作。下设 139 个分支机构，各自独立地经营汽车俱乐部，为其遍布美国及加拿大的 4800 万会员提供路边帮助，实施信息咨询及其他服务。

世界上最牛的汽车俱乐部当属国际汽车联合会，简称 FIA，是以组织汽车运动赛事为主的组织，总部设在法国巴黎，世界上各大汽车运动赛事均由其举办，例如 555 拉力赛、一级方程式汽车赛等。世界各国以汽车运动为经营方向的大型汽车俱乐部都是这个联盟的成员。

（二）自驾游

目前，多数汽车俱乐部的自驾游以聚餐、郊游、探险为主，成员多为一家三口或好友结伴，目的地多为风景名胜区，时间上短则两三天，长则六七天。

1. 车型选择

至于自驾游车辆的选择，一般依据出行的地形、路况、季节、气候、生活服务条件等诸多因素来确定。

图 7.1　已经成为一个传奇符号的上海桑塔纳

普通乘用车是乘用车中的基本车型，比如上海桑塔纳（图 7.1），通常只适用于城市道路或高速公路，遇到恶劣、崎岖的道路状况，就束手无策。因此，自驾普通乘用车出游，地点只能选择城市周边地区，以及道路、生活服务条件良好的城市之间。

那我们目的地是路况较差的山区而且遇到了恶劣天气怎么办呢？

这个时候最合适的就是越野乘用车，也就是俗称的 SUV。其结构特点是底盘和悬挂的设计距地面较高，使用具有越野花纹的轮胎四轮驱动动力强。因此，能够轻松应对恶劣路况与雨雪天气的长途跋涉。比如：三菱帕杰罗、JEEP 大切诺基等（图 7.2）。

不少车友的梦想是拥有一台旅居车，也就是通常所说的房车（图 7.3），它提供电压 220V 的电力，配备热水、空调和娱乐等一整套设备，能够睡眠、饮食、沐浴，可谓一应俱全，让人随时都能开启一场说走就走的惬意旅行。

图 7.2　所向披靡的 JEEP 大切诺基

图 7.3　走到哪就可以睡到哪的房车

2. 出行准备

古语云“谋定而后动，知止而有得”，想要收获一场愉快的自驾旅行，建议出行之前做好以下三个方面的准备。

首先，就是制订自驾旅游计划。就是预先对某次出游做出总体、详尽的安排，主要包括：目的地；主要景点；每天详细的行程安排；行车路线，包括途经的地点、里程、道路特点；需要准备的各种物品；食宿安排等。

其次，检查里里外外的整体车况。出门在外，突然遇到车子抛锚，那真是“叫天天不应”。为此，出行前一天应给车辆做个全面的检查保养，确保车辆良好的技术状况，使其能够承受长距离行驶的考验。

最后，购置必备足量的出行装备。俗话说“在家千般好，出门万事难”。自驾出游由于路途遥远，充分考虑出游的地点、季节、气候、出游人员情况、沿途生活服务保障情况等因素，准备好随行携带的物品。

个性，独一无二

二、个性，独一无二

随着汽车工业的设计水平、制造技术不断提升，出于汽车生产成本的考虑，同一品牌车型的外观、色彩、配置逐渐趋同，即使不同品牌也难免千车一面的感觉。这就很难满足每一位车主的不同爱好与个性需求。因此，越来越多的人希望在大批量推出统一产品的基础上实施个性化定制，能够体现自我意识，展现与众不同。通过汽车改装、个性色彩、定制车牌，每一个人都有机会好好设计一下自己爱车的风格。

（一）汽车改装

五颜六色的贴条，光亮的铝合金轮毂，镀铬排气管，瞬间能让你的车从平庸中脱颖而出，让驾驶者显得趾高气扬。这正是改装的魅力。那么，汽车改装到底是如何起源的呢？

汽车改装文化源于赛车运动。最早的汽车改装只针对提高赛车的性能，以便在比赛中取得好成绩。但随着汽车工业的发展以及赛车运动的深入人心，汽车改装已揭开神秘面纱，成为普通车迷汽车生活的组成部分，并渐渐成为一种时尚。汽车改装，在汽车技术发达的欧美国家，及紧随其后的日本、马来西亚等地，早已掀起狂热浪潮。目前国际上规模和声望最大的改装车展当数德国、美国、日本三个轿车强国的专业车展。日本人改装轿车的疯狂在很大程度上受美国的影响，并创办有专门的改装车杂志。作为亚洲改装业的先锋，日本在改装的技术性、可行性和实用性方面都达到了很高的水平。

目前知名改装厂商主要集中在德国，比如：ABT、AMG、BRABUS 等，无一不是历史悠久、技术精湛。

1. ABT

最著名的 ABT 公司专改大众旗下的车型（包括奥迪），具有非常深厚的功力。即使一辆最普通的高尔夫经他们的手改装之后，碳纤维的扰流板，4 个镀铬的排气管，铡刀式车门，19 英寸跑车轮毂，无一不昭示这是一款非同寻常的高尔夫。

2. 宝马 M 系列

熟悉宝马的人都知道，宝马车上的字母“M”代表了拥有非凡运动特性、高超制造工艺的 BMW 高品质跑车——M 系列，可以和梅赛德斯 - 奔驰的 AMG 系列相媲美。因此，宝马 M 系列车型也成为那些对汽车性能有着狂热追求者的梦想。

3. AMG

AMG 是德国历史悠久的改装厂之一，操刀改装的车型不多，但每款都分量十足。其中最令人称道的就是 F1 大赛的安全车 SLK 55 了。5s 之内就能达到时速 100km，改装后的排气管减小了反馈声波的压力令发动机的声音如美妙的音乐一般。

4. BRABUS

创建于 1977 年总部位于鲁尔区的 BRABUS 公司现已跻身为全球最大的汽车改装厂商之一。拥有自己的汽车试验跑道，从而可以完成主要的行驶试验。BRABUS 在所有开发项目中都注重达到最佳的环境兼容性，改装后的发动机油耗极低，且其废气排放量远低于欧共体准则的极限值。

（二）个性色彩

汽车不单单是一种高档商品，更是一件精致的艺术品，它以清晰的外形配以鲜明的色彩，构成统一完美的艺术形象，给人以强烈的精神感染。一个成功的设计，除了汽车造型之外，色彩的运用也非常重要。汽车颜色在车主心目中的地位远不只是汽车的外表，它们还代表着汽车文化的部分内涵。

不同色彩给人以不同心理感受，所以，车身颜色也是车主个人喜好的表现。这里聊聊最为常见的几款车身颜色。

1. 银色

银色是最能反映汽车本质的颜色（图 7.4）。美国杜邦的调查显示，银色最具人气，是销售最好的颜色。

2. 白色

白色给人以明快、大方的感觉，容易与外界环境相吻合而协调。甚至在日本的 20 世纪 80 年代，有白色代表高级的说法（图 7.5），白色车的销量曾经最高达到 70%。

3. 黑色

黑色是一种矛盾色，既保守，又性感，给人以庄重、尊贵的感觉，一直是公务车最受青睐的颜色（图 7.6）。

4. 红色

红色，尤其是大红给人以跳跃、刺激的感觉，是跑车最为常见的配色（图 7.7）。

5. 黄色

黄色给人以欢快、活泼的感觉。在环境视野中很显眼，所以，出租车和工程抢险车一般都选用黄色，一是便于管理，二是便于人们早早地发现（图 7.8）。

图 7.4　银色的宝马 7 系

图 7.5　白色的丰田皇冠

图 7.6　黑色的奥迪 A8

图 7.7　红色的法拉利

6. 绿色

鲜艳的绿色有较好的可视性，这是大自然中森林的色彩，但是，一般最为常见的还是用在了中国邮政车身上（图 7.9）。

图 7.8　黄色的 CAT 挖掘机

图 7.9　绿色的中国邮政车

（三）定制车牌

除了改装、颜色，还有很多展现个性的方式，比如在欧美的车牌就可以按规定制，十分的特色。

1. 美国车牌

而欧美车牌的个性化定制确实很有趣。其中，美国车牌的样式可谓是五花八门，每个

州政府都愿意将各自的特点展现在汽车车牌上，不同地域的车主车牌底色、背景就完全不同（图 7.10）。

除了约 200 种组合被美国联邦政府强制规定不得使用，基本上可以随意使用数字与字母的组合，来表达自己的兴趣爱好、纪念日，甚至各种奇思妙想。当然，除数字、字母组合以外，号牌上还必须包含车辆所在地区的名称（图 7.11）。

图 7.10　沙漠和仙人掌作为背景的亚利桑那州牌照

图 7.11　落基山脉作为背景的科罗拉多州牌照

2. 德国车牌

德国车牌的字母与数字同样表达了不同的含义，在德国车牌前面一到三位字母是城市代码，表示该车注册地，一般是该城市德文名称简写，越大的城市使用字母越少。城市代码后是年审标识及所在州的徽章，后面的号码由一到两位字母和一到四位数字组成，可以是按注册顺序发放的随机号码，也可以由车主自行选择个性化号码。

图 7.12　德国牌照

一张标准而有效的德国车牌主要包含以下 5 个部分（图 7.12）。

（1）欧盟标志。欧盟成员国统一的车牌都有这个标志，除了少数特殊国家。

（2）年检标志。标志的颜色与方向很有讲究，其中，颜色代表年份，而贴的旋转方向来标示月份（像读时钟一样的办法），德国交警一看标志上两个黑块的指向就知道这辆车的年检有效期到什么时候。其中，车头牌照上贴的是六角形排放检验标签（Emission Test），车尾牌照上贴的是圆的安全检验标签（Safety Test）。

（3）注册地区（州）标志。图 7.12 为拜恩州（Bayern，又称 Bavaria 巴伐利亚州），这个州的标志是车模上见得最多的一个（毕竟 BMW 和 AUDI 都在巴伐利亚州），外部一个圆，中央是州标志，标志上方是州名，下方是注册地城市名。

（4）注册城市缩写。图 7.12 为 IN，代表 Ingolstadt 市（奥迪总部所在地）。模型上经常看到的还有 M（慕尼黑，BMW 总部所在地），S（斯图加特，Benz 和 Porsche 总部所在地），WOB（沃尔夫斯堡，VOLKSWAGEN），这一项与前面的州标志下方的城市名是一致的。

（5）字母 D。Deutschland（德国）的缩写，为区别欧盟其他国家车牌的标志。

经济，无所不及

三、经济，无所不及

汽车的经济性，无论是车辆驾驶过程中，还是日常的点点滴滴，无处不在，无所不及。行驶油耗的降低已经不再是考虑汽车经济性的单一指标，制造生产、保养维护、美容装饰、停车拥堵，方方面面都影响着我们的汽车日常开销。

（一）汽车制造

纵观汽车发展史，从最初的奢侈品，到逐渐走入寻常百姓家，汽车生产厂商一直想方设法降低成本，设计、生产出普通大众人人都消费的起的“国民汽车”。

最初的汽车生产与制造都是手工作坊模式，效率低、成品少、成本高，所以，20 世纪初，汽车仍然是富人们才能消费得起的奢侈品。1903 年，福特汽车公司创立，亨利·福特立志要打造一辆普通大众都买得起的平民车。当时美国销售的汽车普遍售价在 4700 美元左右，相当于一名普通人六年的总收入，而福特 T 型车售价仅为 850 美元（图 7.13）。

为了让福特 T 型车更加深入大众人心、更快走入普通家庭，亨利·福特决定改进生产方式以求大幅降低了福特 T 型车的成本，使其售价进一步降低。偶然间，亨利·福特在一份肉类加工厂报告中获得灵感，决定加以效仿采用流水线的方式生产汽车（图 7.14），将一辆汽车的装配时间由原本 700 多个小时一下压缩到了 12.5 小时。

图 7.13　T 型古董车

图 7.14　T 型车流水生产线

此举让福特 T 型车产能剧增，加上流水线作业可大幅减少工人数量，福特 T 型车的成本有效降低，从 1910 年的 780 美元降低到 360 美元（图 7.15）。亨利·福特兑现了他当初的承诺，为世人打造出一款质优廉价的国民车。

第二个通过优化生产、降低成本，为我们普通大众造福的就是日本丰田的“零库存生产”（图 7.16）。

图 7.15　第一台流水线上下来的 T 型车

图 7.16　丰田的“零库存生产”

汽车工业的传统思考方式是“前一道工序向后一道工序供应工件。”这种传送带式的大批量的盲目生产，往往会造成过度生产、频繁搬运和多余库存的浪费，还有加工过程本身的浪费及工序上下环节等待的浪费等。在丰田的眼中，企业运行时的“库存”是最大的浪费。为了彻底消除浪费，早期的丰田在美国“自选超市方式”的启发下，把超市看作生产线上的前一道工序，顾客购买相当于后一道工序，丰田经过实际生产中的不断完善与调校后，拉动式生产（Pull System）应运而生，从而极大地减少了配件库存、提升了生产效率，降低了产品成本。

（二）智能停车

在欧洲大约有三分之一的交通流量，是产生自寻找停车位的司机们。2013 年发布的一项研究数据指出，在德国中心城市，司机平均需要花费十分钟寻打停车位，有的司机甚至会开 4.5 公里路程去找位停车。于是，欧洲老牌工程巨头西门子公司，开发了一个雷达系统，传感器被装置在柏林街头的路灯上，能扫描 30m 范围的路面状况（图 7.17）。扫描结果数据将通过智能手机 APP 传输给用户，通知用户哪里有符合他们车辆尺寸的闲置空位，一定程度上节省了车主的时间与燃油。

西门子还和美国加州的一家专注于智能停车的公司“街头路线”结盟。“街头路线”负责将西门子的咪表和自家的探测器以及手机 APP 整合在一起，为司机提供停车位选择，不仅更好地利用有限的城市空间资源，还在一定程度上减少了交通拥堵和废气排放。

如果西门子在时间的维度上考虑智能停车问题，那么，德国的“智能停车解决方案”公司则是在空间的维度上想办法。“智能停车解决方案”公司的“垂直停车场”在占地面积只有 2 个车位大小，可以停 15 辆车（图 7.18）。最关键是只需要 5 天就建好了，设施技术原理简单，造价经济，已经在德国许多城市推广，停车难的问题得到大大缓解，实现了“Impossible Mission”，7 台车共用 1 个车位。

“办法总比困难多”，相信不久的将来会有更多的技术手段、应用方法来提升汽车生产的效率、降低汽车行驶的能耗、解决汽车停放的困扰，为普通大众带来更多的便捷，提供更多的实惠。

图 7.17　西门子智能停车检测装置

图 7.18　七台车共用一个车位的垂直停车场

四、安全，永远第一

安全，永远第一

随着科技的发展，在汽车速度与性能不断提高与改进的同时，现代汽车技术对于安全、舒适等方面的追求也在进行着更新换代。

汽车安全技术与交通安全历来是人们最为关心的话题之一，汽车发展的历史也是汽车安全技术不断提高的历史。汽车安全应从整体上考虑，不仅要在事故发生时减少人员的伤亡，而且更重要的是避免事故的发生。

（一）主动安全技术

汽车的安全技术有哪些？

简单来讲可以分为主动安全技术与被动安全技术。其中，主动安全技术就是尽可能地防止交通事故的发生，比如防抱死制动系统、电子制动力分配系统、电子稳定控制系统等；被动安全技术就是在事故发生后，尽可能地对乘员和行人进行保护，比如安全带、安全气囊、儿童安全座椅等。

1. 防抱死制动系统

遇到紧急情况时，如果急刹车一脚踩到底，就会出现车轮抱死不转动，从而使汽车发生危险的情况，前轮抱死引起汽车失去转弯能力，后轮抱死容易发生甩尾事故等。这个情况下，如果汽车装配有“防抱死制动系统”（英文缩写“ABS”）就可以避免出现上述危险的情况。

“防抱死制动系统”能在汽车制动时，自动控制和调节制动力的大小，使车轮不被抱死，处于边滚边滑的状态，进而消除制动过程中的侧滑、跑偏、丧失转向能力等非稳定状态，并能够保证车轮与地面的附着力在最大值上，以获得良好的制动性能、操纵性能和稳定性能，从而实现“主动安全”的效果（图 7.19）。

2. 电子稳定控制系统

常见的主动安全配置还有“电子稳定控制系统”（英文简写“ESP”）。开过车的人都能体会到，当车辆在转弯时，车身会向转弯的反方向发生侧倾。转向角度越大，侧倾就越厉害。当侧倾的角度超过极限值的话就会发生翻车事故，这种情况在雨天和冰雪路面更加容易发生。

如果车辆配备 ESP，失控的概率会大大降低，整车的主动安全性也更高，让驾驶的安全系数得到极大的提升（图 7.20）。

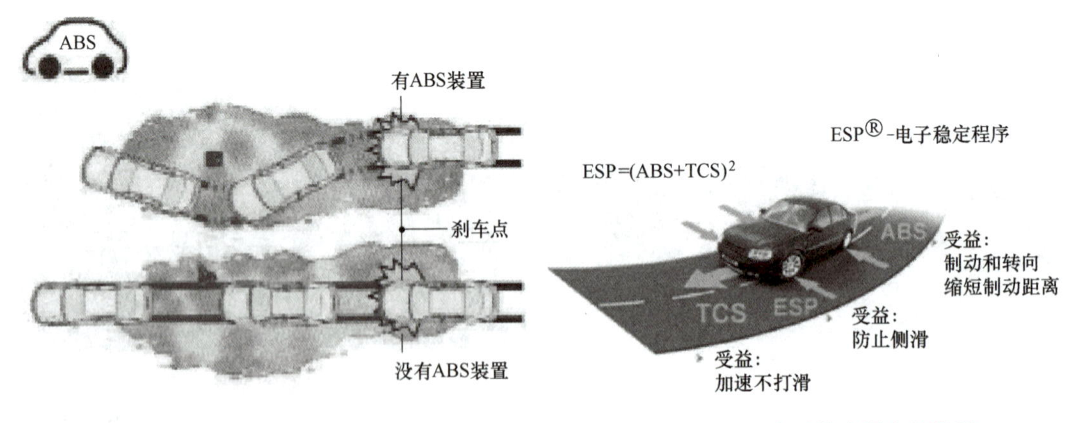

图 7.19 ABS 效果图

图 7.20 ESP 电子稳定程序效果图

（二）被动安全技术

1. 安全带

被动安全技术的典型代表就是安全带。最初的两点式安全带是瑞典人发明的，到 20 世

纪 40 年代别克轿车将安全带作为标准配置后，美国将安装和使用安全带确定为强制性的联邦法规。经过多年的发展，安全带逐渐走向成熟。

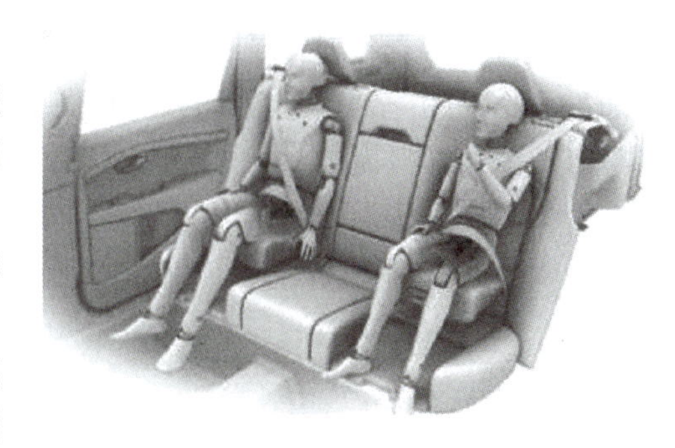

图 7.21　三点式安全带

现在的安全带均由强度极大的合成纤维制成，带有自锁功能的卷收器，采用对驾、乘人员的肩部和腰部同时实现约束的三点式设计（图 7.21）。根据运输部门的调查，在驾驶员位置上使用三点式安全带可以降低负伤率为 33% ～ 52%，在低于 90km/h 车速下的碰撞一般不会发生死亡事故。而不使用安全带时，即使车速只有 20km/h 的碰撞事故，也可能出现乘员死亡事故。

2. 安全气囊

使用安全气囊来保护汽车乘员的想法最先产生于美国。1952 年，在理论上就已经阐述了安全气囊的必要性，但是，到了 1980 年，德国默谢台斯公司才开始安全气囊的量产与应用，真正实现这种设想。而从 1985 年起，在全部供应美国市场的汽车上安全气囊成了标准配置。

除了安全带、安全气囊（图 7.22），还有许多其他的被动安全技术，比如防撞门柱、吸能方向盘、儿童专用的安全座椅（图 7.23）与儿童安全保护锁。

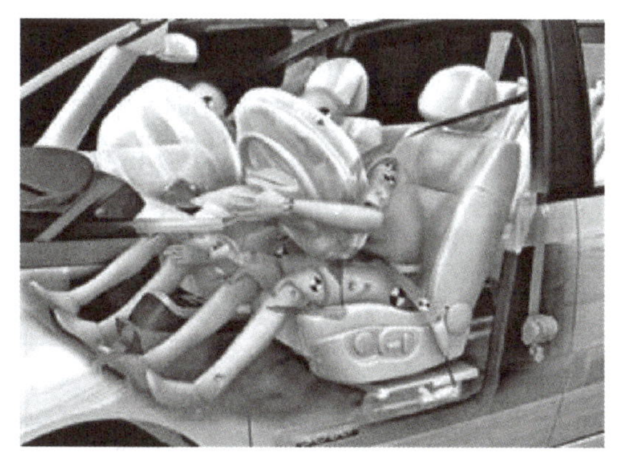

图 7.22　安全气囊的秘密

图 7.23　儿童专用的安全座椅

（三）交通法规

为了实现汽车安全行驶，人们不仅在技术手段上下功夫，还通过制定出台相关法规来促进汽车安全行驶。

欧盟是世界上交通规则、交通标识发展比较规范、交通管理比较先进的地区，而德国又是其中的典范。比如德国的交通规则中，对于酒后驾车，并不罚款，而是重在教育。比如：德国曼海姆地区，一旦发现酒后驾车，就会将其拦住，把车子停在路边的停车场，然后，就用警车把该驾车者送到荒郊，在监护下强迫其步行返回，通过“劳其筋骨”来达到教育的目的。

酒后驾车危害性是很大的，在部分国家是会被判刑的。

（四）交通标志牌

要做好驾驶安全，除了配置好的安全装置，最重要的还是自觉遵守交通安全法规。

在德国开车，无论是高速公路还是一般的联邦公路，各类交通指示牌和标志牌一应俱全，随处可见（图 7.24）。内容形式风格各异，有的简简单单几个字母与符号的组合，指示路名与方向；有的则是密密麻麻的整版文字，说明旅游服务事项。德国高速公路两侧没有广告牌，但交通标志相当齐全、内容详细（图 7.25）。就算是到从未去过的乡村小镇，驾车者也不用担心迷路，因为各种标志牌指示得清清楚楚（图 7.26）。

图 7.24　德国交通标志牌：此处路口有优先权

图 7.25　德国交通标志牌：高速公路旅馆与高速公路饭店

图 7.26　德国交通标志牌：开始进入住宅区（限速 10km/h）

（五）安全色彩

研究表明，轿车行车安全性不仅与规范操作有关，还与车身颜色的能见度存在着紧密联系。心理学家认为，视认性好的颜色能见度佳，因此把它们用于轿车外部涂装可以提高行车安全性。

在心理学上，人们将深蓝色和深绿色归为“收缩色”，即视觉上看起来比实际小；将黄色、红色归为“膨胀色”，即视觉上看起来比实际大，不论远近都很显眼（图 7.27）。如果有红色、蓝色、黄色、绿色共四台车辆与观察者保持相同的距离，视觉观感上红色和黄色车辆让人感觉更近一些，而蓝色和绿色车辆让人感觉更远一些。发生事故的轿车中，蓝色和绿色的最多，黄色的最少（图 7.28）。汽车内饰的颜色选择也同样影响着行车安全，因为不同的颜色选取对驾驶员的情绪具有一定的影响。内饰采用明快的配色，能给人以宽敞、舒适的感觉。红色内饰容易引起视觉疲劳，浅绿色内饰可放松视觉神经。

图 7.27　出于安全的考虑，校车一般都是醒目的黄色

图 7.28　黄色的工程车方便工地工人辨识与避让

汽车安全技术日新月异，在享受驾驶乐趣的同时，也保障自身与他人的安全。无论技术多么先进，也只是驾驶员的辅助，最重要的也是最可靠的还是安全驾驶的意识与自觉遵守安全交通法规的态度。

思考与训练

一、判断题

1. 德国的交警遇到酒驾的情况是将其马上控制，然后拘留 15 天，罚款 100 欧元。（ ）

2. 世界上最具影响力的汽车俱乐部当属国际汽车联合会，简称 FIFA。（ ）

3. 普通乘用车虽然是乘用车中的基本车型，但是自驾游遇到恶劣、崎岖的道路状况亦能够轻松应对。（ ）

4. 目前知名改装厂商主要集中在德国，比如 ABT、AMG、BRABUS 等等，无一不是历史悠久、技术精湛。（ ）

5. 德国的“智能停车解决方案”公司通过建设“垂直停车场”，实现了七台车共用一个车位。（ ）

6. 亨利•福特采用流水线的方式生产汽车灵感源于在一份肉类加工厂报告。（ ）

7. 汽车 4S 店的购车金融方案一般都会存在一定费用，只是以手续费、服务费、利息等不同形式出现而已。（ ）

8. 日本丰田的“零库存生产”通过优化生产降低成本、为普通大众造福的生产革命。（ ）

9. 白色给人以明快、大方的感觉，容易与外界环境相吻合而协调。（ ）

10. 黄色在环境视野中尤其显眼，所以，出租车和工程抢险车一般都是选用黄色。（ ）

11. 在驾驶员位置上使用三点式安全带可以降低负伤率为 100%。（ ）

12. 除了安全带、安全气囊，还有许多其他的被动安全技术，比如：防撞门柱、吸能方向盘、儿童专用的安全座椅。（ ）

13. 在心理学上，将深蓝色和深绿色归为“膨胀色”，即视觉上看起来比实际小。（ ）

14. 常见的主动安全配置有“防抱死制动系统”（英文缩写“ABS”）、“电子稳定控制系统”（英文简写“ESP”）。（ ）

15. 亨利•福特采用流水线的方式生产汽车将一辆汽车的装配时间由原本 700 多个小时一下压缩到了 12.5 小时。（ ）

二、单选题

1. 世界最早的汽车俱乐部是（ ）的汽车俱乐部，于 1899 年 7 月 10 日成立。

A. 美国　B. 日本　C. 德国　D. 中国

2.（ ）最能反映汽车本质的颜色。美国杜邦的调查显示，也同样是这种颜色最具人气，是销售最好的颜色。

A. 白色　B. 黑色　C. 银色　D. 红色

3. 世界上最大的汽车俱乐部是（ ）汽车协会，其历史可以追溯到 1902 年。

A. 德国　B. 法国　C. 日本　D. 美国

4.（ ）的车牌的样式可谓是五花八门，每个州政府都愿意将各自的特点展现在这款车牌子上，除了约 200 种组合被联邦政府强制规定不得使用，基本上可以随意使用数字与字母的组合，来表达自己的兴趣爱好。

A. 日本　B. 法国　C. 美国　D. 德国

5. 丰田经过实际生产中的不断完善与调校后，（ ）方式的生产应运而生，极大提升生产效率，降低产品成本。

A. 拉动式　　B. 自动化　　C. 半自动　　D. 流水线

6. 福特 T 型车产能巨增，加上流水线作业可大幅减少工人数量，福特 T 型车的成本有效降低，从 1910 年的 780 美元降低到（　　）美元。

A. 250　　B. 360　　C. 450　　D. 500

7. 汽车上的最为常见的主动安全技术有下面的（　　）。

A. KFC　　B. WRC　　C. ABS　　D. Hyper

8. 最早的两点式安全带是（　　）发明的。

A. 美国　　B. 德国　　C. 日本　　D. 瑞典

9. 被动安全技术的典型代表就是 (　　)。

A. 橡胶轮胎　　B. 感应雨刷　　C. 加热座椅　　D. 安全带

10. 在心理学上，将黄色、红色归为 (　　)，即视觉上看起来比实际大，不论远近都很显眼。

A. 膨胀色　　B. 收缩色　　C. 三原色　　D. 底色

三、讨论

如果让你改装汽车，预算有限的情况下，你会把钱花在哪个方面，速度、外观、安全、舒适、音响，大家畅所欲言。

话题二　赏车，美好情怀

电影，美好情怀（上）

电影，美好情怀（下）

汽车，并不是一台单纯的冰冷机器，在他们的身上包含了许许多多的心灵诉求。

一、电影，美好情怀

说起电影，人们立刻会想到许许多多的电影明星、无数个电影镜头的精彩瞬间。

在电影的世界里，汽车作为一种特殊载体时常会出现在镜头前，尤其是动作片，汽车作为电影的主要元素，你可以理解为电影的道具，也可以看作是电影的角色，不管怎样，都是无法替代、不可或缺的。下面盘点一下记忆当中最经典的十部汽车电影。

（一）第十位

《头文字 D》，完全代表了一个时代年轻人对于车以及人生态度的观察视角，作为近年来少有的高质量青春题材赛车电影，引起了许多共鸣。

影片当中，除了黑白熊猫版的丰田 AE86，再有就是 Skyline GT-R V-spec Ⅱ（BNR32）、三菱 Lancer Evolution Ⅲ GSR、马自达 RX-7（FC3S），四款神车无一不是赛车迷们的梦寐以求。

（二）第九位

汽车电影，尤其是赛车电影的最大魅力之一，就是简单粗暴，却又快意恩仇的对决场面。

《死亡飞车》，由杰森•斯坦森主演的第一部，就是典型代表。车迷们观看影片时可能会有些茫然，所有的出场汽车在各种武器和防护装甲的改装之下，车辆的造型改变了太多，不过好在片中设定有一定篇幅的介绍环节。

主角的战车就是第五代野马（Mustang），搭载5.4L V8引擎加装福特竞赛级超强增压器，625kW最大功率和700磅扭力，拥有连续多缸喷油系统，并配有183kW液氮加速器仅仅浏览一遍配置清单，就让人不禁热血沸腾，开起来就更是风驰电掣。第二男主角驾驶的道奇拉姆（Dodge Ram）重型皮卡，5.7L的V8引擎，291kW和552N•m，顶级的配置，飞一般的驾驶体验。整部电影场面火爆劲道十足，被无数车迷朋友奉为经典。如果没有看过这部电影，千万不可错过，找机会三五好友相约欢聚一起共享。

（三）第八位

并不是所有的汽车电影都是“肌肉车”，《偷天换日》中主角车型就是宝马Mini Cooper。整部电影可以算是体现汽车作为广告元素与电影情节完美结合的最佳典范。甚至由于本片中驾驶宝马Mini Cooper的追车镜头太经典，一些言辞比较犀利直接的影评人甚至建议用“利用快进键，直接看追车戏就好了”。

影片当中，有一段地铁站里面的追车镜头，拥有较小身材和过人操控性能的Mini Cooper，微型的体积达到了在地铁空间内通行的苛刻标准，趋近于卡丁车一样的精准操控以及出众的性能表现都让它在与摩托车、直升机的正面交锋中轻松取胜。由于地下桥段拍摄地所在的洛杉矶，地铁系统无法允许搭载汽油机的汽车进入，制片方特意定制了两辆电动宝马Mini Cooper，这也可能是最早的宝马Mini E的雏形吧。片中共出现红、白、蓝三辆宝马Mini Cooper，但实际在拍摄的过程中，剧组共使用了32辆宝马Mini Cooper。

（四）第七位

《变形金刚》，总共拍摄上映四部，无数经典车型出场，尤其是性格活泼的大黄蜂就是经典的雪佛兰科迈罗（Chevrolet Camaro），不论谁看过电影之后，都会对大黄蜂活泼记忆犹新，尤其是片中大黄蜂风趣邀请男女主角上车的情节，配着充满希望的摇滚乐，山姆的那句：“50年后等你老了，你会后悔当初没上车吗？”青年人勇敢无畏的气势用短短几个字便表现得淋漓尽致。

影片中还有许多经典车型，擎天柱是Peterbilt 379大型半挂长鼻车；武器专家铁皮和救护车分别为通用旗下品牌GMC的大型皮卡TopKick 6500以及悍马H2军用越野车；爵士则是造型优雅的庞蒂亚克Solstice GXP敞篷跑车。

（五）第六位

《亡命驾驶》，一部超级冷门的充满北欧黑色文艺悲剧。

不同于一般汽车电影的简单粗暴、快意恩仇，《亡命驾驶》是将黑色文艺与暴力美学巧妙结合，气质阴郁，动作犀利。如果说一般汽车电影表现的是汽车性能与动力的话，《亡命驾驶》展示的是汽车性格与感染力。男主角的雪佛兰Malibu，也因此在车迷的心目中多了一份独特的气质与情怀。

（六）第五位

《极速60秒》，绝对是飙车犯罪类电影的“经典教科书”。精彩紧张，且充满人性光辉，既有“一夜之间盗取50辆顶级座驾”的大胆构想，同时又展现了血浓于水的兄弟情义。

出现在本片中的名车多得惊人，是《速度与激情》系列也无法比拟的那种强大阵容。粗略统计车型包括有：阿斯顿马丁 DB5 和 DB1；宾利 Arnage、Azure 和 Continental；凯迪拉克、雪弗兰、福特皮卡、德托玛索（意大利小众跑车品牌）、道奇、法拉利、悍马双门皮卡、英菲尼迪 Q45、捷豹 XJ220、兰博基尼、雷克萨斯、庞亚蒂克 GTO、保时捷 996、劳斯莱斯，都是广大车迷耳熟能详的经典与传奇。

（七）第四位

《玩命快递》，杰森·斯坦森的代表作。纵观全片，每一场飙车片段都绝对算得上是奥迪的广告宣传片，尤其影片中车头进气格栅上镶嵌中 W12 标识的奥迪 A8 真的霸气十足。

其中，醒目耀眼的 W12 标识是十二缸 W 型发动机的身份标识。这种超级发动机的优点显而易见；动平衡好，振动相对小，大众公司一般装配在中置引擎超级跑车或是豪车顶配，比如奥迪 A8、辉腾。

（八）第三位

《的士速递》，也被翻译为《疯狂出租车》，将飙车、动作、犯罪和喜剧融合在一起，最多的戏份当然还是飙车，尤其是将法国标致 407 演绎成了一个传奇，让标致汽车的销量陡然上升不少。

后来拍摄了四部续曲，部部精彩，时至今日，只要一谈到汽车动作电影，《疯狂出租车》依旧是常常被影迷们挂在嘴边的经典，好莱坞也在 2004 年翻拍了本片，足以看出其对细分类型片市场的重要影响。

（九）第二位

《汽车总动员》，好莱坞最强的动画电影制作公司之一的皮克斯的经典代表。

影片中的主角闪电麦昆，是一辆道奇蝮蛇，750 匹马力的 V8 引擎，百公里加速仅需 4.5s。最后是经典车型塑造了一个经典角色。

（十）第一位

《速度与激情》，历时 20 年，总共拍摄了 9 部的系列作品，排到第一位是必然的一件事，无论系列电影长度、出场车型数量、阵容公司级别、取景地区广度以及赚人眼泪程度，相较同类电影而言它都拥有非常明显的优势，其也是好莱坞最赚钱的汽车动作电影系列。

二、环球，车行天下

环球，车行天下

（一）开“出租车”环游世界

甩开“旅行团”的固定线路、常规“跟团游”的条条框框，自己开着汽车，用双手掌握方向盘，轮胎配合双脚，通过人口、民族、自然地理、历史文化、城市、经济、教育等方面，将自然与人文完美地结合在一起，更直观地感受不同国家和地区的人文风情与自然之美吧。

首先，我们就一起来看一段关于三位勇敢青年开“出租车”勇闯天涯的新闻吧！23 岁的保罗·阿彻、27 岁的约翰诺·埃利森和 23 岁的利·珀内尔是大学里的好友，三名英国青年驾驶一辆出租车于 2011 年 2 月出发，历时 15 个月，穿越 4 个大陆的 50 个国家环游世界，行程 6.9 万公里，创下世界纪录。

据英国媒体报道，三人是在网上以1300多英镑的价格购得这辆已有20年历史的黑色老爷车的。最初，他们打算驾车从伦敦到悉尼为英国红十字会募捐，但后来决定做更大的壮举。三人在途中也曾遭遇险情，但最终顺利完成环球之旅，并为英国红十字会募得捐款2万英镑。

（二）驾驶最老福特T型车环游世界

据英国《每日邮报》报道，荷兰一对老夫妇历时三年，驾驶老式福特T型车环游世界，总路程超过5万英里。

来自荷兰的德克和特鲁迪，在1997年购买了老式福特T型车。在2012年，他们穿越了非洲（图7.29），在6个月时间内走完15000英里，游历过苏丹、埃及、埃塞俄比亚，最后到达南非开普敦。

虽然道路崎岖，但是福特T型车在这长途旅行中显示出了它可靠的性能。接下来他们又去了加拿大和福特的故乡美国，路程超过17000英里。在2014年他们决定去南非走一走，于是他们驾驶这辆老爷车穿越了哥伦比亚、厄瓜多尔、秘鲁、玻利维亚、阿根廷、智利、乌拉圭和巴西，总路程共16000英里（图7.30）。在旅程中，他们已为国际儿童村募集了3万英镑。

图7.29 福特T型车穿越东非大峡谷

图7.30 驾驶福特T型车驰骋在南美大陆的老夫妻

（三）驾驶奔驰G系列环游世界的老两口

有一对德国老夫妻，同样是退休以后，开始了长达25年的自驾奔驰G300GD越野车“环游世界”的漫长征途（图7.31）。

2014年10月8日，这天无论对于奔驰车迷，还是对于热衷自驾旅行的广大旅行家来讲，都是个非比寻常的日子。一位离家25年的游子——冈瑟·霍尔托夫驾着他忠诚的梅赛德斯奔驰G300 GD越野车，他们习惯地称为“奥特”（Otto）的越野车驶过勃兰登堡门前（图7.32），结束了他87万公里的环球旅行。

爱车曾41次被装进海运集装箱，113次登上深海渡船，历经低至−27℃的塞尔维亚和高至50℃的澳大利亚的艾利斯斯普林斯天气，还驶上过5200m高的珠穆朗玛峰营地（图7.33）。除3个非洲国家和一些小岛国外，霍尔托夫走遍了几乎世界上所有的国家，行程总计近87万公里，可绕地球22圈半。霍尔托夫介绍说，他到过最高的地方是珠穆朗玛峰旁边的一处营地，高度超过了海拔5000m，那里的景色令他印象深刻。

这次伟大的旅行结束后，霍尔托夫先生如约将奔驰越野车捐赠给了梅赛德斯·奔驰博物馆（图7.34），让它成为备受呵护的馆藏车辆，跻身于梅赛德斯历史上无数闪耀的经典车型之间，也让全球奔驰车迷有机会一睹它的风采。

图 7.31　环游世界的德国老夫妻

图 7.32　勃兰登堡门前的德国老头

图 7.33　历经千辛万苦抵达珠穆朗玛峰大本营

图 7.34　捐赠给梅赛德斯・奔驰博物馆

（四）环游世界的准备工作

那么，环游世界要办哪些证件，自驾车环游世界的路线如何规划设计？

精彩的故事，让人无限遐想，也想来一场说走就走的旅行！环游世界可不比郊区一日游，一定要好好计划一番，仔细准备一下。

无论您是骑马、骑自行车、开车还是徒步环游世界首先需要在国内办理想去国家的签证，虽然每个国家要求的签证资料略有不同，但下面的资料是所有国家签证必备的。

第一，经济能力证明。首先就是工资单；然后是活期卡 / 存折的进出项银行记录，这是各国签证官最愿意看的，余额最好 5 万元以上；再有就是房产证。

第二，旅行详尽安排。首先就是旅行计划中，要详细说明每天的住宿、交通、游览参观的安排。一份认真细致的旅行计划，能让签证官体会到你发自内心的旅行愿望，以及你为此次旅行所做的准备。很多人签证遭拒签，是因为旅行计划不够详细，甚至漏洞百出。

校车，保卫花朵（上）

校车，保卫花朵（下）

三、校车，保卫花朵

大家还记得《阿甘正传》里面的黄色大巴士吗？那可不是一般的公共汽车，那是专门接送小朋友上学的“校车”。

说起校车，人们立刻会想到平时穿梭于大街小巷的黄色小巴士。

但是，在美国的电影和连续剧当中，经常可以看到巨型的，比公交车还大的“黄色校车”，已然成了大家心目中，校车的经典外形。

那么，它们有着怎样的历史、是如何发展起来的呢？

接下来就来给大家介绍一下远在大洋彼岸的“美国校车 ”（School Bus）。说一说美国校车的逸闻趣事。

（一）校车的起源

美国校车的起源若是仔细考究起来，校车在美国还有着十分悠久的历史。早在汽车发明之前，美国就有了专门接送学生的校车，不过那时候的校车是马车。

据说，第一个生产校车的公司叫作“威尼沃克斯”，至少在 1837 年就开始生产一种可以乘坐 25 个小孩子的马车，专门用来接送学生。

在汽车发明后，“威尼沃克斯”在 1914 年将这种马车的车厢装到汽车底盘之上，于是就发明了动力驱动校车（图 7.35）。

不过，那时的校车座位不是像现在这样一排一排对着前面，而是在车厢周围装一排板凳，小孩子团团坐下，上下车则由后门进入。

这个后门直到今天的校车上还保留着，作为有紧急事故时出入之用的安全门，正常上下车时只是用侧门了。

图 7.35　动力驱动校车

在 1927 年前后，“威尼沃克斯”开始生产全金属车体的校车，这种动力卡车大概就与今日的校车没有什么本质的区别了。

（二）校车的颜色

美国校车都是橙黄色的由来要从 1939 年说起了，当时，哥伦比亚大学师范学院教授弗兰克博士在纽约市召集了一个校车标准研讨会，专门讨论制定有关校车制造和安全方面的标准。

这次研讨会邀请了美国各个州的教育部门和交通部门参加，同时生产校车的厂家也都参加了。大会一共开了 7 天，代表们一同制定出 45 项有关校车安全的设计标准和规章。

也正是在这次大会上，代表们决定巴士中只有校车才能漆成这种橙黄色的车身，叫作“国家校车橙黄”（图 7.36），并选择黑色来涂写车上的字迹，以增加早晚光暗淡时的可见度。由于有了这些标准和规则，美国的校车才开始走向标准化和安全化的道路，并且一直延续到今天；也正是由于弗兰克博士的这些贡献，他后来被尊称为美国的“校车之父”。

图 7.36　国家校车橙黄

（三）校车的安全

那么，美国校车到底有哪些安全性的考虑呢？

首先，就是立法，美国无论是在校车的设计、生产和驾驶以及与安全相关的各个方面都进行了考虑，通过立法来强行保障。

比如：在交通方面，至少在 20 世纪 40 年代，美国大多数的州就都有立法，所有校车均安装配备 STOP 标识牌，正常行驶时可以被超车，但是当 STOP 标识牌弹出亮灯时，前后左右所有的车必须停下，并且保持 6m 距离，而且是所有的车，不管是救护车、消防车、警车、总统专车都要停车等候（图 7.37）。如果超越，加州要罚款 680 美金，其他州有的除了罚款还吊销驾照 90 天。

而在校车的生产制造方面，将校车，共分为 A 型、B 型、C 型、D 型，每种型号都有严格的设计要求与生产标准（图 7.38）。

图 7.37　STOP 标识双向汽车必须停车等候

图 7.38　超大型黄色校车巴士

A 型校车的特点是，它是在多个款型中最小的，人们通常称他们为“短巴士”，多用于学校活动用车，容量为 16 ～ 36 名乘客，质量超过 6t。看到 6t 大家肯定会大吃一惊，这是一台军用装甲车的质量，但这只是 A 型车的质量。D 型的校车可以说是大巴的造型，也是学校使用的最大型号的校车，在安全与配置方面都非常高，它与 C 型不同之处就是将车门安装在前轮前方，并且发动机为中置发动机。最大乘客量达 90 人，最大质量为 16t（注意：一台武装装甲车才 10t 重）。

美国校车的硬件也是最好的。有人说它是作为客车的设施、利用卡车的骨架、参照装甲车的技术标准设计、制造的，碰撞测试甚至考虑到被火车撞上的情况，以保证绝对安全，因此，安全性是普通车辆的 40 倍。油箱的四周有将近 4cm 的钢板。靠近校车，可以明显地看到一排排的铆钉，从而进一步地保证了校车的坚固耐用。

由于美国政府对校车的安全设施和车辆规格都有严格的限制，所以最贵的美国校车价格超过 20 万美元，约合人民币 124 万左右。这都是源于美国的各个地方政府的专项财政划拨。如此的高额投入，确保了每一辆校车的品质、性能与安全系数，校车的事故发生率自然就很低了。校车是全美国最安全的车辆。校车的死亡率是每 100 万英里（mile，1mile=1.609km）0.2 人，而其他汽车的死亡率是每 100 万英里 1.6 人。

近年来美国每年因乘坐校车受伤的中小学生人数在 8500 ～ 12000 之间，但其中 96% 为轻微伤，只有 4%（350 ～ 475 人）受伤较严重。乘坐美国校车的中小学生，每年死亡人数约为 22 人，其中只有约 6 人死于撞车事故。另外 16 人死于上下校车附近的区域，远远少于 1975 年的死亡人数（75 人）。这里有多方面的原因，国家立法，人民重视。同时，在汽车上也确实有许多独到的安全装备来保证。

比如警示灯。约从1946年开始，交通警示信号灯系统开始安装到弗吉尼亚州的校车上。这时的警示灯是一对类似汽车头灯的设备，分别装在汽车的前端与尾部。后来，警示灯的个数从原来的四个增加到八个：前后四个黄褐色信号灯用于提醒人们校车即将停车，四个红色信号灯表示校车正处于停车状态（图7.39）。

除此之外，那么还有哪些安全装备呢？比如之前提到的"STOP标识牌"，专业术语是"停车信号旋臂"（图7.40），在20世纪50年代早期，美国有些州开始要求设置停车信号旋臂，在校车停下时，司机会将位于车身左侧的牌子旋开，以警告他人，校车正处在停车状态中。后来，法律对这一旋臂的安装位置也作出了明确规定。它必须装在车体左侧，且与车身成直角。同时，标牌的上边沿应当与司机窗户后的第一位乘客所在的窗户框架的下边沿相互平行，前者水平切线与后者之间的距离应当控制在6英寸（in，1in=25.4mm）之内。

图7.39　黄色校车巴士各种信号灯

图7.40　十分醒目的STOP标识牌

还有就是之前提到的"安全逃生门"，美国校车除了上车门之外，在车的尾部至少留一个"后门"车门用于危急情形下乘客的疏散，这个门常被称为"安全门"（图7.41）。当然，车型不同，紧急出口的个数可能存在差异。通常而言，其他的"安全门"会安装在校车顶棚、车窗、车体一侧等位置。当出现紧急情况时，拉动紧急启动开关，所有的紧急出口都会自动打开。

图7.41　超大型黄色校车巴士的安全逃生门

随着时间的推移与历史的发展，美国校车，依旧不断进步与完善着，期待会有更多更好的法律予以保障、更新更强的技术得以应用，让家长对于小朋友们的出行更多了一份放心。

四、邮票，方寸世界

邮票，方寸世界

汽车作为现代人类最重要的交通工具之一，它的发明距今已有一百多年的历史。在汽车发明后不久，世界上第一枚汽车邮票就诞生了。1901年5月1日，美国为纪念"新二十世纪泛美博览会"的召开发行了一套名为《泛美博览会》的邮票。邮票图案有火车、轮船、大桥、运河、汽车等，其中包含汽车图案的这枚邮票拉开了汽车开始驶入方寸世界的帷幕。接下来就来聊一聊，在邮票的这个方寸世界当中，关于汽车的逸闻趣事。

在当前这个汽油发动机汽车主导的汽车世界，如果发行邮票的话，以汽油发动机汽车为主，最为普遍。但在开篇当中提到的那枚汽车邮票中的汽车并不是今天常见的汽油发动机汽车，而是一辆早期的电动汽车（图 7.42），它曾经在美国的各大城市中被用作出租车，时速大约是 25 英里，每充电一次可行驶 75 英里。

车子前面坐的一个是司机，另一个是出租车公司的业务代表。为什么美国这套展示最新技术的展览会纪念邮票不选用最为普遍的汽油发动机的汽车，而放上一辆老式的电动汽车（图 7.43）？这就要了解汽车的发展历史了。

图 7.42　早期的电动汽车

图 7.43　最早的泛美博览会邮票

在 19 世纪末，美国大城市的马路上除了众多的马车以外，还有蒸汽机汽车、电动汽车和汽油机汽车。当时在这些汽车中，电动汽车与汽油机汽车相比，它没有振动、气味和噪声，而且不需要换挡和手摇启动。虽然蒸汽机汽车也不要换挡，但在寒冷的冬天，它开动前的准备时间起码要 45min。所以，电动汽车是当时人们最为欢迎的一种动力汽车，而在“泛美博览会”的邮票上，选用当时最先进的电动汽车也是显而易见的了。只是后来，随着内燃机技术的飞速进步，汽油机汽车的优点变得越来越明显，电动汽车逐渐退出了历史的舞台，成为人们的一种回忆了。

图 7.44　汽车邮票形形色色

自从世界上的第一套汽车邮票诞生之后，迄今为止，全世界已有一百多个国家和地区发行五千多种以汽车为内容的普通、纪念、特种、航空等各种邮票（图 7.44）。

中华人民共和国成立后，1956 年我国建成了长春第一汽车制造厂，并于当年 7 月生产了第一辆国产汽车（图 7.45）。

为展现我国在汽车制造方面的成就，1957 年 5 月 1 日原邮电部发行了《我国自制汽车出厂纪念》纪念邮票 2 枚，分别以长春第一汽车制造厂厂房外景和该厂汽车总装配车间景象为主图（图 7.46）。

图 7.45　中华人民共和国第一辆国产汽车　　图 7.46　第一批自制汽车出厂的邮票

在 1990 年 6 月 30 日发行的《社会主义建设成就（第三组）》邮票中，第 1 枚画面展现了湖北十堰二汽总装厂组装“东风”牌 140 载重汽车的流水线（图 7.47）。

我国迄今为止唯一一套全部以国产汽车为主图的邮票，是 1996 年 7 月 15 日发行的《中国汽车》特种邮票（图 7.48）。

图 7.47　“东风”牌 140 载重汽车流水线的邮票　　图 7.48　唯一一套全部以国产汽车为主图的邮票

许多车迷都喜爱收藏汽车邮票，主要是因为这些邮票大多都是一些在历史上非常著名的经典车型。但 BestRide 和 CarTalk 网站的同行们却有个特别的想法，为什么不选一些另类出名的汽车做成特别版的邮票呢？于是，他们在网站上发起了公投，这些以往你绝对不会想到的另类名车就这样被做成了邮票，由于篇幅有限，这里我们就介绍其中两款典型的代表。

首先出场的是，“最容易翻车的越野车”，1988 款的 Suzuki Samurai。邮票上这辆四脚朝天的越野车是 1988 年款的铃木武士。对越野车感兴趣的朋友们大都知道，这款车就是广大车友所熟知的硬派越野车吉姆尼的同款车型（图 7.49）。

在 1984 年代号为 SJ413 的吉姆尼车型被进口到美国市场时被正式更名为武士。别看武士身形娇小，但它确实是货真价实的硬派越野车（图 7.50），机械四驱加上短小的轴距让它可以轻松踏遍各种山川河流，因此在当时武士可是一款非常著名且热销的越野车型。而那时购买这款车的人也都酷爱改装，最流行的就是为其更换“大脚”轮胎，进一步增强车子的越野性能。

但也就是因为能去的地方多了，根据 20 世纪 90 年代的报道，武士因为容易翻车惹来了一系列旷日持久的诉讼，令铃木汽车在美国元气大伤。在这之后，似乎铃木就在不断走下坡路，最终于 2012 年整个品牌黯然退出了经营 27 年的美国市场。

图 7.49　倒霉的吉姆尼邮票　　　　图 7.50　现实生活当中的吉姆尼

第二位出场的就是“外形设计过于挑战大众审美”的 2001 款的 Pontiac AZTEK。比起那些动辄就翻车、着火、爆胎、失控的问题车，庞蒂克的阿兹特克（AZTEK）简直要好太多了，而它“出名”的唯一原因就是它长得太丑了。在这个“颜值”当道的世界里，阿兹特克很不幸成为大家公认的最丑的车型之一（图 7.51）。

除了丑陋的前脸，它的车身比例看上去也非常糟糕，但也就仅仅是这些了。这款 2001 年诞生于 MPV 平台的 SUV，挑战了所有车主和媒体的视觉极限，而且加上厂商宣传不利，销量也非常不理想。虽然它的外形不符合主流大众的审美，但它的车载配置和设计理念还是不错的，被借鉴到后来车型中。另外，热播美剧《绝命毒师》主角 Walter White 的座驾就是这款车（图 7.52）。电视剧中的阿兹特克不仅涂装丑陋还使用着备胎，正是用以暗示主角的身份卑微的同时，它也跟主角的命运相当契合。

图 7.51　现实生活中的阿兹特克

图 7.52　《绝命毒师》的爱车

当然除了长得丑阿兹特克并非一无是处，它的大空间和功能性还是值得好评的。说到这里，大家是不是忽然觉得原来邮票这么一个小小的方寸之间，可以看世界呀！有兴趣的话，不妨去邮票市场或是网上平台淘一淘，没准能遇到什么奇妙的故事！

思考与训练

一、判断题

1. 世界上第一枚汽车邮票诞生于 1901 年 5 月 1 日，美国为纪念“新二十世纪泛美博览

会”召开发行了一套名为《泛美博览会》的邮票。（ ）

2. 校车的生产制造方面，将校车分类型，共分成A型、B型、C型、D型，每种型号都有严格的设计要求与生产和标准。（ ）

3. 第一个生产校车的公司叫做“威尼沃克斯”，至少在1837年就开始生产一种可以乘坐25个小孩子的马车。（ ）

4. 所有国家申办签证必备的资料一般都包括了经济能力证明、旅行详尽安排和机动车驾驶证。（ ）

5. 著名动作明星杰森斯坦森参与拍摄了许多汽车电影，比如:《死亡飞车》《玩命快递》《头文字D》。（ ）

6.《极速60秒》由于拍摄的过于逼真，被车迷们开玩笑地称为飙车电影的“经典教科书”。（ ）

7. 美国校车统一漆成“国家校车橙黄”的车身。（ ）

8. 美国无论是在校车的设计、生产还是驾驶，安全相关的各个方面都通过立法来强行保障。（ ）

9. 美国校车在尾部至少留一个“安全门”用于危急情形下乘客的疏散。（ ）

10.《汽车总动员》是好莱坞最强动画电影制作公司之一“迪斯尼”的最人性化动画长片之一。（ ）

二、单选题

1.《死亡飞车》是明星（ ）的飞车电影代表作。

A. 葛优 B. 李连杰 C. 杰森斯坦森 D. 巩俐

2. 奥迪A8车头进气格栅镶嵌的W12标识是（ ）意思。

A. 十二缸 B. 西方十二度 C. 十二点钟 D. 十二万元

3. 最早的校车是（ ）动力。

A. 火车 B. 飞机 C. 汽车 D. 马车

4. 美国的“校车之父”是（ ）。

A. 华盛顿 B. 林肯 C. 弗兰克博士 D. 富兰克林

5. 中国迄今为止惟一一套全部以国产汽车为主图的邮票，是1996年7月15日发行的（ ）特种邮票。

A. 汽车之声 B. 中国汽车 C. 长春汽车 D. 北京汽车

6. 美国的校车安全级别很高的同时，特权也高，不管什么车，见到校车要慢行，如果校车出示（ ）标示牌，不管有没有红绿灯标识，必须停车。

A. Stop 牌 B. Start 牌 C. Slow 牌 D. Sleep 牌

7. 1901年5月1日，美国为纪念“新二十世纪泛美博览会”的召开发行了一套（ ）的邮票。邮票图案有火车、轮船、大桥、运河、汽车等，其中包含汽车图案的这枚邮票拉开了汽车开始驶入方寸世界的帷幕。

A. 二十世纪 B. 美丽汽车 C. 汽车运动 D. 泛美博览会

8. 环游自驾环游世界的最重要的是准备（ ）。

A. 汽油 B. 配件 C. 资金 D. 食物

9. 变形金刚里面的“大黄蜂”是（ ）车型的经典造型。

A. 福特野马 B. 雪佛兰科迈罗 C. 道奇挑战者 D. 凯迪拉克

10. 环游世界，车行天下，首先就是需要办理签证，办理签证的时候，需要提供的证明材料包括了（　　）。

A. 结婚证　　B. 经济能力证明　　C. 独生子女证　　D. 户口本

三、讨论

聊一聊记忆中最经典的汽车电影，给大家分享一下电影情节与精彩片段。

话题三　赛车，速度激情

超越，永无止境

一、超越，永无止境

说起汽车赛事，人们立刻会想到那一幕幕追赶如狩猎之迅，惊险若与死神过招的震撼场面。随着第一位选手冲过终点，整个赛场立刻达到了沸点。

哪怕你从没有刻意学习，但还是能够对法拉利公司的创始人，赛车之父——恩佐•法拉利耳熟能详。1978年，仅因法国人一次迷途的历险，突发奇想创办的“巴黎—达喀尔拉力赛”吸引着越来越多的驾车勇士们，用自己的无畏，创造了一个个汽车赛事的传奇。

（一）赛事起源

汽车赛事到底风起何处？“赛车”一词来自法文，Grand Prix，意思是大奖赛。汽车比赛几乎与汽车具有同样长的历史。多姿多彩的汽车运动使这一冷冰冰的钢铁机器充满了无限激情。

起初，汽车比赛的目的只是汽车生产厂家为了检查车辆的性能，宣传使用汽车的安全性和可靠性，因此汽车生产厂家积极资助，推销其产品。

图 7.53　早期的赛车

1895 年 6 月 11 日，由法国汽车俱乐部和《鲁•普奇•杰鲁纳尔》报联合举办了世界上最早的长距离汽油车公路赛，线路由巴黎到波尔多往返，全程 1178km。获得比赛第一名的埃为尔•鲁瓦索尔大约用时 48h，平均车速大致为 24km/h（图 7.53）。

现在看来，这个速度真的是很慢，但是，在当时，能跑完全程就不错啦，此次比赛共有 23 辆车参赛，跑完全程的只有 8 辆车。

（二）赛事赛车类型

汽车竞赛的形式很多，可谓五花八门。国际上主要分为汽车道路赛、汽车耐久赛和汽车场地赛三类。除此之外，还有一些专项的赛事，如：康巴斯车赛、创车速记录赛、驾驶技巧

赛、直线竞速赛、卡丁车赛、老式汽车赛、节油车赛、太阳能车赛、爬坡赛等。

1. 汽车道路赛

汽车道路赛，通常使用批量生产的汽车，在现有道路上进行比赛，如拉力赛、越野赛，特点是车速较低，赛程较长，比赛很艰苦。最为常见的是汽车拉力赛，英文为“RALLY”，我国译成“拉力”，在读音和含义上均较贴切。

巴黎 - 达喀尔汽车拉力赛，是世界上距离最长、比赛最艰苦的汽车拉力赛。开始于 1979 年，每年 1 月份举行。从法国巴黎出发，乘船渡过地中海，在非洲北部上岸。然后，穿越非洲的撒哈拉沙漠、潮湿的热带雨林及各种崎岖的路段（图 7.54），途经多个国家，最后到达塞内加尔的首都达喀尔，总行程约 13000km，其中特殊赛段约 4700km，历时约 20 天。由于比赛线路长、条件差，因而淘汰率很高。在 1994 年举办的该项比赛中，开始有 124 辆车参赛，最后只有 58 辆到达终点。

图 7.54　巴黎 - 达喀尔汽车拉力赛

很多人不知道，中国与世界汽车文明的接触早在汽车诞生之初便已经开始了，那就是 1907 年举办的北京 - 巴黎汽车拉力赛。

1907 年 6 月中旬自北京德胜门启程（图 7.55），5 位选手踏上了这条长达 16000km 的漫长征途。他们穿过长城，经蒙古进入西伯利亚、乌拉尔，然后再穿过波兰、德国抵达法国巴黎。

最终来自意大利的“ITALA”号赛车获得比赛冠军，历时两个多月。两周后其他 4 位参赛者也陆续到达，他们共同向世界证明了汽车这个新鲜事物对遥远路途的征服能力（图 7.56）。

图 7.55　自北京德胜门启程

图 7.56　北京 - 巴黎汽车拉力赛

2. 汽车耐力赛

汽车耐力赛，通常使用成批生产的汽车或特制的运动原型车，在固定赛场或有良好圈围的现有道路上进行，如法国勒芒 24h 耐力赛，特点是长时间连续比赛，车速很高，比赛既刺激又艰苦（图 7.57）。它是由法国人于 1923 年创办的，主要为发展中的汽车工业开创一个真

正能测试出车辆安全性、续航力和夜间行驶能力的场所。

每年6月在法国勒芒举行，比赛结果以24h内行驶距离最长者为优胜。参赛车队必须由主办大会邀请，多数欧亚著名汽车公司皆应邀参赛，这些厂家不惜耗费几百万美元参赛。因此，这一赛事已经成为各大汽车公司之间互相较劲的品牌赛（图7.58）。

图7.57　奥迪第7次夺冠法国勒芒24h耐力赛

图7.58　2004年几乎无敌的克尔维特C5

3. 汽车场地赛

汽车场地赛，通常使用特制的专用赛车，在固定的赛场中进行，如方程式赛、印第赛。特点是车速很高，赛程较短，一般只有2～3h，比赛激烈。汽车场地赛中最为著名的当属“世界一级方程式锦标赛”（图7.59）。

早期，对赛车几乎没有任何规定，为了夺取比赛的胜利，各赛队都极力加大发动机的功率。但是，为了汽车竞赛的安全性和公平性，国际汽车联合会对于单座赛车提出了一整套严格的规定，其中包括赛车的车体结构、长度和宽度、轴距和轮距、汽缸数量、发动机排量及形式、油箱容量、最轻质量、电子设备、轮胎尺寸等，并根据比赛情况的发展，不断对这些规定进行修改和完善，这就好比举重运动中按运动员的体重划分级别一样（图7.60）。于是，就有了所谓“规则、级别”的概念，而英文“Formula”一词由于最初一家中国香港杂志将其翻译成“方程式”，也就将错就错地使用下来，现已约定成俗，便这样沿用下去了。

图7.59　世界一级方程式锦标赛

图7.60　F1赛事中各路豪杰逐鹿赛场

（三）赛场风云人物

说了汽车赛事，接下来聊一下汽车赛场上的风云人物。

汽车竞赛是一种十分激烈的运动，要求车手不仅要具备良好的身体素质、驾驶技能，还必须拥有优秀的心理素质。根据国际汽联的有关规定，所有驾驶F1赛车的选手，必须获得世界汽车运动理事会签发的“超级驾驶执照”。

每年，全世界只有不超过100名优秀车手才有资格参加决赛。他们都是经过千锤百炼的

世界车坛精英，每一位车手在跻身 F1、WRC 等大赛之前，都必须经过多个级别的选拔，例如卡丁车赛、三级方程式车赛等。

而要成为世界冠军，更非易事，必须身经百战，集赛车技术、天赋及斗志于一身。世界著名的一级方程式车手有："车王"迈克尔·舒马赫（图 7.61）、"20 世纪最杰出运动员"胡安·曼努尔·凡乔、"赛车王子"艾尔顿·塞纳（图 7.62）等。

图 7.61　"车王"迈克尔·舒马赫

图 7.62　"赛车王子"艾尔顿·塞纳

中国由于开展汽车运动的历史很短，赛车活动还缺乏必要的条件和群众性基础，距离产生世界级一流车手的目标还有很长的路要走。但是，从 20 世纪 80 年代开始，中国涌现出了以卢宁军为代表的一批青年车手。他们不畏艰险、不怕挫折、勇往直前，他们的身影已经出现在一些世界性大赛的赛场上，并且取得了初步的、可喜的成绩，他们身上寄托着中华民族在世界赛车领域振兴的希望。

汽车技术不断发展，在一次次超越的过程中，我们不断地提升自我、实现自我。

二、游戏，极速体验

在游戏的世界里，汽车作为一种特殊载体时常会出现，汽车和游戏一直有着密不可分的关系，更不用说许多游戏玩家就是从竞速游戏中了解到各种汽车知识，甚至因此成了车迷，接下来一起来聊一聊，那些红透半边天的专业竞速游戏，尤其是备受争议的"GTA"系列，中文名称被称作"侠盗猎车"。当然，我们要说的并不是这个游戏的故事内容本身，而是游戏当中出现的各色经典车型。

游戏，极速体验（上）

游戏，极速体验（下）

（一）毁誉参半的"侠盗猎车"

"侠盗猎车"系列是一个开放度极高的拟真沙盒类动作冒险游戏。既然是动作冒险类游戏，竞速在其中就算一个核心元素，所以，它的"驾驶"手感自然也不会太逊色，而且，游戏中设有相当多的载具，其中可供驾驶的车型就有 50 多款。同时，一个很有趣的现象：不知道大家有没有发现，游戏当中的车辆与现实中的汽车非常相似，但又不尽相同。其实，这个主要是由于授权问题，游戏厂商如果希望在游戏当中使用真实汽车厂家的车辆元素，是需要向汽车公司购买版权的，而相应版权的费用通常不低。于是想要绕过版权的限制，游戏公

司采取的对策就是自力更生，独立“设计”车辆。

首先来看看最吸引眼球、令人过目不忘的“Stinger GT”吧，这款双门双座的古典跑车有着硬顶和鸭尾式扰流板设计，采用一台3.0L中置发动机加5挡变速箱的组合，可以产生最高233km/h的车速。他的现实版原型，在整体中应该是取材于“法拉利250 GTO”，不过也包含不少“阿尔法罗密欧33”与“侠必得特纳”的设计元素。

再有就是“JB700”，初看，从前到后，从左往右，怎么都觉得就像一款阿斯顿·马丁DB系列车型的综合体。事实上，他的设计主要参考了阿斯顿·马丁DB4，阿斯顿·马丁DB4 GT Zagato，以及阿斯顿·马丁DB5这三款车型。而阿斯顿·马丁DB系列车型也是英国特工007詹姆斯·邦德的御用座驾，于是在游戏中设计师也用邦德的代号为它命名（007数字倒过来）。这辆豪华的跑车在游戏中采用前置后驱布局，装配一款自然吸气的6缸发动机，车头配了两挺机枪，拥有不错的加速能力以及最高车速，不过却容易在高速行驶时出现转向过度，所以它在游戏中使用漂移动作相比其他车辆要更容易一些。

DeVille（帝威）在凯迪拉克的历史上影响颇大，因为DeVille推出之时，正值美国历史上经济大繁荣时期，也是美国航天工业发展迅猛的时期。因此美国车喜欢使用火箭车尾的设计。游戏中Peyote所采用的车尾就是取材自DeVille 1960版的招牌式车尾。当时的DeVille在动力上装配了6.4L发动机，拥有242kW的最大功率。

“侠盗猎车”系列自从1997年在PC平台上诞生以来，就因其极高的自由度和暴力性而广受争议。同时，由于涉及暴力、黑帮争斗、抢夺地盘和枪战，受到来自多方媒体以及政府的反对而遭到禁售。

因此，最新版本的“侠盗猎车”融入了大量的DLC故事以及丰富的收集元素，比如开着你的爱车在街上兜风、改装汽车，进行其他的购物生活，你甚至可以到海滩晒个太阳或者去参与水上运动等。同时，为了体现推崇环保，那些大排量的汽车甚至不如一些混动车能卖个好价钱。

（二）火爆狂飙

说到EA（美国艺电公司）旗下的竞速赛车游戏大作，可能很多人都会第一时间想到它们的当家招牌“Need For Speed（极品飞车）”系列，但是，这里给大家聊聊EA旗下比较另类的一款赛车游戏。它就是“Burnout”系列，中文名称叫作“火爆狂飙”。

可以说，一般的赛车游戏追求的都是速度，然而，作为一款另类的赛车游戏，“Burnout”系列彻底放弃各种拟真的烦琐操作，完全无视交通规则的条规限制，压根不考虑死板的线路规定。在游戏虚拟的城市里，玩家可以肆无忌惮地横冲直撞，它就是一个疯狂的飙车天堂。在这里除了单纯的赛车，还提供许多更有趣的比赛，比如歼灭赛，你需要在比赛中撞毁对手的车；通缉比赛，你需要躲过各种车辆的袭击跑到终点；道路终结者，你需要在路上撞击多车并引发大爆炸来取得高分等。这款游戏绝对可以奉为最棒的撞车类赛车游戏，且没有之一。

这款游戏之所以经典，还有一个很重要的原因就是在这款游戏里面，同前面介绍的《侠盗猎车》系列一样，并没有取得真实的厂家使用授权，于是乎制作团队通过自己的创意，创作出一些非常有意思的汽车，再把它们放到游戏的汽车世界中来实现。

比如，游戏里面的Jansen品牌的X12就是一个典型，作为一款优美的跑车，X12从Jaguar XJR-15中汲取了不少灵感，但它在整体上更靠近Koenigsegg CCR。

由捷豹运动部门打造的 XJR-15 是世界上第一款完全碳纤维公路车型。作为一款限量车型，只在 1990—1992 年生产了 53 台，每台车的售价为 96 万美元。

来自瑞典的手工跑车制造商科尼赛格旗下的 Koenigsegg CCR。这款“陆地战斗机”是量产车中最高行驶时速纪录的保持者，它的 0 ～ 100km/h 加速时间仅为 3.2s，理论最高车速为 395km/h。这款车型目前亚洲仅有 2 台。

（三）最早的赛车游戏：公路战士

最早的汽车电子游戏可以追溯到 1984 年，Konami（一家创立于 1969 年的著名日本游戏开发公司）开发了一款模拟赛车游戏——《公路战士》，是最早的赛车游戏之一。这是一款纵卷轴俯视视点的驾驶游戏，玩家要驾驶汽车避开旁边的车辆，并且要在燃油耗尽之前到达终点。随着时间的推移，电脑科技迅猛的发展，逐渐开始有公司借助虚拟技术使全世界车迷感受到驾车飞驰的快感。

（四）无法超越的经典：极品飞车

在汽车游戏的世界里面，如果说到知名度的话，还是要数《极品飞车》（Need For Speed）最为大众所熟知，自从 1995 年的第一作，直到 2016 年，此系列游戏共推出了 19 部作品，横跨 PC、PS2、XBOX 等多个游戏平台并长时间占据赛车类游戏销售榜的首位。正如游戏的英文名称“速度的欲望”那样，游戏的精华就是使玩家同时体会到令人窒息的速度感和拥有名车的成就感。游戏包括现实生活中昂贵的兰博基尼、法拉利、保时捷等跑车，借助计算机强大的运算能力，各款跑车被塑造得栩栩如生。在最近几款作品中游戏制作开发人员还引入了“汽车改装”的新元素，游戏中新出现的数千款改装零件使得玩家可以自由地打造自己心目中完美的赛车。

（五）最萌赛车游戏：跑跑卡丁车

其实除了前面介绍的虚拟仿真度超级逼真的赛车游戏以外，还有一款画面质量很普通的赛车游戏的风靡程度也是颇为惊人。那就是“跑跑卡丁车”，韩国 NEXON（纳克森）公司出品的一款休闲类赛车竞速游戏。与其他竞速游戏不同，跑跑卡丁车首次在游戏中添加了漂移键。游戏以“全民漂移”为宣传词，而角色则使用了泡泡堂中的人物，角色可以驾驶卡丁车在沙漠、城镇、森林、冰河、矿山、墓地等多种主题的赛道上进行游戏。

虽然无论是画面还是情节，都无法与“极品飞车”相提并论，但是，轻松休闲的氛围，使得它的人气爆棚。

（六）最写实的赛车游戏：GT 赛车

最为写实逼真的赛车游戏当属 1997 年末日本游戏公司 SCE 旗下开发的 GT 系列。尤其是 2004 年末的 GT4（第四代），打出的游戏副标题是“the real driving simulator”（真实驾驶模拟）。《GT 赛车》得到了法拉利、兰博基尼、奔驰、宝马、丰田、本田等数十家世界知名汽车制造商，HKS、KW、Nismo、Yokohama 等汽车零配件制造商和 WRC、纳斯卡、Super GT、勒芒等专业汽车赛事的授权，收录了超过 50 条赛道，超过 1000 款车型，可谓“汽车博物馆”。并且游戏中的每一辆车的外观、发动机声音、性能都完全根据从真车采集的数据制作，体现了每一辆车的细节差异。无论 GT 系列、火爆狂飙系列、极品飞车系列，还是跑跑卡丁车，这些赛车游戏的世界里，汽车不仅仅是工具，同样也是充满了无限魅力与无穷魔力的主角，带给了玩家们快乐的同时，陪伴着玩家们成长。

巴哈，高校大赛

三、巴哈，高校大赛

大学生巴哈大赛最早起源于1976年的美国南卡罗来纳大学，在博士J.F. 斯蒂文斯的倡导下，有10支队伍参加了首次比赛。经过了数十年的发展，每年都有140余支院校参加此项比赛，并且还吸引了包括德国、韩国等十数个国家参与（图7.63）。

在中国汽车工程学会的带领下，我国于2015年8月29日在山东潍坊首次举办了这项赛事，35支高校队伍参与（图7.64）。对比在铺装赛道上进行的中国大学生方程式大赛，巴哈大赛就狂野奔放多了，完全在非铺装的砂石赛道进行。

图 7.63　美国通用赞助的巴哈车队

图 7.64　2015 年，中国的巴哈元年

那么，具体的比赛内容如何呢？

简单来说，巴哈大赛要求各参赛车队在规定时间内，使用同一型号发动机，设计制造一辆单座、发动机中置、后驱的小型越野车，参加包括多种静态与动态项目测试。静态项目包括技术检查、赛车设计、成本与制造、商业营销等，动态项目包括牵引力测试、爬坡测试、直线加速测试、耐力测试等。这就不难理解，为什么斯蒂文斯博士要给这个赛事取名“巴哈”了，巴哈（Baja）是西班牙语越野车的意思（图7.65）。

这么丰富的竞赛内容，是极富挑战性的！没有一个全面的团队、相互之间的通力合作是无法达成目标的。所以，每年所有参赛高校就会提早开始准备，组建团队。一个参赛的高校团队需要汽车结构设计、制造、装配、调教维护、市场营销、成本控制等多方面的专业知识技能，一般会有二十多个人参与其中。

2016中国汽车工程学会巴哈大赛于2016年10月18日—21日在湖北襄阳梦想赛车场举办，总共有63支本专科院校同场竞技，其中本科院校28支，职校33支，企业队伍2支（图7.66）。

图 7.65　正所谓，无泥巴，不巴哈

图 7.66　中国巴哈车队在不断壮大

那么具体比赛规程是什么呢？

比赛的首要任务当然就是学生自己动手造一辆赛车。赛车动力统一使用百利通 OHV Intek 型号发动机（图 7.67），四冲程、风冷，最大功率约为 10 马力。

赛车的传动系统有着很宽泛的选择，可以选择轴传动、链条传动和皮带传动等，而变速箱既可以是 CVT 也可以是齿轮，既可以采购也可以自己制作。

传动轴等所有快速转动的部件都必须保护起来，以防止部件飞出造成对人员的伤害，并且，对于保护材料的材质与厚度都做了明确的规定（图 7.68）。

图 7.67 所有的赛车都必须经过严格的检测

图 7.68 经过了精密计算设计的车身结构

再比如：驾驶舱与发动机和油箱之间必须有一个防火墙，必须覆盖后面防滚架的下部以及上部横梁间的全部区域。而且也同样是出于安全的考虑，要求每辆赛车必须设计、配备两个易于操作的切断开关（图 7.69），以便关闭发动机。

对于每一台参赛车辆，都必须被裁判们从里到外、仔仔细细地按照规则严格审视检查一番。每完成一个检查项目，裁判都会为赛车贴上特定颜色的标签，只有集齐六色光环，才能参加下一阶段的动态比赛。

动态赛事包括直线加速测试、爬坡或者牵引测试、专项测试、耐力赛测试等。其中，爬坡就是在一个坡度 25°、长度 35m 的土坡上进行。比赛采用静止发车，并记录完成爬坡用时来计算成绩。

由于发动机统一，所以，比赛的关键点就在于传动系统的设计与驾驶员的高超技术。对于动力不足的情况，经验丰富的车手通过“之”字的驾驶线路弥补，同样顺利冲顶。操控性能比赛测试赛车的稳定性与通过能力，此时，赛车与车手的实力清晰地一较高下（图 7.70）。

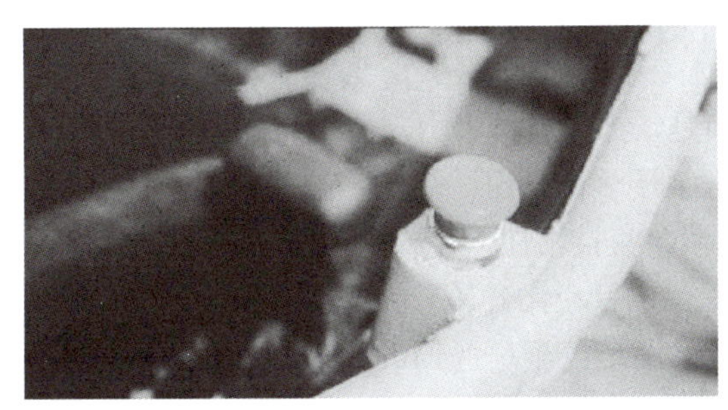

图 7.69 必须配备的切断开关

图 7.70 操控性能大挑战

比如炮弹坑，有的赛车是慢慢爬过，而有的就是从上面飞过（图 7.71）。

最难的还是要算石块堆的通过，不是底盘高度不够卡壳，就是工艺强度不足损坏，最后，不少赛车被救援车拖出场外。

那么，最具考验性的项目是哪一个呢？

那当然是2h耐力赛了，这是所有赛车的终极挑战，所有选手将在总长1900m，包含了圆木、驼峰、V形沟、飞坡、泥泞等障碍的赛道上完成驰骋，不仅考验驾驶的技术与经验，同时，也是心理极限的挑战与心理素质的比拼。

每支队伍可派出2名车手轮番登场，最后以完成的整圈来计算成绩。几十辆赛车一同发车，顷刻间尘土飞扬，场面可是十分壮观。

在2h耐力赛当中，最考验人的地方就是一段泥潭了，要想顺利通过，开快了车头容易扎泥坑（图7.72），开慢了可能动力不足熄火，一定要把握好速度与节奏。

图7.71　拥有金刚钻才敢揽瓷器活

图7.72　最艰难的泥潭赛道

还好有场边裁判及时伸出援手。不管如何，都不会有人放弃，哪怕推车，也要跑下去（图7.73）。

所有参与其中的同学，无论是辛勤的汗水，还是倔强的泪水，都是美好的回忆与珍贵的积累，一份满满的收获（图7.74）。

图7.73　多难也不会有人放弃

图7.74　最后胜利的喜悦无以言表

中国高校由于开展汽车运动的历史很短，但是，国家政策大力支持、高校积极投入参与，通过不断积累与沉淀，足以让学生们在这个舞台学到更多的知识，培养学生的实践、动手能力。

通过这项全新的技术教育和工程实践教育手段，集技术性、趣味性于一身，必将成为中国发现和培养汽车产业技能型人才最重要的非教育领域的社会化公共平台和非盈利社会公益事业。

汽车产业要发展、进步，不仅仅是汽车厂商们的使命、不仅仅是高校科研的责任，同样应当是每一位莘莘学子的追求。

发展，永不止步

四、发展，永不止步

国际车展，在这个流光溢彩的舞台上，最有价值的还是汽车制造商们发布的概念车型与最新车型，通过这些新产品，人们能够清晰地感受到世界汽

车工业跳动的脉搏，还能欣赏到汽车制造商们为在汽车市场上争夺市场份额而进行的殊死较量。

人们都说巴黎时装展是世界一流的时装，是因为它代表了世界时装业发展的潮流；世界汽车工业发展的潮流，国际汽车潮流风向标又是在哪里呢？

（一）车展

1898年，在法国汽车俱乐部的倡议下，第一次国际车展在巴黎的一个公园举行，大约14万名游客前来参观，232辆汽车往返于巴黎与凡尔赛之间，汽车成为公众瞩目的焦点。从那以后，汽车车展在各地蓬勃发展。

目前，德国法兰克福车展、美国底特律车展、瑞士日内瓦车展、法国巴黎车展和日本东京车展被誉为当今五大国际车展。它们之所以成为国际一流车展：

一是参展商的规模和级别一流；

二是展品档次和首次亮相的新车、概念车一流；

三是场馆面积和配套设施一流；

四是主办方服务质量一流；

五是国内外记者氛围、观众数量和专业水平一流。

这里还需要补充一下。其实，由于文化的差异，这五大国际车展又各有特色。比如，法兰克福车展作为汽车工业的发源地之一，尤其重视传播汽车的文化性；日内瓦所在的瑞士因为没有自己的汽车工业，可以为各大汽车厂商提供公平竞争的舞台；北美车展则充满美国人的娱乐精神，吃喝玩乐无处不在，一应俱全；东京车展上众多匪夷所思的“概念车”和最新科技的展示也是吸引观众眼球的卖点。

最初，汽车车展扮演了普及汽车知识和推动汽车工业发展的角色，汽车也从一开始仅是少数人的奢侈品变为被大众所接受的交通工具。现在的汽车车展不仅仅是一个人们可以参观全世界车型的盛会，带给汽车爱好者和观众们的资讯与谈资，也是整个汽车行业专家的集会场所，对世界汽车工业与汽车市场的发展起到了极大的推动作用。

（二）日本东京车展

东京车展创办于1966年，每年10月底举行，单数年为轿车展，双数年为商用车展。东京车展历来是日本本土生产的千姿百态的小型汽车唱主角的舞台，这也是与其他国际著名车展相比最鲜明的特征。同时，由于日本人对技术的崇拜使这一展会成为最新汽车科技的集中，展示各种各样的汽车电子设备和技术也是展会的一大亮点。作为最具人文关怀精神的车展，在关注发展与开拓的同时，环保和节能始终是东京车展的亮点。

（三）美国底特律车展

美国底特律车展创始于1907年，每年1月在美国底特律举行，是世界上历史最长、规模最大的汽车展之一，由于在年初举行，被誉为全球汽车风向标。作为美国汽车市场的传统烙印，北美车展基本上是美国车、日本车的天下。

（四）法国巴黎车展

作为欧洲的时尚之都，巴黎于1898年6月首次举办巴黎车展。自1923年开始，车展改在10月的第一个星期三举办，这一惯例一直延续到今天。作为浪漫之都的巴黎，它的车展总能给人新车云集、争奇斗艳、充满时尚的感觉。世界各大巨头总喜欢将最先进的技术产品

放在巴黎露面，而两年一届的巴黎车展也是概念车云集的海洋，各款新奇古怪的概念车常常使观众眼前一亮。

（五）德国法兰克福车展

德国法兰克福车展素有“汽车奥运会”之称，作为世界规模最大的车展其前身为柏林车展，创办于 1897 年，1951 年移到法兰克福举办，每两年举办一次，9 月在德国法兰克福举行，轿车和商用车轮换展出。它是五大车展中技术性最强的，被誉为是最安静的车展。参展商中还有大量相关行业的厂商和维修、出版等机构，各种研讨会和信息发布会使车展包罗万象，应有尽有，不仅可以看到百年“老爷车”，还可以观看新车表演和国际赛事实况转播，并可获得汽车发展史、技术性能、安全行车、环保节能等多方面知识。

（六）瑞士日内瓦车展

被誉为“国际汽车潮流风向标”的日内瓦车展起始于 1905 年，每年 3 月举行，是世界五大车展中最热闹的车展。瑞士没有自己的汽车工业，日内瓦却承办着世界最知名的车展之一，究其根本主要是源于日内瓦公平的展览氛围：底特律车展上通用、福特趾高气扬；法兰克福汽车展简直就是德国车商的表演舞台；巴黎汽车展的主要大厅则被法国的车商所占据；但日内瓦车展一视同仁，地方保护主义的色彩最淡。日内瓦车展历来推崇技术革新和偏重概念车，在世界五大车展举办国中，唯有瑞士目前没有汽车工业，因而日内瓦车展以其“中立”身份赢得最为“公平”的形象。虽然没有底特律、法兰克福车展的规模，在世界五大车展中属于“小家碧玉”型，但其特有的中立地位、处处公平的氛围和细致入微的参展规则，使得众多的参展商非常看好日内瓦车展，乐于在日内瓦车展上推出新车。

思考与训练

一、判断题

1.“赛车”一词来自法文，GrandPrix，意思是大奖赛。（　　）

2. 1895 年 6 月 11 日，由法国汽车俱乐部和《鲁•普奇•杰鲁纳尔报》联合举办了世界上最早的长距离汽油车公路赛，线路由巴黎到波尔多往返，全程 1178 公里。（　　）

3. 中国与世界汽车文明的接触最早始于 1907 年举办的北京—巴黎汽车拉力赛。（　　）

4. 法国勒芒 24 小时耐久赛每年 6 月在法国勒芒举行，比赛结果以 24 小时内行驶距离最长者为优胜。（　　）

5. 世界一级方程式锦标赛对于单座赛车提出了一整套严格的规定，其中包括赛车的车体结构、长度和宽度、轴距和轮距、汽缸数量、发动机排量及形式、油箱容量、最轻质量、电子设备、轮胎尺寸等。（　　）

6. 大学生巴哈大赛最早起源于 1976 年的美国南卡罗来纳大学，由博士 J.F. 斯蒂文斯倡导发起。（　　）

7. 美国底特律车展创始于 1907 年，每年 1 月在美国底特律举行，是世界上历史最长、规模最大的汽车展之一。（　　）

8. 德国法兰克福车展素有“汽车奥运会”之称，每两年举办一次。（　　）

9. 东京车展作为最具人文关怀精神的车展，环保和节能始终是最大亮点之一。（　　）

10. 中国汽车工程学会巴哈大赛具有丰富的竞赛内容，参赛的高校团队需要具有汽车结构设计、制造、装配、调教维护、市场营销、成本控制等多方面的专业知识技能。（　　）

二、单选题

1. 1895 年 6 月 11 日，由（　　）汽车俱乐部和《鲁 • 普奇 • 杰鲁纳尔》报联合举办了世界上最早的长距离汽油车公路赛。

A. 英国　　B. 德国　　C. 法国　　D. 日本

2. GTA 是（　　）赛车游戏的缩写。

A. 极品飞车　　B. 山脊赛车　　C. 侠盗飞车

3. 最早的汽车电子游戏可以追溯到 1984 年，Konami 开发了一款模拟赛车游戏，叫（　　）。

A. 超级飞车　　B. 飞车王　　C. 公路战士

4. 大学生巴哈大赛最早起源于 1976 年的美国（　　）大学。

A. 哈佛　　B. 哥伦比亚　　C. 斯坦福　　D. 南卡罗来纳

5. 当今五大国际车展 , 除了德国法兰克福车展、美国底特律车展、瑞士日内瓦车展、法国巴黎车展以外，还有（　　）车展。

A. 英国伦敦国际车展　　B. 中国北京国际车展

C. 日本东京车展

6. 法国勒芒 24h 耐久赛，特点是长时间连续比赛，车速很高，比赛既刺激又艰苦；它是由法国人于 1923 年创办的，比赛时长（　　）。

A. 10 小时　　B. 12 小时　　C. 24 小时　　D. 36 小时

7. 最经典的赛车游戏“极品飞车”里面为什么很多车型都很眼熟，但是却又不同于实车？（　　）

A. 避免侵权　　B. 设计水平有限　　C. 公司的风格　　D. 防止盗版

8. 目前世界最大的车展是（　　）车展。

A. 中国北京车展　　B. 德国法兰克福车展　　C. 荷兰阿姆斯特丹车展

9. 中国首届“巴哈”大赛是 2015 年在（　　）举行。

A. 北京　　B. 广州　　C. 上海　　D. 潍坊

10.（　　）车展被誉为“国际汽车潮流风向标”，起始于 1905 年，每年 3 月举行，是世界五大车展中最热闹的车展。

A. 日内瓦车展　　B. 法国巴黎车展　　C. 西班牙巴塞罗那车展

三、讨论

说说你印象最深（最好）的汽车大赛，给大家分享一下感受与印象。

参 考 文 献

[1] 吴东平 . 汽车文化 . 北京：化学工业出版社，2009.

[2] 吴喜骊 . 汽车概论 . 北京：化学工业出版社，2013.